承包地"三权分置"的权利结构和法律表达研究

CHENGBAODI"SANQUANFENZHI"DE QUANLI JIEGOU HE FALÜ BIAODA YANJIU

刘恒科◎著

中国政法大学出版社

2018·北京

图书在版编目（CIP）数据

承包地“三权分置”的权利结构和法律表达研究/刘恒科著.—北京:中国政法大学出版社,2018.6

ISBN 978-7-5620-8371-9

Ⅰ.①承…　Ⅱ.①刘…　Ⅲ.①农村土地承包法—研究—中国　Ⅳ.①D922.324

中国版本图书馆 CIP 数据核字(2018)第 148960 号

出版者　中国政法大学出版社
地　址　北京市海淀区西土城路 25 号
邮寄地址　北京 100088 信箱 8034 分箱　邮编 100088
网　址　http://www.cuplpress.com（网络实名：中国政法大学出版社）
电　话　010-58908586(编辑部)　58908334(邮购部)
编辑邮箱　zhengfadch@126.com
承　印　固安华明印业有限公司
开　本　880mm×1230mm　1/32
印　张　9
字　数　215 千字
版　次　2018 年 6 月第 1 版
印　次　2018 年 6 月第 1 次印刷
定　价　39.00 元

序

Preface

新中国六十多年来，中国农村土地制度经历了极为曲折坎坷的发展历程。伴随着互助组、初级社、高级社、人民公社等经济组织形态的变化，我国农村土地制度也从最初土地改革确立的“农民所有，个体经营”，逐步演化为改革开放前具有浓厚计划经济色彩的“集体所有，统一经营”。1978 年安徽凤阳小岗村 18 位农民发起“人包干”生产责任制，拉开了新一轮农村土地制度改革的序幕，在得到党的政策肯定和推行后，家庭联产承包责任制最终为宪法、法律所确认。家庭联产承包责任制通过所有权和承包经营权的分离，在坚持农村土地集体所有的前提下，实现了“农民为自己种地”，极大地调动了农民种地的积极性，使农业生产效率在短期内得到了快速的提高。

然而，随着我国改革开放的不断推进，特别是城市建设的快速发展对农村劳动力形成了巨大需求，为严格的“承包户家庭经营”意义上的农村土地经营制度带来了日益严峻的挑战。通过转包、出租、委托代耕等方式将承包地交由第三方实际经营的实践在推行联产承包责任制不久便在全国各地逐步蔓延开来。为适应中国经济的发展需要，充分反映农民的利益诉求，从 20 个世纪 80 年代中期开始（1984 年“中央 1 号文件”允许土地转包），严格的“承包户家庭经营”便首先在政策上出现了松动。在坚持农村土地集体所有前提下，以实现农村土地充分利用、提高土地利用效率为基本取向的农村土地流转改革实际上此时就已开始。通过《宪法》修正（1988 年）和《土地管理法》（1988 年）的修改，土地流转的合法性随即得到了法律的认可。

20 世纪 90 年代中期（自 1995 年国务院批转农业部发布《关于稳定和完善土地承包关系意见的通知》开始），农村土地流转制度改革开始在承包经营权流转的名义下推行。2002 年《农村土地承包法》及 2009 年《物权法》均专门规定了承包经营权流转制度。然而，从农村土地流转的实践来看，一方面，绝大多数的土地流转实际上是农户保留承包经营权前提下，通过转包、出租、入股等方式而进行的土地实际经营层面的权利流转，而非承包经营权本身的转移（如转让、互换等，虽然法律认可，但占比不大），名义上的土地承包经营权流转与农村社会实际发生的在承包经营权再度分离前提下进行的农地经营权流转出现严重的脱节；另一方面，对于大多数农民来说，他们并不愿意永久地丧失农村土地利益，而可能使其永远失去与农村土地联系的“承包经营权流转”无疑会增加其对永久丧失土地的担忧，因而，不仅不利于提高农民流转土地的积极性，甚至会成为农村土地流转的巨大障碍。为及时响映农民的呼声，并为农村土地流转创造更好的制度条件，中央及时出台了农村土地“三权分置”改革举措（2014 年“中央 1 号文件”），在坚持农村土地集体所有的前提下，通过承包权和经营权的分离，稳定土地承包关系，搞活土地经营权。

“三权分置”改革在坚持农村土地集体所有的前提下，充分考虑了农民对土地利益普遍诉求，肯定了农民对于祖祖辈辈流传的农村土地固有利益诉求的正当性，通过对承包权的肯定和对稳定承包关系的强调，一方面使广大农民可以永久地享有农村土地利益；另一方面，通过经营权与承包权的分离，强调搞活经营权，也有利于农村土地资源借助经营权流转而实现真正市场化配置，促进农村土地资源配置的不断优化，提高农村土地的利用效率，并为农业产业化、规模经营和农业现代化创造更好的制度条件。

伴随着“三权分置”改革在政策的推进下的普遍展开，相应的法律制度变革必将会随之跟进，而法律制度变革和完善离不开充分的理论准备。本书从法律的角度对“三权分置”前提下农村土地的权利结构进行深入的研究，对各种农地权利的法律定位、权利边界、权利间的相互关系、各种权利的内容、权利生成和变动的方式、权利侵害的救济途径等问题进行了系统的探索，在农地“三权分置”改革正在全国农村如火如荼开展的今天，其理论价值和实践意义无疑是不言而喻的。

刘恒科同学是我指导的博士研究生，入学伊始便密切关注农村土地问题，特别是与农村土地“三权分置”改革相关的法律问题。在攻读博士期间便能有此专著问世，实为令人欣喜之事。

本书即将付梓之际，应邀写下以上文字，聊充作序，谨与恒科同学共勉。

许明月

2018年4月28日于重庆

目 录

Contents

导 论

中国的问题说到底是农民的问题，农民的问题说到底是土地的问题。我国农地制度改革变迁要处理好的核心关系就是农民与土地的关系。进入21世纪以来，随着工业化、城镇化、信息化和农业现代化的推进，大量农村劳动力转移到城市，大量农村土地的承包权和经营权发生了事实上的分离。因应农村经济社会发展和新型城镇化的实践需求，为了实现农业增效、农民增收和保障国家粮食安全的制度目标，协调改革过程中公平和效率的关系，党和国家作出了承包地“三权分置”的重大决策。2014年“中央1号文件”首次提出“三权分置”的农地制度改革思路。此后的改革文件进一步明确了“三权分置”的政策内涵，并将其上升为深化农村土地制度改革的基本方向。2016年10月，中办国办印发的《关于完善农村土地所有权承包权经营权分置办法的意见》（以下称为《三权分置意见》）提出，“将土地承包经营权分为承包权和经营权，实行所有权、承包权、经营权‘三权’分置并行”，“形成层次分明、结构合理、平等保护的格局”。党的十九大报告提出乡村振兴战略，并把“三权分置”作为实现乡村振兴的重要内容。

“三权分置”是完善和丰富集体统一经营与家庭承包经营相结合的双层经营体制的必然选择；是推进现代农业发展、增加农民收入的必然选择；是中国特色社会主义的重大制度创新。改革试验区的实践证明，“三权分置”经营体制“解决了20世纪90年代‘二轮承包’以来确定的土地条块小型化，以及农民家庭自耕模式限制农业规模化经营的问题，而且还方便地引入了绿色农业、科技农业，从规模效益的角度，有效地促进了农业经济发展，农民家庭或者个人也获得了实惠。‘三权分置’不仅使得农业产业得到了提升，也使得‘三农问题’得到良好解决”。[1]目前，农地“三权分置”政策的法制化已经提上议事日程，相关立法已经开始进入修订程序。法律规则的制定不能直接借用政策话语及其表达形式，需要符合法律规范的基本要求。首要的任务是要从法理层面认真研究“三权分置”的权利结构，厘清“三权”的权利性质及其相互关系，并在此基础上完成立法的规范表达。因此，对于承包地“三权分置”权利结构的研究，有助于在理论上厘清“三权”的概念界定及其相互之间的法律关系和权利架构，在实践上对“三权分置”的地方性实践提供可能的指导和借鉴。

目前，“三权分置”的相关研究已成为学界的热点问题。“三权分置”政策的提出，尤其在农经学界和法学界引发广泛的讨论与争议。各方理论争议的焦点集中于农户承包权和土地经营权的性质和关系，实际上体现的是理论阐释和规范表达之间的冲突。一方面，“三权分置”政策的提出确实有其现实基础，需要理论创新加以解释并指导未来立法；另一方面，“三权分置”终究还是农地权利配置的问题，应当在现有制度框架的基础上进行法律表达，需要注意立法的体系规范性和逻辑自洽性。法学理论观点的争议也反映了学者对于“三权分置”的理论阐

〔1〕 孙宪忠：“推进农地三权分置经营模式的立法研究”，载《中国社会科学》2016年第7期。

释和如何与现行立法相互衔接的问题。理论创新需要在对我国农地权利制度演进历程进行梳理和提炼的基础上，以问题意识为导向进行合逻辑性的演绎推理，同时必须对我国现行立法背后所体现的既定经验和制度资源给予充分的关照。法律表达所要解决的关键问题在于以符合物权法理为前提，厘清“三权”在既有农地权利制度体系中的适当定位，并完成可操作性的制度设计，这对理论创新又会产生某种限定。故此，本书从理论阐释和法律表达两个层面，对“三权分置”的权利结构展开体系化的探讨。

本书写作以“三权分置”政策的理论阐释和法律表达为研究中心，在总体结构和具体章节的研究上均贯穿“提出问题、分析问题、解决问题”的问题导向意识，从总体理论研究和具体权利研究以及制度完善的角度展开。首先，从总体理论分析来看，本书从“三权分置”政策的提出背景、政策内涵和目标价值出发，遵循《三权分置意见》提出“在理论上深入研究农民集体和承包农户在承包土地上、承包农户和经营主体在土地流转中的权利边界及相互权利关系”之思路，通过对“三权分置”下集体土地所有权、农户承包权和土地经营权“三权”相互关系进行理论阐释，进而明确“三权”的权利边界及相互关系。其次，在“三权分置”权利结构的总体理论阐释的基础上，本书对“三权”分别展开研究：从学界讨论较多的权利主体归属和权能构造两方面对“三权分置”下的集体土地所有权展开研究；从权利性质界定和制度完善层面对“三权分置”下的农户承包权展开研究；从权利性质界定和权利构造及其法律表达层面对“三权分置”下的土地经营权展开研究。全书的内容分为五章：

第一章：承包地“三权分置”的政策内涵与价值目标。要实现承包地“三权分置”政策的法制化，首先需要在探寻“三权分置”政策演进脉络的基础上，明确“三权分置”的政策内涵与价值目标。“三权分置”的政策内涵在于，落实集体所有权，稳定农户承包权，放活土地经营权，意在实现农民集体、承包农户和经营主体三者利益的平衡协调。落实集体所有权，就是要明确集体土地属于本集体成员组成的成员集体所有的规定，通过落实集体成员的权利来落实和保护集体所有权；稳定农户承包权，应当通过物权登记、长久不变和还权赋能完善农户土地承包经营权的保护；放活土地经营权，需要明确新型农业经营主体的土地经营权的权利边界，同时进行必要的法律规制。“三权分置”政策所追求的效率理念是建立在公平基础上的效率，公平理念是建立在效率基础上的公平，是公平与效率的有机统一。

第二章：承包地“三权分置”权利结构的理论阐释。承包地“三权分置”改革必然会涉及农地制度的系统性变革，无疑是对“两权分离”的超越和创新。“三权分置”政策的法律表达，需要体现政策的实质精神，更要在符合物权法理的前提下完成法律规则的创制，首先应当对“三权分置”进行合乎法律逻辑和中国语境的体系性解释。本书认为，第一，“三权分置”政策的落脚点是针对农民集体、承包农户和经营主体的不同权利的土地法律制度的功能划分，而不直接指向法律上权利的直接塑造或者新设。基于目前我国国情农情，基于法律实现的理论储备和成本考虑，维持土地承包经营权制度确实是放活土地经营权的现实选择。第二，“三权分置”的理论阐释和制度建构应以现行立法确立的农地权利结构为基础。从理论分析来说，“三权分置”中的集体土地所有权体现为具有强烈公法和社会法品格的终极意义上的所有权，其权能集中表现为处分权，包括发包权和收回权；土地经营权可以理解为是在“自物权”性的土地承包经营权上设置的土地使用权，可以具有用益物权的法律属性；“三权分置”中的农户承包权应理解为其权利行使受到土地经营权限制的土地承包经营权。土地经营权的立法塑造，应以“两权分离”权利框架为基础，一般地采用债权的规范表达形式，并赋予登记的土地经营权以对抗第三人效力，这是确认和保护土地经营权的可行法律路径。

第三章：承包地“三权分置”下的集体土地所有权研究。坚持农村土地集体所有制是农村土地制度改革必须坚持的一条重要底线。农村土地农民集体所有，是农村基本经营制度的根本，必须得到充分体现和保障，不能虚置。在“三权分置”的农地制度改革背景下，如何重新理解集体土地所有权的权利归属和权能，进而落实集体土地所有权，是非常重要的理论命题。为此，本书主要在“三权分置”下，从学界普遍争议的集体土地所有权的主体和权能两方面展开讨论。首先，从集体土地所有权的权利归属和主体构造来看，农村土地的权利归属应是集体所有，即一定集体经济组织内的成员组成的集体所有，所有权人是成员的集合体。其次，从“三权分置”下集体土地所有权的权能构造来看，成员集体主要行使处分权能。“三权分置”下，农户土地承包经营权“自物权”性彰显，集体土地所有权权能被进一步限缩，主要体现为处分权能，即发包权和收回权。

第四章：承包地“三权分置”下的农户承包权研究。“三权分置”政策提出了“农户承包权”的概念，但是，农户承包权在现行立法中并没有适当的定位，在立法修改之前仅停留在政策话语层面，学界对于农户承包权的观点不一。本书认为，“三权分置”政策话语中的“农户承包权”是土地承包经营权分置出经营权后剩余权利的简称，仍应保留土地承包经营权称谓和用益物权的性质。“三权分置”实际上是在坚持集体土地所有权的基础上，将农村土地的实质性权利，赋予农户主体并长久固化。为此，立法应当从物权登记、长久不变和权能充实三方面入手，对土地承包经营权进行全面的制度塑造。

第五章：承包地“三权分置”下的土地经营权研究。土地经营权是经由土地承包经营权的流转而产生的权利，基于土地承包经营权的“自物权性”，土地经营权可以解释为一种用益物权性质的权利，但是，在土地经营权的实际塑造过程中，要考虑现行立法之“两权分离”权利结构的影响，土地经营权应一般地表达为债权；同时，也要考虑土地承包经营权流转形式对土地经营权稳定性以及物权化塑造的影响。通过对土地承包经营权流转形式的梳理可知，对于土地经营权的物权化，暂时没有可能提出绝对性的要求。土地经营权的法律保护应当考虑农户流转土地承包经营权的不同形式，采取合同债权保护和登记对抗保护兼容并行的方法。土地经营权的权利构造需要厘清土地经营权的权利来源、权利主体、权利内容、权利终止等。

本书主要采用规范分析和实证分析两种研究方法。其一，规范分析方法。规范法学将法律规范本身作为研究对象，以完善立法和解决司法问题作为自己的使命。规范分析方法立足于价值判断和利益衡量。“三权分置”政策制定的出发点和基本归宿在于“三权”所对应的农民集体、承包农户和经营主体三类主体权利的平等保护和有效均衡。本书对“三权分置”权利结构的论证，主要采用规范分析的方法，通过对政策文本和法律规范进行解读，分析“三权分置”的“三权”关系及其权利构造，提出完善相关法律制度，建构“三权分置”的建议。其二，实证分析方法。法律实证研究是通过对研究对象大量的观察、实验和调查，发现法律制度或具体规则与社会生活诸多因素的相互影响和制约，主要是以经验现象的面目出现的，它涉及的是法律运作的实然状态。本书在研究“三权分置”的政策演进和政策内涵时，需要对地方性的前期实践探索，以及党和国家的政策文件，进行梳理和提炼，从而挖掘“三权分置”的政策内涵和价值目标。此外，学界关于“三权分置”权利结构的理论阐释的不同观点，均有一些实践案例作为支撑，本书对于作为这些观点论据的形式多样的改革实践探索，也需要进行实证研究，并在对地方实践和中央改革政策文件进行比较分析的基础上，阐释本书的核心观点。

第一章

承包地“三权分置”的政策内涵与价值目标

中国的问题说到底是农民问题，农民问题说到底是土地问题。我国农地制度改革变迁要处理好的核心关系就是农民与土地的关系。承包地“三权分置”是在我国集体土地所有权和农户土地承包经营权“两权分离”的权利结构基础上提出的，是我国农地制度的又一创新。自 2014 年“中央 1 号文件”正式提出承包地的所有权、承包权和经营权“三权分置”以来，党和国家的政策文件一直在强调坚持、细化和完善“三权分置”办法。承包地“三权分置”作为一种全新的制度实践，要实现政策的法制化，首先需要在探寻“三权分置”政策演进脉络的基础上，明确“三权分置”的政策内涵与价值目标。

第一节　承包地“三权分置”的政策演进

“三权分置”政策的提出并不是理论建构或者决策层自上而下决策的结果，其生成和完善符合我国农地制度创新的一贯路径，即基层实践先行、政策指导和法制完善的“三部曲”模式。[1]

〔1〕 陈小君：“我国农村土地法律制度变革的思路与框架——十八届三中全会《决定》相关内容解读”，载《法学研究》2014 年第 4 期。

“三权分置”是对已经存在的农地流转实践的一种确认或者发现，而非决策者的发明或者臆想，具有深刻的实践基础，并在高层决策者的决策推行和基层实践的实施展开这一互动过程中，不断实现共识的凝结和政策话语的完善。为了准确把握“三权分置”的政策内涵和目标价值，我们可以从“三权分置”政策出台的社会经济根源、前期实践探索和政策演进三方面对“三权分置”政策进行分析。

一、承包地“三权分置”的政策动因

我国特殊的国情和农情决定了农地制度在国家基本经济和政治制度安排中具有重要位置。农地在中国经济社会发展中扮演着极其特殊而重要的角色，农地不仅仅是农民获得收益的生产、生活资料的基础，更是实现农村稳定、推进经济体制改革的重要物质基础，农地政策甚至成为促进和反映中国社会制度整体变革的重要表征。农地制度的设计一直是关乎国计民生的重要理论及实践问题。从制度的发生史来看，农业的不同发展阶段要求不同的制度安排，发展阶段的演进必然要求相应的制度变革。农地上不同权利不同配置的制度安排对整体社会经济制度的公平与效率具有重大影响。[1]十一届三中全会以后，我国实行农户承包经营制度，土地集体所有权与农户承包经营权实现了“两权分离”，这是我国农村改革的重大创新。在农村土地制度改革早期，承包经营权的流转以自发、零星和小规模为特点，现有法律制度安排基本可以满足需求。随着土地承包经营制度的活力逐渐释放和衰减，农地经营愈发细碎化，个体分散的农户家庭生产与市场愈来愈难以接轨，农业比较效益低下

---

〔1〕 耿卓：“农地三权分置改革中土地经营权的法理反思与制度回应”，载《法学家》2017年第5期。

的特点越来越突出，严重影响农民收入的提高和农地资源的有效配置。为了顺应经济社会发展的要求，“三权分置”政策应运而生，这是我国农地制度的又一大创新，它是在20世纪70年代末期创立的集体所有，农户承包经营的承包地所有权和经营权“两权分离”的基础上，对于农地制度的再调整，具有深刻的社会经济根源。

众所周知，我国从高度集中的计划经济体制向社会主义市场经济体制进行全面转轨改革是从农村土地制度改革开始的。20世纪70年代的改革开放以农村土地制度的巨大变革为起始和突破口，废除农村土地“一大二公”的僵化经营模式，推行家庭联产承包责任制，以家庭承包经营为基础、统分结合的双层经营体制，具有中国特色的农地基本经营制度得以建立。这一制度的动因在于调整农民和土地的关系，通过重新构造国家、集体和农户的法权关系，恢复农业生产经营秩序，其核心是“统”和“分”，“统”即代表土地所有权的集体所有，“分”则是代表土地承包经营权以农户家庭为单位进行分配。这一制度的建立符合家庭作为农业生产基本单位和组织形式的基本经济规律，极大地激发了农民生产积极性，大幅提高了农业生产效率。为了巩固农地制度改革的成果，消除农民顾虑，法律政策更加倾向于维护家庭承包经营模式的稳定。

《民法通则》《农村土地承包法》赋予农户以土地承包经营权，实现了家庭联产承包责任制由政策向法律制度的跨越。但是，受到土地承包经营权之物权、债权性质争论的影响，《农村土地承包法》虽然规定了农户的土地承包经营权，但未明确土地承包经营权的性质，并对该权利的处分作出了若干限制性规定。2007年颁布实施的《物权法》进一步明确土地承包经营权的物权性质。作为一种独立的用益物权，土地承包经营权实现了与土地所有权的分离。土地所有权人不得随意干预土地承包经营权人对农地合理的占有、使用和收益。通过一系列的法律制度设计，我国集体土地所有权和土地承包经营权的关系被设置为所有权和用益物权的关系。依传统大陆法系民法物权理论关于所有权和用益物权的关系阐释，所有权上设置用益物权，用益物权即作为所有权的权利负担，对所有权人行使所有权构成权利限制，用益物权人对物的占有、使用优先于所有权人，而所有权人需受其上设置的用益物权的限制。由此可见，集体土地所有权和土地承包经营权的制度设计，既保证了承包农户对于土地利用的权利，对于实现农户的生存保障和土地收益具有重要作用，这也是对合作化时期以及人民公社时期集体所有，集体经营，排斥家庭农户权利的一种反思和纠正；另一方面，集体土地所有权保持在农民集体手中，体现了社会主义公有制的制度要求，同时，农村土地的农民集体所有通过排斥国家所有抑或农户个体所有，对实现农户对土地资源的公平保障作用，实现农村公共治理和农民共同富裕，具有重要的制度价值。[1]按照民法所有权与用益物权的关系理论来处理集体和农户关于农地利用、处分、收益的关系，具有制度设计的合理性，在当时的农村经济社会中也体现出了一定的制度适应性和优越性。

然而，随着我国城乡融合和农村社会经济的深入发展，既有的集体土地所有权与土地承包经营权分离的农地权利结构的弊端逐渐显露出来，在以家庭为生产单位的农地经营模式下，农地始终处于碎片化状态，难以实现农地资源的优化配置和适应规模化经营的现实需求。主要表现在以下几个方面：农户耕地面积过小直接影响劳动要素的合理配置，难以获得农业的规

[1]　韩松：“农村集体经济法律制度的价值目标和功能定位”，载《西北农林科技大学学报（社会科学版）》2014 年第 5 期。

模效益；农户经营水平与农地经营规模不相适应，尤其是善于经营农业的农民无法获得足够土地；农户小规模经营不利于农业机械化和科技投入，影响农民持续增产、增收，大部分农民已经跨越温饱线，但难以实现生活富裕的目标；农户小规模经营是耕地撂荒和变相撂荒的重要原因；农户小规模经营造成农业从业者兼业化和老龄化，影响农业生产的可持续发展和国家粮食安全目标的实现。[1]事实证明，农业规模化经营比农户个体经营更具效率优势，既有的两权分离的土地权利制度的经济推力已经释放殆尽。

农村土地的集体所有和家庭分户承包经营的“两权分离”农地制度，更多地考虑了农地对于农户的保障作用和扭转人民公社体制下农业生产凋敝的状况，在这些制度功能发挥作用之后，其负面作用开始显现，“两权分离”的农地制度安排对于农地资源的充分及有效利用、农民增收致富和国家粮食安全等目标的实现反而造成了一种制度制约或者阻碍。家庭承包经营的一个重要结果是赋予农民支配自己劳动力的自由，农业剩余劳动力可以实现跨地区和跨行业的自由流动。[2]农户分散经营比较收益的低下，农业和二、三产业在争夺劳动力、资本及其他生产要素方面处于劣势地位，导致农户全部或者部分脱离土地和农业生产，而新兴的农业生产经营主体不断涌现，农地经营的主体结构和市场结构发生变化，由此产生的结果是“种地的没资格，有资格的不种地”，农地资源发生了事实上的错配。在工业化和城镇化的推力之下，随着产业结构调整和经济转型升

〔1〕 宋才发、向叶生：“农村集体土地‘三权分置’的法律问题探讨”，载《广西师范大学学报（哲学社会科学版）》2015年第6期。

〔2〕 张路雄：《耕者有其田——中国耕地制度的现实与逻辑》，中国政法大学出版社2013年版，第97~98页。

级，种田能手、农业大户、家庭农场、农业合作社、农业公司等新型农业经营主体不断涌现。但是，由于新型农业经营主体受让农地经营权利的性质不明晰，权利的效力较弱，权利保障力度不够，在实际经营中产生了一些顾虑和需求：一是难以形成长期稳定的良好预期，存在难以持续投资和掠夺性经营两种极端情况，难以实现农业生产经营的可持续发展；二是难以通过承包地经营权利进行担保融资，制约其扩大再生产。〔1〕因此，农地制度改革的下一步方向是，需要在满足农户对土地的基本保障需求的同时，进一步通过制度改革，使农地资源得到合理的利用和配置，并在此基础上兼顾实现农民增收、农业增效和粮食安全的多维目标。由此可见，为了进一步提高农业生产力，实现新时期下的农业跨越式发展和农民增收致富，新一轮的土地制度改革势在必行。

二、承包地“三权分置”的前期实践探索〔2〕

（一）承包地“三权分置”根源于土地承包经营权的流转实践

“三权分置”政策的提出，根源于我国土地承包经营权流转的实践。“三权分置”是家庭承包经营制度实施以来，农地经营权不断流转直至流转加剧的必然结果。只要发生土地承包经营权的流转，在农户保留承包资格，流转承包地的经营权的情况下，承包权和经营权就会在承包经营期限内发生分离。农地经营权的流转既有农户因自身家计状况的考虑而自发流转的原因，

---

〔1〕耿卓：“农地三权分置改革中土地经营权的法理反思与制度回应”，载《法学家》2017年第5期。

〔2〕此处使用前期实践探索一词，是相对于“三权分置”政策出台之后而言的。意指“三权分置”政策出台之前，地方的一些早期相关改革试验与探索，这些探索与试验为“三权分置”政策的出台提供了实践基础和样本例证。

也包括政府政策引导和推动的因素。在集体统一指导，农户承包经营的“两权分离”经营形式中，由于农户获得了支配土地和自身劳动力的自由，集体统一经营层次也因无法强制支配农户的劳动而缺乏必要的制度支持，农户流转农地经营权的行为无可避免。因此，“两权分离”的权利结构之中内蕴了所有权、承包权和经营权分离的因素。在我国实行家庭承包经营制度以后，虽然农户分散经营成为法律和政策认定的主流经营形式，但在农户自发流转的同时，政府希望通过政策引导，推动农地流转和适度规模经营的努力从未停止。相关政策文件对于“两权分离”权利结构可能发生的变异采取支持鼓励的态度。

从最早的《中共中央关于一九八四年农村工作的通知》（1984 年“中央 1 号文件”）来看，其中就提出：“鼓励土地逐步向种田能手集中。社员在承包期内，因无力耕种或转营他业而要求不包或少包土地的，可以将土地交给集体统一安排，也可以经集体同意，由社员自找对象协商转包，但不能擅自改变向集体承包合同的内容。转包条件可以根据当地情况，由双方商定。在目前实行粮食统购统销制度的条件下，可以允许由转入户为转出户提供一定数量的平价口粮。”此后的“中央 1 号文件”中对农地的流转均有相应的规定。[1]1995 年，《国务院批转农业部〈关于稳定和完善土地承包关系的意见〉的通知》国发［1995］7 号中明确提出“建立土地承包经营权流转机制”，首次提出“土地承包经营权流转”的概念。1998 年中共中央十五届三中全会《关于农业和农村工作若干重大问题的决定》对农村改革二十年的基本经验作出了总结，并指出：“土地使用权的合理流转，要坚持自愿、有偿的原则依法进行，不得以任何理

〔1〕 参见《中共中央国务院关于“三农”工作的一号文件汇编（1982～2014）》，人民出版社 2014 年版。

由强制农户转让。少数确实具备条件的地方，可以在提高农业集约化程度和群众自愿的基础上，发展多种形式的土地适度规模经营。”2008年十七届三中全会《关于推进农村改革发展若干重大问题的决定》明确“现有土地承包关系要保持稳定并长久不变”，“加强土地承包经营权流转管理和服务，建立健全土地承包经营权流转市场，按照依法自愿有偿原则，允许农民以转包、出租、互换、转让、股份合作等形式流转土地承包经营权，发展多种形式的适度规模经营”。2013年“中央1号文件”提出：“坚持依法自愿有偿原则，引导农村土地承包经营权有序流转，鼓励和支持承包土地向专业大户、家庭农场、农民合作社流转，发展多种形式的适度规模经营。”

（二）承包地“三权分置”的地方改革试验

随着农地流转的加剧，农户离农离地的情况愈加普遍，新型农业经营主体的权利保护和利益实现问题逐步凸显，在缺乏国家层面指导性政策意见的情况下，各地纷纷展开农地所有权、承包权和经营权分离，并且承包权和经营权分别赋权的地方性试验。[1]正如国土资源部有关负责人所提出的：“20世纪90年代以来，农村土地所有权、承包权和经营权三权分离探索已在各地展开。重庆、江西、浙江、上海、安徽、四川等地通过出台文件，鼓励集体土地所有权、承包权和经营权分离，稳定承包权、搞活经营权，规范土地承包经营权流转。湖北通过地方性立法，确认承包权、经营权两权分离，促进土地流转。农村土地承包经营权二次分离有强烈的社会诉求和深厚的实践基础。”[2]

---

〔1〕张力、郑志峰：“推进农村土地承包权与经营权再分离的法制构造研究”，载《农业经济问题》2015年第1期。

〔2〕参见王立彬：“农村生产关系变革将释放巨大改革红利——国土资源部有关负责人谈土地承包经营权‘再分离’”，载新华网，http://news.xinhuanet.com/2013-12/29/c_118753978.htm，最后访问日期：2017年6月25日。

在地方性试验中，农村土地“三权分置”并不是一个新事物。与“三权分置”政策相应的关于承包权和经营权分离的表述，在一些地方性政策文件中屡有呈现。[1]根据学者的考证，早在2004年9月，安徽省合肥市人民政府办公厅出台的《关于规范农村土地承包和经营权流转的若干意见》（合政办［2004］95号），其中规定：“坚持农村土地承包关系长期稳定。对二轮承包后的人口变动，原则上不予补地。土地经营权流转应由当事人双方进行协商，签订流转合同，并经村集体经济组织见证。任何个人和组织都不得强迫农民进行土地经营权流转。”该文件在发文名称中将土地承包和经营权流转二者有意加以区别，而且明确提出“土地经营权”流转的概念。直到2008年8月，安徽省合肥市人民政府《关于农村土地承包和经营权流转的意见》（合政［2008］93号）则明确规定：“推进农村土地承包经营权流转，应当坚持在稳定农村土地家庭承包经营制度不变的基础上，鼓励农村集体土地的所有权、承包权、经营权相分离。”2012年9月，安徽省合肥市城乡统筹办《关于进一步加强农村土地承包经营权流转规范管理的意见》再次强调：“在稳定土地家庭承包经营制度的前提下，实行土地所有权、承包权和经营权相分离，坚持集体所有权，稳定农户承包权，放活经营使用权，逐步扩大农民承包经营权的权能范畴。”

无独有偶，在一些东部经济发达省份也开始了承包地“三权分置”的地方改革试验，其中以浙江省的改革试验最为引人瞩目。浙江省嘉兴市人民政府办公室《关于加快推进农村土地承包经营权流转的意见》提出：“鼓励农村集体土地的所有权、承包权、经营权相分离，稳定承包权，放活经营权，规范土地

〔1〕 张毅、张红、毕宝德：“农地的‘三权分置’及改革问题：政策轨迹、文本分析与产权重构”，载《中国软科学》2016年第3期。

承包经营权的流转。”浙江省宁波市委办公厅、宁波市人民政府办公厅《关于做好农村土地承包经营权流转工作提高土地规模经营水平的意见》规定：“坚持稳定承包权、放活经营权的原则。在稳定农村土地家庭承包经营制度和土地承包关系的前提下，实行土地所有权、承包权和经营权分离。”其中特别说明土地承包经营权的流转特指“农户家庭承包耕地的经营权流转”。2014年，宁波市人民政府《关于进一步加快农村土地承包经营权流转促进农业转型升级的意见》进一步明确规定：“坚持依法自愿有偿和稳制活权的原则，落实集体所有权、稳定农户承包权、搞活土地经营权，不断创新土地流转形式，健全土地流转机制，规范土地流转管理。”但是，浙江省的改革试验主要集中于地级市层面，而在2009年中共浙江省委办公厅、浙江省人民政府办公厅《关于积极引导农村土地承包经营权流转促进农业规模经营的意见》中，并未涉及“三权分置”的有关内容。

上海市松江区家庭农场制改革试验也颇引人关注。随着农业人口向城市转移，非农就业机会较多的城市郊区人口离农离地成为普遍现象，引发城郊地区“地无人种”的问题。从2004年开始，松江区采取农户委托村委会流转农地，并由村集体经济组织统一对外出租农地兴办家庭农场的办法，帮助农民回归农业。2006年，松江区政府下发《关于印发规范土地流转、促进规模经营若干意见的通知》，对农民委托村委会流转土地的行为进行规范。2011年，上海松江区农委发布《关于进一步巩固家庭农场发展的指导意见（试行）》，规定家庭农场经营必须依法规范土地流转，向原承包农户或拥有土地流转权的集体经济组织缴纳土地流转费。承包农户委托村民委员会进行土地流转的，必须签订规范的委托流转书，农场经营者必须签订全市统一的流转合同。具体而言，松江区家庭农场的做法是[1]：其一，以农户委托村委会流转农地的方式，将农民手中的土地流转到村集体经济组织；其二，确定农民在集体经济组织中的身份，从成员权的角度确保集体经济组织成员的利益，把农民在乡镇企业中的利益，连同农民的土地承包经营权，折合成他们在集体经济组织中的股份，并做成台账，由镇政府保存。这种做法实际上是将农民的集体成员权股权化，将农民现实的地权和成员权固化，比较稳定地确定了农民的物质利益；其三，集体与引入的土地经营者订立土地经营合同。土地经营者需要通过区政府组织的职业培训和资格考试，考试合格者才可以与集体经济组织订立土地经营合同；松江区政府农委还要求，土地经营者只能从本集体成员中选择，一户经营者可以占有使用的土地不超过300亩。这些细节的设计，一方面保持了适合家庭农场耕作的适度经营规模，另一方面又保障了本集体成员有更多的就业机会；其四，集体与土地经营者之间的合同期限一般为5~10年，这样一方面有利于土地经营者在土地上投资，一方面引入竞争机制，也有利于集体选择效率更高的经营者，达到两个方面的利益兼顾；其五，合理确定土地经营者支付给土地承包经营权人的“租金”。虽然单一农户或者个人的土地交给了集体，但是，由其土地承包经营权转化而来的成员收益权享受法律的绝对保护，并通过参与分配土地经营者交给集体的租金而得以实现。

上海市松江区的上述做法符合所有权、承包权（股权化）和经营权分离的“三权分置”实践。农户将农地交由集体经济组织统一处分，土地承包经营权灭失，承包权变为成员权，集体经济组织将农民可得利益按照农民能够接受的公平的方式最

---

〔1〕 孙宪忠：“推进农地三权分置经营模式的立法研究”，载《中国社会科学》2016年第7期。

终分配给农民，农户通过股权化的方式实现流转收益。这种做法和中央将农民家庭或者个人土地权利“长久不变”的指导思想是一致的，它符合还权于民的政治目标。农民在集体经济组织中享有的股份，强化了农民的财产利益和法律权利，同时也为城郊地区农地规模经营探索出了一条可行路径。

另外，西部地区也开展了以“稳制活田”为标志的地方性改革试验。西部地区农地产权“三权分置”改革主要集中在重庆市和四川省。重庆市人民政府办公厅《关于加快农村土地流转促进规模经营发展的意见（试行）》（渝办发［2007］250号）规定：“坚持稳制、分权、放活的原则。农村土地流转和发展规模经营，要稳定家庭承包经营体制，在不改变土地承包关系的前提下，实行土地所有权、承包权和土地使用权分离，创新流转机制，探索有效形式，放活土地使用权。”四川省人民政府办公厅《关于进一步规范有序进行农村土地承包经营权流转的意见》（川办发［2009］39号）规定：“坚持‘稳制、分权、搞活’的原则。在稳定土地家庭承包经营制的前提下，实行土地所有权、承包权和经营权相分离，坚持集体所有权、稳定农户承包权、放活经营使用权。”两省市意见的不同之处在于：重庆市提出“承包权”与“土地使用权”分离，四川省提出放活“经营使用权”。以改革试点四川郫县为例，全体集体成员以集体土地使用权量化形成的股权入股成立村级资产管理公司，由资产管理公司代表村集体对外经营。[1]此外，四川温江改革试验的特征也是推行社区股份合作，通过农户承包权的股份化，由集体经济组织统一收回农户的土地承包经营权，并组建集体

〔1〕 李果：“农地改革郫县样本：集体经营性建设用地入市受阻”，载《21世纪经济报道》2015年12月25日。

资产公司统一经营，或者与集体之外的企业联合经营。[1]

（三）地方性改革试验探索急需中央决策予以明确指导

各地推行“承包权与经营权（使用权）分离”或者“放活土地经营权（使用权）”的改革试验，为中央出台“三权分置”的最终决策奠定了实践基础。同时，在一些改革实践过程中，也出现了很多有争议的做法，这也在一定程度上提示决策者我国不同地域发展的非均衡性，国情农情的异质多样性以及农地制度变革的长期复杂性。比如，山东枣庄市进行土地资本化试验，其基本做法在于独创土地使用产权，并为新型经营主体发放土地使用产权证，以保护其土地使用权利，方便新型农业主体向银行等金融机构融资。土地合作社、种植大户受让土地使用权后，可以用全体参与农地流转农户的土地使用产权证，向土地产权交易机构申办总的土地使用产权证。新型农业经营主体在产权期限内，可依法使用、经营、流转、转让土地，也可以作价、折股作为资本从事股份经营、合作经营或抵押担保。合作社和种植大户凭土地使用产权证，可以向金融部门抵押贷款、融资，从而解决农业规模经营发展的资金问题。另外，政府建立了农村土地使用产权交易市场，枣庄市建立“三农”服务中心，区（市）级建立农村土地使用产权交易服务中心，乡镇建立农村土地使用产权交易服务所，为承包地使用权的流转和抵押提供中介服务。枣庄的土地资本化试验被媒体宣传为破解农民贷款难、新型农业经营主体权利保障难、解决农村资金瓶颈问题的创新举措，然而，却有学者提出这一模式充满了陷

[1] 刁述军、吴平：“我国农村股份合作制改革创新研究——以成都市温江区为例”，载《新疆农垦经济》2013 年第 3 期。

阱，对枣庄试验提出质疑和批判。[1]其基本理据在于：首先，支付了较高土地租金的公司或种田大户，若仍然从事传统农业，显然要亏本。因为在传统农业生产中，大规模经营并不一定比小农经营更有效益，大规模经营的单位土地产出率并不比小农经营有更高的产出。因此，规模化流转的农地用途通常以高效农业而非传统农业为主，农地资本化试验通常以农地的“非粮化”甚至“非农化”为前提；其次，农地资本化试验蕴藏了巨大的经营风险，高效农业其实是高风险的行业，而且银行抵押贷款存在金融风险，农地流转合同可能因无法支付租金面临违约风险，依靠政府补贴维持经营也存在政府财政资金投入效率低下的风险；最后，资本化农业破坏了以中坚农民为主体力量的传统农业经营秩序以及乡村治理秩序。

另外一个备受关注的地方性改革案例是重庆的“股田制”改革试验。2007 年 6 月 29 日，重庆市工商局颁布了《重庆市工商行政管理局关于全面贯彻落实市第三次党代会精神服务重庆城乡统筹发展的实施意见》（渝工商发［2007］17 号）。这份改革文件推出的“新政”设想多达 50 条，该文件的第 16 条关于“农民土地承包权出资入股”的提法是：“支持探索农村土地流转新模式。在农村土地承包期限内和不改变土地用途的前提下，允许以农村土地承包经营权出资入股设立农民专业合作社；经区县人民政府批准，在条件成熟的地区开展农村土地承包经营权出资入股设立有限责任公司和独资、合伙等企业的试点工作，积极推进土地集约、规模经营，提高农民组织化程度，加快发展现代农业。”但是，该文件一经推出，便引起了众多争议。有

〔1〕参见陈柏峰：“土地资本化的陷阱——枣庄试验批判”，载三农中国网，http://www.snzg.cn/article/2011/1123/article_26364.html，最后访问日期：2018 年 2 月 25 日。

学者认为“股田制”代表了农地制度改革的方向，应当立法确认，[1]亦有学者提出“股田制”并不是农地制度变迁的方向，应对这种改革路径持谨慎态度。[2]随后，农地承包经营权入股公司的改革试验被中央叫停，而改以农地入股合作社的方式。[3]2009年重庆市农委、重庆市工商行政管理局又颁布了《关于以农村土地承包经营权入股发展农民专业合作社注册登记有关问题的通知》。其中明确规定：“以农村土地承包经营权出资入股只限于组建农民专业合作社，对组建公司、非公司企业法人、合伙企业等其他经济组织的，一律不予登记。”重庆市改革试验揭示出农地流转中的一个突出问题，即现行法上的入股限于集体经济组织成员之间的股份合作，是农户的劳动力与农地生产要素的双重联合。而实践中由于农地规模经营的发展需要，入股成为一种比较流行的农地流转形式，而且分化出法律许可范围之外的多种股份合作形式，由此可见，立法应当适当扩大承包地经营权入股的范围，但对于入股的对象是公司抑或是农民专业合作社，理论和实务界有不同的认识，[4]亟待中央决策层明确。

综上所述，过去30多年来，我国农村土地制度改革的基本

---

〔1〕 王世录：“论中国农村土地改革——为‘股田制’立法”，载《农村经济》2007年第7期。

〔2〕 党国英：“股田制不是农村土地改革的方向”，载爱思想网，http://www.aisixiang.com/data/34963.html，最后访问日期：2018年1月25日。

〔3〕 王小乔、赵宜胜：“沉睡的资本开始醒来——重庆土地试验：从农地入股到农村土地交易所”，载《南方周末》2008年9月4日。

〔4〕 承包地经营权入股的对象存在农民专业合作社与有限责任公司之争，高海等学者主张入股农民专业合作社；吴义茂等学者倾向于入股公司。笔者倾向于入股合作社的做法，重庆市在此问题上的探索即是明证。参见高海：《土地承包经营权入股合作社法律制度研究》，法律出版社2014年版，第38~39页；吴义茂：“土地承包经营权入股有限责任公司法律问题研究”，西南财经大学2012年博士学位论文。

策略是，在所有制被锁定的制约下，通过使用权利层面的创新，探索土地集体所有制的实现形式。农村土地制度改革的基本线索就是在所有权和使用权分离上做文章。[1]随着我国社会经济的发展，进一步的制度变革在农户的土地承包经营权层面展开，而实践中出现的诸多改革难题需要中央定调并作出统一决策。2013年党的十八届三中全会通过《中共中央关于全面深化改革若干重大问题的决定》，其中关于农村土地制度改革的决策和部署，实质上是对30多年所有权与使用权分离改革逻辑的沿袭，“坚持农村土地集体所有权，依法维护农民土地承包经营权”，并在两权分离的基础上，将承包农户土地承包权与流转土地经营权进一步分离，并对承包权与经营权分别赋权，即“赋予农民对承包地占有、使用、收益、流转”权能及“承包经营权抵押、担保权能”。十八届三中全会《决定》的相关论述标志着进一步的农地权利制度改革开始纳入中央的统一决策部署。

三、承包地“三权分置”的政策文本

农村土地“三权分置”改革是对改革开放以来我国农村集体土地所有权与农户承包经营权两权分置改革之后的又一次重大创新，它代表了未来农地制度改革的基本方向。从“两权分置”过渡到“三权分置”是巨大的政策飞跃。对于“三权分置”政策的准确理解，需要对中央政策文本中农村土地“三权分置”的演进过程进行梳理，全面展现“三权分置”改革的政策演变过程，以揭示“三权分置”的政策内涵以及实施路径的演变和高层决策者的认知与决策过程。根据有关学者的研究，“三权分置”政策的出台经历了前期酝酿、明确确认、继续巩

---

〔1〕 刘守英：“农村集体所有制与三权分离改革”，载《中国乡村发现》2014年第3期。

固、贯彻执行等四个阶段。[1]笔者基本赞同该阶段划分标准。2013年7月习近平总书记在湖北考察提出了“三权分置”的政策思想，一直到2016年10月，中办国办才印发了《关于完善农村土地所有权承包权经营权分置办法的意见》（以下简称《三权分置意见》）。在此期间，“三权分置”政策的最终定型经历了一系列共识凝聚和最终达成的复杂过程。

（一）承包地“三权分置”政策思想的提出阶段

2013年7月23日，习近平同志在湖北考察时强调：“深化农村改革，完善农村基本经营制度，要好好研究农村土地所有权、承包权、经营权三者之间的关系。”这是国家领导人第一次在公开场合提及农村土地所有权、承包权和经营权的关系问题，但还只是一种政策思想，没有上升到正式的政策文件层面。

《中共中央关于全面深化改革若干问题的重大决定》中指出：“坚持农村土地集体所有权，依法维护农民土地承包经营权，发展壮大集体经济。稳定农村土地承包关系并保持长久不变，在坚持和完善最严格的耕地保护制度前提下，赋予农民对承包地占有、使用、收益、流转及承包经营权抵押、担保权能，允许农民以承包经营权入股发展农业产业化经营。鼓励承包经营权在公开市场上向专业大户、家庭农场、农民合作社、农业企业流转，发展多种形式规模经营。”该决定并没有明确提出农村土地“三权分置”，但是已经对集体所有权、承包权和经营权进行了区分。“《决定》对承包权与经营权进行了政策上的分离，对两束权利分别赋权，即承包农户对承包权享有占有、使用、收益和流转权，经营农户对所流入的土地的经营权拥有抵押权和担保权，这样，既有利于承包户将承包地放心地流转，也有

[1] 管洪彦、孔祥智：“农村土地‘三权分置’的政策内涵与表达思路”，载《江汉论坛》2017年第4期。

利于经营者以经营权的收益权作抵押和担保，获得金融支持，从事现代农业。”〔1〕

习近平同志2013年12月23日在中央农村工作会议上的讲话中指出：“农村集体土地应该由作为集体经济组织成员的农民家庭承包，其他任何主体都不能取代农民家庭的土地承包地位，无论承包经营权如何流转，集体土地承包权都属于农民家庭”，“土地承包经营权主体同经营权主体发生分离，是我国农业生产关系变化的新趋势”，“改革前，农村集体土地是所有权和经营权合一，土地集体所有、集体统一经营。搞家庭联产承包制，把土地所有权和承包经营权分开，所有权归集体，承包经营权归农户，这是我国农村改革的重大创新。现在，顺应农民保留土地承包权、流转土地经营权的意愿，把农民土地承包经营权分为承包权和经营权，形成所有权、承包权、经营权三权分置并行的新型农地制度，这是我国农村改革的又一次重大制度创新”，“要加强土地经营权流转管理和服务，推动土地经营权等农村产权流转交易公开、公正、规范运行”。〔2〕这是中央领导第一次在重要公开讲话中提出要对农村土地实施“三权分置”改革，也是中央农村工作会议中首次涉及所有权、承包权和经营权相分离的政策思想，首次提出“土地经营权”而非“土地承包经营权流转”的政策主张。

这一阶段可以称作是农村土地“三权分置”政策思想的形成阶段，总体而言，并未形成清晰的改革政策表达话语，而是对地方性改革试验的一种积极回应。正如上文所述，“三权分

〔1〕刘守英：“中共十八届三中全会后的土地制度改革及其实施”，载《法商研究》2014年第2期。

〔2〕习近平：“在中央农村工作会议上的讲话”，载《十八大以来重要文献选编（上）》，中央文献出版社2014年版，第670页。

置”的实践已经在多个地区展开，亟待中央决策层面予以政策确认。“三权分置”不是政策制定者的首创，而仅是在当前土地流转加剧情况下，对“三权”实际分离这一早就存在的事实进行了肯定和规范。[1]

（二）承包地“三权分置”政策的形成出台阶段

2014 年“中央 1 号文件”《关于全面深化农村改革加快推进农业现代化的若干意见》中指出：“在落实农村土地集体所有权的基础上，稳定农户承包权、放活土地经营权，允许承包土地的经营权向金融机构抵押融资。”2014 年的“中央 1 号文件”首次在国家政策层面提出“三权分置”，明确了三权分置改革的基本内涵，即集体所有权、农户承包权、土地经营权三权分置，并且落实集体所有权、稳定农户承包权、放活土地经营权。2014 年“中央 1 号文件”指出土地经营权可以向金融机构抵押融资。

2014 年 9 月，中央全面深化改革小组第五次会议审议《关于引导农村土地承包经营权有序流转发展农业适度规模经营的意见》，习近平总书记主持召开会议，指出：“我们要在坚持农村土地集体所有的前提下，促使承包权和经营权分离，形成所有权、承包权、经营权三权分置，经营权流转的格局。”2014 年 11 月 20 日，中共中央办公厅、国务院办公厅印发了《关于引导农村土地经营权有序流转发展农业适度规模经营的意见（中办发［2014］61 号）》（以下简称《规模经营意见》）。其中指出：“坚持农村土地集体所有权，稳定农户承包权，放活土地经营权，以家庭承包经营为基础，推进家庭经营、集体经营、合

〔1〕 参见刘云生：“三权分离框架下农村土地经营权的法权定性与功能定位”，载《中国不动产法研究》2015 年第 2 期；钟真、孔祥智：“‘十三五’中国农业改革发展的起点与展望”，载《教学与研究》2016 年第 1 期。

作经营、企业经营等多种经营方式共同发展。"这就进一步确认了农村土地"三权分置"改革的基本思路。而且该文件还进一步指出要"抓紧研究探索集体所有权、农户承包权、土地经营权在土地流转中的相互权利关系和具体实现形式"。2014 年 12 月，国务院办公厅印发《关于引导农村产权流转交易市场健康发展的意见》（国办发［2014］71 号），其中明确规定，农村产权流转交易市场的交易品种主要包括：农户承包土地经营权，不涉及依法以家庭承包方式承包的集体土地承包权。

2015 年 2 月，中共中央、国务院颁布了《关于加大改革创新力度加快农业现代化建设的若干意见》（2015 年"中央 1 号文件"）。其中指出："坚持和完善农村基本经营制度，坚持农民家庭经营主体地位，引导土地经营权规范有序流转，创新土地流转和规模经营方式，积极发展多种形式适度规模经营，提高农民组织化程度。抓紧修改农村土地承包方面的法律，明确现有土地承包关系保持稳定并长久不变的具体实现形式，界定农村土地集体所有权、农户承包权、土地经营权之间的权利关系。现阶段，不得将农民进城落户与退出土地承包经营权、宅基地使用权、集体收益分配权相挂钩。完善相关法律法规，加强对农村集体资产所有权、农户土地承包经营权和农民财产权的保护。"该文件的最大特色在于，对"三权分置"改革政策的法律表达提出了明确要求，由此也启动了《农村土地承包法》等相关法律规定的修订工作。

2015 年 8 月，为了落实承包地经营权抵押融资改革的相关政策规定，国务院出台了《关于开展农村承包土地的经营权和农民住房财产权抵押贷款试点的指导意见》（国发［2015］45 号），规定"按照所有权、承包权、经营权三权分置和经营权流转有关要求，以落实农村土地的用益物权、赋予农民更多财产权利为出发点，深化农村金融改革创新，稳妥有序开展‘两权’抵押贷款业务，有效盘活农村资源、资金、资产，增加农业生产中长期和规模化经营的资金投入，为稳步推进农村土地制度改革提供经验和模式，促进农民增收致富和农业现代化加快发展”，“流转土地的经营权抵押需经承包农户同意，抵押仅限于流转期内的收益”。

（三）承包地“三权分置”政策的内涵明晰阶段

2015 年 11 月 2 日，为了增强农村改革的系统协同性，推进农村领域的深化改革步伐，中共中央办公厅、国务院办公厅印发了《深化农村改革综合性实施方案》（以下简称《农村深改方案》），该方案对农村土地“三权分置”改革的内涵作出明确的界定，相对于之前的改革文件而言，政策话语表达得更加清晰。首先，该方案指出：“坚持和完善农村基本经营制度。把握好土地集体所有制和家庭承包经营的关系，现有农村土地承包关系保持稳定并长久不变，落实集体所有权，稳定农户承包权，放活土地经营权，实行‘三权分置’。”其次，该方案明确提出“三权分置”是深化农村土地改革的基本方向。方案指出：“深化农村土地制度改革的基本方向是：落实集体所有权，稳定农户承包权，放活土地经营权。”再次，对农村土地“三权分置”改革的具体内涵进行了较为清晰的界定。方案指出：落实集体所有权，就是落实“农民集体所有的不动产和动产，属于本集体成员集体所有”的法律规定，明确界定了农民的集体成员权，明晰了集体土地产权的归属，确认了集体产权的主体。稳定农户承包权，就是要依法公正地将集体土地的承包经营权落实到本集体组织的每个农户。放活土地经营权，就是允许承包农户将土地经营权依法自愿配置给有经营意愿和经营能力的主体，发展多种形式的适度规模经营。这是我国在政策文件中对“三权分置”改革的政策内涵进行的最为清晰的界定。从次，对“三权分置”改革中经营权流转的原则和规模经营的方式进行了规定。方案指出：“在农村耕地实行所有权、承包权、经营权‘三权分置’的基础上，按照依法自愿有偿原则，引导农民以多种方式流转承包土地的经营权，以及通过土地经营权入股、托管等方式，发展多种形式的适度规模经营。”最后，对“三权分置”改革进程中农民财产权利的保护进行了规定。方案指出：“切实维护进城落户农民的土地承包权、宅基地使用权、集体收益分配权。”自农村土地“三权分置”改革政策提出以来，《农村深改方案》首次对“三权分置”的内涵作出全面和深入的界定。

2016年2月，中共中央国务院《关于落实发展新理念加快农业现代化　实现全面小康目标的若干意见》（2016年“中央1号文件”），提出：“维护进城落户农民土地承包权、宅基地使用权、集体收益分配权，支持引导其依法自愿有偿转让上述权益。稳定农村土地承包关系，落实集体所有权，稳定农户承包权，放活土地经营权，完善‘三权分置’办法，明确农村土地承包关系长久不变的具体规定。”该意见明确规定要维护进程落户农民的农村承包权，并规定支持引导农民依法转让上述权益。该意见再次明确了农村土地“三权分置”改革的方向，提出要完善“三权分置”办法。

（四）承包地“三权分置”政策的细化完善阶段

《三权分置意见》作为“三权分置”政策表述的终极性文件，理应作为“三权分置”政策阶段划分的最终节点。相对于之前的改革文件，《三权分置意见》作为凝结改革共识的重要文件，其意义在于以下三个层面：

首先，该意见提出了完善“三权分置”办法的基本原则和指导思想。该意见提出：“围绕正确处理农民和土地关系这一改革主线，科学界定‘三权’内涵、权利边界及相互关系，逐步建立规范高效的‘三权’运行机制，不断健全归属清晰、权能完整、流转顺畅、保护严格的农村土地产权制度，优化土地资源配置，培育新型经营主体，促进适度规模经营发展，进一步巩固和完善农村基本经营制度，为发展现代农业、增加农民收入、建设社会主义新农村提供坚实保障……完善‘三权分置’办法，不断探索农村土地集体所有制的有效实现形式，落实集体所有权，稳定农户承包权，放活土地经营权，充分发挥‘三权’的各自功能和整体效用，形成层次分明、结构合理、平等保护的格局。”

其次，该意见的最大亮点在于对“三权”的权利边界和权能行使作出了区分，进而赋予“三权分置”政策以可操作性，并对立法的修改提出了指引和方向。该意见提出，“土地集体所有权人对集体土地依法享有占有、使用、收益和处分的权利。农民集体是土地集体所有权的权利主体，在完善‘三权分置’办法过程中，要充分维护农民集体对承包地发包、调整、监督、收回等各项权能，发挥土地集体所有的优势和作用”；“土地承包权人对承包土地依法享有占有、使用和收益的权利。在完善‘三权分置’办法过程中，要充分维护承包农户使用、流转、抵押、退出承包地等各项权能”；“赋予经营主体更有保障的土地经营权，是完善农村基本经营制度的关键。土地经营权人对流转土地依法享有在一定期限内占有、耕作并取得相应收益的权利”。

最后，该意见实际上采取了一种相对温和的改革策略，相比之前的改革政策显得更加务实和可行，兼顾了我国不同农村地区经济社会发展和农村制度改革的差异性需求，体现了一种稳中求进的改革态度。更为重要的是，该意见的出台也在一定程度上对于争议较大的农户承包权和土地经营权的权利性质问题给出了间接的回应。以土地经营权的权利性质为例，十八届三中全会中提出，赋予承包经营权抵押、担保权能，2014 年“中央 1 号文件”首次正式采用土地经营权一词，意指在集体和现有承包人之外，从事农业耕作的实际经营主体的权利。根据政策文件当中关于“赋予抵押担保权能”，“放活经营权”，“引导土地经营权有序流转”，以及“‘三权’分置并行、平等保护”的表述和要求，土地经营权似乎应被设计为一项物权性质的权利。然而，《三权分置意见》虽提出“更有保障”“平等保护”的要求，但从该政策文件的字里行间，我们不难读出土地经营权的租赁权属性。可见，从“三权分置”的初步提出到最终确定，政策话语关于土地经营权法律性质的阐述发生了悄然的转变。或者可以认为，土地经营权的物权化塑造是未来的立法趋势，但是考虑到我国已经形成的“两权分离”的农地权利结构，以及我国目前农村经济社会发展和农户离农离地的现实情况，以及我国城乡融合发展和社会保障一体化的进展程度，在实施机制层面，土地经营权仍然需要经由土地承包经营权流转而生成，仍属于债权性质的权利，宜采取债权物权化的渐进式的法律塑造路径。

综合上述梳理，农村土地“三权分置”政策经过“思想提出、形成出台、内涵界定、细化完善”四个阶段的演变过程，“三权分置”的政策内涵和实现路径逐步明确。从政策演进以及政策文本中可以发现以下重要信息：其一，农村土地“三权分置”改革是大势所趋，是未来新型农地制度改革的发展方向。农村土地“三权分置”的改革是国家精心设计的一次重大的农村土地制度的改革，是改革开放以来承袭“两权分置”改革以来的持续性政策创新。如果我们去检索中央关于“三权分置”

的提法，从第一次提出到之后的每一次深化，改革政策的载体都是一些非常重要的政策文件，体现了“三权分置”改革的重要性、紧迫性和必然性。其二，农村土地“所有权、承包权、经营权”的“三权”相互关系和实现形式尚不明确，“三权分置”的改革内容尚未被法律所明确确认，对于“三权分置”的权利内容以及“三权”的内在关系和实现形式需要尽快通过立法确认。目前，农地“三权分置”政策的法制化已经提上议事日程。〔1〕法律规则的制定不能直接借用政策话语及其表达形式，需要符合法律规范的基本要求，首要的任务是要明确农村土地“三权分置”的政策内涵，从法理层面认真研究“三权分置”的权利结构，厘清“三权”的权利性质及其相互关系，并在此基础上完成规范的立法表达。

第二节　承包地“三权分置”的政策内涵

《农村深改方案》指出：深化农村土地制度改革的基本方向是：“落实集体所有权，稳定农户承包权，放活土地经营权”；并对“落实集体所有权”“稳定农户承包权”和“放活土地经营权”的政策内涵作出了界定。另外，《三权分置意见》对于承包地“三权分置”下，集体土地所有权、土地承包权和土地经营权各自的权能、权利关系和权利边界作出了比较清晰的界定，这在实践操作层面进一步细化了“三权分置”政策规定，对我们深入理解承包地“三权分置”的政策内涵具有重要意义。为此，本书主要结合《农村深改方案》和《三权分置意见》的规定，对承包地“三权分置”的政策内涵作一解析。

〔1〕 2015 年“中央 1 号文件”明确提出：“抓紧修改农村土地承包方面的法律，明确现有土地承包关系保持稳定并长久不变的具体实现形式，界定农村土地集体所有权、农户承包权、土地经营权之间的权利关系。”

一、落实集体所有权

“落实集体所有权”是农村土地“三权分置”的首要内容。《农村深改方案》中指出：“落实集体所有权，就是落实《物权法》关于‘农民集体所有的不动产和动产，属于本集体成员集体所有’的法律规定，明确界定农民的集体成员权，明晰集体土地产权归属，实现集体产权主体清晰。”《三权分置意见》进一步提出，“农村土地农民集体所有，是农村基本经营制度的根本，必须得到充分体现和保障，不能虚置。土地集体所有权人对集体土地依法享有占有、使用、收益和处分的权利。农民集体是土地集体所有权的权利主体”；“通过建立健全集体经济组织民主议事机制，切实保障集体成员的知情权、决策权、监督权，确保农民集体有效行使集体土地所有权，防止少数人私相授受、谋取私利”。由此可见，改革政策文件为落实集体所有权确定了方向，即落实集体所有权，就是要通过集体成员权制度实现农村集体产权的清晰。问题的关键在于通过落实集体成员的各项权利，保障农民集体作为集体土地所有权的主体，防止少数人对集体所有权的控制。

集体所有权的权利主体是一定范围内的乡镇、村或村民小组农民集体成员组成的成员集体。长期以来，学界对集体土地所有权一直存在着主体虚位、权能模糊的批评。〔1〕典型的批评观点是，农民集体不是法律上的组织，而是一定农民集体范围内的全体农民的集合，是一个抽象的、没有法律人格意义的集

〔1〕 此观点在学界支持者甚众。比如，肖方扬：“集体土地所有权的缺陷与完善对策”，载《中外法学》1999年第4期；郑风田：“我国现行土地制度的产权残缺与新型农地制度构想”，载《管理世界》1995年第4期；李凤章：“通过‘空权利’来‘反权利’：集体土地所有权的本质及其变革”，载《法制与社会发展》2010年第5期。

合群体。[1]事实上，我国现行法律均曾尝试解决集体土地所有权的归属问题。《宪法》第10条第2款规定：“农村和城市郊区的土地，由法律规定属于国家所有的以外，属于集体所有；宅基地和自留地、自留山也属于集体所有。”该条规定确认了农村的土地属于集体所有，但“集体所有”的具体含义没有明确的规定。《民法通则》第74条第1款规定：“劳动群众集体组织的财产属于劳动群众集体所有。”该条试图以“劳动群众集体所有”来界定集体所有权的主体，但是，关于“劳动群众”的界定不清晰，是“劳动群众集体”所有还是“劳动群众”集体地所有，也存在语义上的模糊之处，故该条款表述仍然未能解决集体所有权的归属问题。1986年颁布的《土地管理法》第8条第2款规定：“农村和城市郊区的土地，除由法律规定属于国家所有的以外，属于农民集体所有；宅基地和自留地、自留山，属于农民集体所有。”第10条规定：“农民集体所有的土地依法属于村农民集体所有的，由村集体经济组织或者村民委员会经营、管理；已经分别属于村内两个以上农村集体经济组织的农民集体所有的，由村内各该农村集体经济组织或者村民小组经营、管理；已经属于乡（镇）农民集体所有的，由乡（镇）农村集体经济组织经营、管理。”《土地管理法》采用“农民集体所有”的表述，仍然是比较抽象的。问题在于上述法律规定之中的集体所有或者劳动群众集体所有，仍然是一种“人人有份，人人无份”的所有权制度[2]，而且法律对于代表集体行使权利的主体的确定，并不是对集体所有权主体本身的认定。因此，

〔1〕于建嵘：“农村集体土地所有权虚置的制度分析”，载蔡继明、邝梅：《论中国土地制度改革》，中国财政经济出版社2009年版。

〔2〕王金堂：《土地承包经营权制度的困局与解破——兼论土地承包经营权的二次物权化》，法律出版社2013年版，第161页。

要明确农村土地的归属，须解决集体所有权的主体问题，要建立集体所有权和成员权益之间的勾联，尤其是要明确农民对土地所享有的权益问题。[1]

《物权法》第59条第1款规定：“农民集体所有的不动产和动产，属于本集体成员集体所有。”该条款规定中的“本集体成员集体所有”的表述并不是简单的表达性变化而是立法者有意选择的结果，与以往法律表达最突出的区别在于确认农民集体成员权这种具有中国特色的新型民事权利。[2]据此，农民集体所有权的权利主体是由集体成员组成的，是本集体成员组成的“成员集体”。成员集体所有排除了国家抑或任何个人对集体土地的所有，是“集体成员在对集体土地不可分割地共同所有基础上实现成员个体的利益”。[3]集体土地的基本功能在于为集体成员提供基本的生存保障，[4]而集体的原始成员就是合作化时期，将自己拥有的土地交给集体，从而需要依靠集体土地提供生存保障的本集体经济组织成员。就所有权主体而言，是成员构成的集体而非集体内部的成员，“成员集体是指农村一定的集体所有的社区范围的人的整体”[5]，而组成集体的成员是“农村社区范围内依赖集体土地和其他自然资源和财产为基本生存保障的自然人”，[6]不仅包括依靠集体土地生存的现实成员，而

〔1〕王利明、周友军：“论我国农村土地权利制度的完善”，载《中国法学》2012年第1期。

〔2〕管洪彦：“农民集体成员权：中国特色的民事权利制度创新”，载《法学论坛》2016年第2期。

〔3〕韩松：“坚持农村土地集体所有权”，载《法学家》2014年第2期。

〔4〕韩松：“农地社保功能与农村社保制度的配套建设”，载《法学》2010年第6期。

〔5〕韩松：“论成员集体与集体成员——集体所有权的主体”，载《法学》2005年第8期。

〔6〕韩松：“论总同共有”，载《甘肃政法学院学报》2000年第4期。

且包括未来因出生、婚姻、集体决议等缘由而加入集体的成员。同时，集体成员资格可能因死亡、婚姻、纳入城镇保障体系等情形而丧失。

集体土地所有权的主体是本集体经济组织成员组成的成员集体，集体所有权主体的集合性决定了集体土地所有权主体的决策及其行使应当采取集体民主决策的形式，并按照民主决策行使集体权利。此时，农民个体在农民集体中享有的成员权就成为农民个体参与集体决策，在集体中行使各项成员权利的权利纽带，集体成员权在本质上反映的是农民集体与集体成员之间的法律关系。〔1〕农民集体所有权是成员集体享有的权利，农民集体成员权是集体成员在成员集体中享有的权利，成员集体的权利最终会落实到每个集体成员身上，进而两种权利所承载的利益都会最终落实到集体成员身上。集体成员在成员集体内部按照法律法规和自治规约对属于成员集体所有的不动产和动产共同享有各项财产权利（自益权）和非财产性权利（共益权），其中自益权主要包括：农民集体成员承包土地的权利、农民集体成员分配宅基地的权利、农民集体成员的优先权、农民集体成员的集体收益分配权、农民集体成员的集体福利分配权等内容。共益权主要包括：民主决策权、知情权和监督权、选举权与被选举权等内容。〔2〕

由此可见，我国《物权法》试图通过引入“成员权”概念来明确集体所有权的主体。〔3〕为了进一步落实成员权，《物权

〔1〕 参见陈小君、陆剑：“我国普通村集体经济的运行现状与法律规制—基于12省38个普通村的实证研究”，载《海南大学学报（人文社会科学版）》2013年第4期；陈小君：“我国农民集体成员权的立法抉择”，载《清华法学》2017年第2期。

〔2〕 管洪彦：《农民集体成员权研究》，中国政法大学出版社2013年版，第47页。

〔3〕 王利明、周友军“论我国农村土地权利制度的完善”，载《中国法学》2012年第1期。

法》第59条第2款规定了集体成员对于集体重要事项的决定权，第62条规定了集体成员对集体财产的知情权，第63条第2款还规定了集体成员的撤销权。农民集体成员权的法律创设既进一步廓清了农民集体所有权的权利主体，又解决了农民集体成员的权益虚化的问题。因此，《物权法》对农民集体成员权的立法确认相对于之前法律规范中的“农民集体”“劳动群众集体”等概念，更加凸显了农民集体成员的地位，更有利于落实农民集体成员的权益保护。

《农村深改方案》中明确指出：落实集体所有权，就是落实“农民集体所有的不动产和动产，属于本集体成员集体所有”的法律规定，明确界定农民的集体成员权，明晰集体土地产权归属，实现集体产权主体清晰。《农村深改方案》重申了《物权法》第59条第1款关于集体所有权权利主体归属的规定，并且进一步将落实农民集体成员权作为落实集体所有权的路径。农村土地“三权分置”中的“落实集体所有权”就是通过集体成员权的确认和落实，实现集体产权主体清晰。因此，作为集体土地所有权主体的农民集体，是具有明确性的法律概念，不应认为是一种抽象的概念，也不应以法人化塑造为最终甚至唯一的目标，只要明确界定集体经济组织的成员，就可以实现集体所有权的主体明晰，[1]在界定成员身份的基础上充实成员权利及明确可行的实现路径，就可以使成员权利实质化，最大限度地避免集体所有权被少数内部人控制。

二、稳定农户承包权

《农村深改方案》指出：“稳定农户承包权，就是要依法公

[1] 韩松：“农民集体所有权主体的明确性探析”，载《政法论坛》2010年第11期。

正地将集体土地的承包经营权落实到本集体组织的每个农户。”《三权分置意见》指出，“严格保护农户承包权。农户享有土地承包权是农村基本经营制度的基础，要稳定现有土地承包关系并保持长久不变。土地承包权人对承包土地依法享有占有、使用和收益的权利。农村集体土地由作为本集体经济组织成员的农民家庭承包，不论经营权如何流转，集体土地承包权都属于农民家庭。任何组织和个人都不能取代农民家庭的土地承包地位，都不能非法剥夺和限制农户的土地承包权”，“在完善‘三权分置’办法过程中，要充分维护承包农户使用、流转、抵押、退出承包地等各项权能。承包农户有权占有、使用承包地，依法依规建设必要的农业生产、附属、配套设施，自主组织生产经营和处置产品并获得收益；有权通过转让、互换、出租（转包）、入股或其他方式流转承包地并获得收益，任何组织和个人不得强迫或限制其流转土地；有权依法依规就承包土地经营权设定抵押、自愿有偿退出承包地，具备条件的可以因保护承包地获得相关补贴。承包土地被征收的，承包农户有权依法获得相应补偿，符合条件的有权获得社会保障费用等。不得违法调整农户承包地，不得以退出土地承包权作为农民进城落户的条件”。《三权分置意见》在《农村深改方案》的基础上，对于稳定和保护农户承包权作出了更加充分的论述，而且与之前的政策性文件相比，更加明确和扩充了农户承包权的权能。根据《农村深改方案》和《三权分置意见》的表述，稳定农户承包权具有如下政策内涵：

第一，家庭承包经营制度是我国农村基本经营制度的基础，农户承包权是家庭承包制的权利依据。自 20 世纪 70 年代末，我国实行集体统一指导，家庭承包经营的“统分结合”的双层经营体制以来，家庭承包经营就被确立为我国农村土地经营的基本形式。此后，在党的政策文件当中，一直强调家庭经营的基础地位，虽然政策文件也在推进农地适度规模经营，培育新型农业经营主体，发挥家庭经营、集体经营、合作经营和企业经营的多元化经营模式，但是，一直将农户家庭承包经营作为最基本的农村土地经营方式。我国特殊的国情和农情决定了在今后很长一段时期内，家庭承包经营仍然是农村土地经营形式的主流。农户家庭经营适应我国农村人口众多的基本国情，能够与城镇化发展速度和农村劳动力转移程度相适应，坚持家庭承包经营的基础地位，不仅因为家庭承包经营对于农业生产具有其独特优势，而且对于农村社会经济的稳定具有重要意义。家庭承包经营蕴藏着巨大潜力，具有广阔发展前景。家庭经营不仅适应了以手工业为主的传统的农业，而且适应采用先进科学技术和生产手段的现代农业。在我国农业现代化进程中，家庭经营现在是，将来也是我国农业最基本的经营形式。在我国社会主义公有制背景下，基于农民集体、农户和土地经营者复杂的关系和农村土地特有的权利结构，稳定农户承包权还具有更为广泛的意义。“我国的特殊性在于，既要适应土地所有者（农民集体）与所有者成员（农户）分离的客观趋势，又要适应所有者成员（承包户）与土地实际利用者（经营者）分离的一般规律。以成员权为基础，从土地集体所有权中分离出农户承包权，承认农民拥有独立的土地承包权，无论在理论上还是在实践中都具有极其重要的意义。”〔1〕

第二，稳定农户承包权，应当保持现有的土地承包关系长久不变。保持稳定且长久不变的土地承包关系已经为我国法律和政策的既定制度选择。从我国农村土地承包经营权的制度变

〔1〕 叶兴庆：“集体所有制下农用地的产权重构”，载《毛泽东邓小平理论研究》2015年第2期。

迁路径来看，呈现期限不断延长和权能不断扩充的特征。农户的土地承包经营权从最初一轮承包时期的15年发展到二轮承包时的30年。《农村土地承包法》明确规定："国家依法保护农村土地承包关系的长期稳定。"《物权法》对各类土地的承包期限作了规定，而且要求承包期内发包人原则上不得调整和收回承包地。[1]2008年，党的十七届三中全会《中共中央关于推进农村改革发展若干重大问题的决定》（中发［2008］16号）明确指出："赋予农民更加充分而有保障的土地承包经营权，现有土地承包关系要保持稳定并长久不变。"从"长期不变"到"长久不变"，是农地制度变迁中的一个重大转折点，意味着土地承包经营权由用益物权向"自物权化"迈进了一大步，为农村土地资源的财产化赋权和市场化配置奠定基础。《农村深改方案》中明确指出："把握好土地集体所有制和家庭承包经营的关系，现有农村土地承包关系保持稳定并长久不变。"在党的政策性文件当中，多次提到认真研究和尽快落实保持土地承包关系长久不变的法律表达形式。2017年10月18日，中国共产党第十九次全国代表大会开幕，习近平同志代表第十八届中央委员会向大会作报告时指出，实施乡村振兴战略，保持土地承包关系稳定并长久不变，第二轮土地承包到期后再延长30年。这一论述无疑为农村土地承包政策的下一步改革确定了基调。因此，在构建新型农业经营体系，实现土地的适度规模经营的宏观语境下，家庭承包经营的基础地位是不可变的，这就要长期稳定农户的承包权。

第三，稳定农户承包权需要完善相应的制度构造。首先，根据《农村深改方案》，稳定农户承包权，就是要依法公正地将

［1］ 参见《物权法》第126条、第130条、第131条之规定。

集体土地的承包经营权落实到本集体组织的每个农户。集体是土地所有权人，但只有集体成员才有要求承包集体土地、获得家庭土地承包经营权的权利。如果集体应该给成员发包土地，却不予发包，那无疑是对集体成员承包权的侵犯。《农村土地承包法》第5条规定：“农村集体经济组织成员有权依法承包由本集体经济组织发包的农村土地。任何组织和个人不得剥夺和非法限制农村集体经济组织成员承包土地的权利。”第6条规定，妇女具有同等的承包权。第7条规定，土地承包应当遵循公开、公平、公正的原则。《物权法》中规定，土地承包经营方案应当经过本集体经济组织成员民主讨论，并以多数同意原则议定。这些措施为农户获得承包权提供了保障，稳定农户承包权必须贯彻上述原则和规则。同时，农户承包权的权利主体具有特殊性，仅限于本集体组织的农户。农村集体土地由作为本集体经济组织成员的农民家庭承包，不论经营权如何流转，集体土地承包权都属于农民家庭。任何组织和个人都不能取代农民家庭的土地承包地位，都不能非法剥夺和限制农户的土地承包权。

其次，集体将土地发包给集体成员，后者就获得了作为物权性质的家庭土地承包经营权，集体成员的家庭土地承包经营权不仅应该受到集体的尊重，也应受到任何第三人包括国家的尊重。从我国目前法律制度的设计来看，还存在一系列不利于土地承包经营权长久稳定的制度性缺陷，应当进一步充实农户土地承包经营权的权能，使其能够对抗来自于农民集体和地方基层政府的不当干预。对于土地承包经营权的权利限制仍散见于法律规定的许多方面。比如，流转机制不畅〔1〕、处分权能受

〔1〕 温世扬：“农地流转：困境与出路”，载《法商研究》2014年第2期。

限[1]、受到农民集体的干预较多[2]等。土地承包经营权人对土地承包经营权的物权性处分则受到法律规范的诸多限制。以土地承包经营权转让为例，其一，受让主体受到限制，即必须具备农业经营能力。其二，出让条件的限制，即转让土地承包经营权必须经过发包方同意。[3]但是，在正式制度框架下满足上述条件实现农地转让极为困难且限制条件的内容过于笼统，可操作性不强。[4]除此以外，土地承包经营权的融资担保功能亦受到法律严格的限制。为了防止农民在农地抵押过程中失去土地，丧失基本生活保障，现行法律规范否定了土地承包经营权的抵押功能。为此，《三权分置意见》相对于之前的政策文件和法律规定，进一步扩充了农户承包权的权能。据此，农户承包权的权能包括占有、使用、流转、抵押、退出承包地等各项权能。具体而言，承包农户有权占有、使用承包地，并获得承包经营收益；有权通过转让、互换、出租（转包）、入股或其他方式流转承包地并获得收益；有权依法依规就承包土地经营权设定抵押、自愿有偿退出承包地，具备条件的可以因保护承包地获得相关补贴；承包农户有权依法获得征收补偿及社会保障费用等。此外，承包农户享有排除侵害的权利，比如，农户承包地不得违法调整，不得以退出土地承包权作为农民进城落户的条件。

最后，稳定农户承包权，需要通过确权登记的方式固化农

---

〔1〕 高圣平：“土地承包经营权权能论纲——以处分权能为中心”，载《社会科学》2012年第7期。

〔2〕 温世扬、武亦文：“土地承包经营权转让刍议”，载《浙江社会科学》2009年第2期。

〔3〕 参见《农村土地承包法》第33条、第37条之规定。

〔4〕 蔡立东、姜楠：“论土地承包经营权转让中的发包方同意”，载《吉林大学社会科学学报》2014年第4期。

户的土地承包权，做好土地承包经营权的确权颁证工作。目前，农户承包地仍然存在面积不准、空间位置不明、登记记载不健全等问题，为此，从 2013 年起国家动用大量的财力、人力，力争在 5 年之内解决农户土地承包经营权的确权问题。通过“颁铁证”“确实权”，使得农户的承包经营权利得以明晰，通过强化物权保护，真正让农民吃上“定心丸”，为土地经营权流转奠定坚实的产权基础，为农民流转土地和进城务工解除了后顾之忧，切实保障农户的权益。《规模经营意见》中指出：“建立健全承包合同取得权利、登记记载权利、证书证明权利的土地承包经营权登记制度，是稳定农村土地承包关系、促进土地经营权流转、发展适度规模经营的重要基础性工作。”截至 2017 年 12 月，农村承包地确权登记颁证试点工作进展顺利，成效显著，全国整省推进此项工作的省份已达 28 个，实测承包地面积 15.2 亿亩，已经超过二轮家庭承包耕地面积，确权面积共计 11.1 亿亩，占二轮家庭承包耕地账面面积的 82%，[1]这为稳定农户承包权奠定了实践基础。

三、放活土地经营权

承包地“三权分置”政策的亮点是从土地承包经营权中分离出经营权，实现承包权和经营权的分离。“三权分置”通过落实所有权、稳定承包权，对经营权定界赋能，主要的目的和成果就是使土地资源合理配置，经营权得以灵活高效流转。[2]从土地承包经营权中分离出经营权，并且放活土地经营权，其基

[1] “农村承包地确权登记颁证试点工作进展顺利”，载《农村经营管理》2017 年第 12 期。

[2] 吴晓佳：“‘三权分置’的核心要义是放活土地经营权”，载《农村经营管理》2016 年第 12 期。

本要义在于破除因集体土地对本集体经济组织成员的身份保障性而附着在承包地使用权上的身份束缚，使得土地经营权真正成为农地资源要素的法律表达形式，这对于在更大范围内优化配置耕地资源、提高农业生产绩效具有重大意义：有利于发展现代农业，提高土地、劳动力和资源利用效率，提升农业综合生产能力、竞争力和可持续发展能力；有利于培育和发展家庭农场、种粮大户、合作组织和农业企业等新型主体；有利于培育新型职业农民。推进“三权分离”，使经营权独立出来，长远来看还能发挥更大作用。“经营权独立之后，可以在不影响土地承包权及其收益的前提下，以土地经营权来设定抵押，为农业发展提供金融支持，进而可以为构建进城农民的土地承包经营权退出机制提供一个富有弹性的制度框架。”〔1〕

《农村深改方案》指出：“放活土地经营权，就是允许承包农户将土地经营权依法自愿配置给有经营意愿和经营能力的主体，发展多种形式的适度规模经营。”《三权分置意见》进一步提出：“加快放活土地经营权。赋予经营主体更有保障的土地经营权，是完善农村基本经营制度的关键。土地经营权人对流转土地依法享有在一定期限内占有、耕作并取得相应收益的权利。在依法保护集体所有权和农户承包权的前提下，平等保护经营主体依流转合同取得的土地经营权，保障其有稳定的经营预期。在完善‘三权分置’办法过程中，要依法维护经营主体从事农业生产所需的各项权利，使土地资源得到更有效合理的利用……加强对土地经营权的保护，引导土地经营权流向种田能手和新型经营主体。支持新型经营主体提升地力、改善农业生产条件、依法依规开展土地经营权抵押融资。鼓励采用土地股

〔1〕张红宇：《新型城镇化与农地制度改革》，中国工人出版社2014年版，第215页。

份合作、土地托管、代耕代种等多种经营方式，探索更多放活土地经营权的有效途径。”

据此，放活经营权主要包含着如下内涵：其一，放活土地经营权的主体是承包农户。放活土地经营权要求承包地经营权的流转要坚持依法、自愿、有偿的原则，以农民为主体，承包农户是农地流转的“第一行动集团”，农民集体或者基层政府只有在农民同意的情况下，才能流转农地。这不仅是保护农民权益的需要，由农民决定是否在承包经营期限的固定期限内将农地经营权交由其他经营者行使，可以保证农户在种地和打工之间获得进退自由的平衡，农地流转价格作为农民让渡经营权的合理对价，具有提高农民财产性收入和以此财产收入替代土地保障的重要作用。同时，农户自主决定权的保护也是农地规模化经营稳步推进的必要措施，可以使农业适度规模经营发展与城镇化进程和农村劳动力转移规模相适应，与农业科技进步和生产手段改进程度相适应，与农业社会化服务水平提高相适应，让农民成为土地流转和规模经营的积极参与者和真正受益者，避免走弯路。

其二，放活土地经营权，土地的经营主体更加多元化，承包地经营形式更加多样化。以往的政策和法律制度设计，以集体土地为集体成员提供生存保障为基本的出发点，农地的使用者具有严格的身份属性，但农地保障毕竟只能为农民提供低水平的温饱型保障，在农地流转成为普遍现象，农业经营主体结构发生变化之后，放活土地经营权成为农地制度发展的必然要求。放活土地经营权意味着，农户可以把土地较为自由的流转给更加多元的土地经营主体，包括本集体组织内部的农户，也包括本集体组织外部的其他新型农业经营主体。但是，放活土地经营权并不代表土地经营权的流转就可以为所欲为，土地经营权的流转同样应该受到流转期限、用途管制、流转方式等多方面的限制。特别是工商资本下乡，具有双重性，即可以带来资本、技术和管理手段，但工商资本的进入一方面有可能挤压农民的利益空间，对农民利益造成损害；另一方面工商资本具有更加强烈的趋利动机，有可能会导致土地经营的“非农化”“非粮化”等问题，[1]需要在放活土地经营权的同时，加强风险监控和用途管制。

其三，放活土地经营权，同时要明确土地经营权的权利界限。《三权分置意见》提出：“在土地流转中，农户承包经营权派生出土地经营权”；“土地经营权人对流转土地依法享有在一定期限内占有、耕作并取得相应收益的权利”；“经营主体有权使用流转土地自主从事农业生产经营并获得相应收益，经承包农户同意，可依法依规改良土壤、提升地力，建设农业生产、附属、配套设施，并依照流转合同约定获得合理补偿；有权在流转合同到期后按照同等条件优先续租承包土地。经营主体再流转土地经营权或依法依规设定抵押，须经承包农户或其委托代理人书面同意，并向农民集体书面备案。流转土地被征收的，地上附着物及青苗补偿费应按照流转合同约定确定其归属。承包农户流转出土地经营权的，不应妨碍经营主体行使合法权利”。据此，土地经营权是建立在农户的土地承包经营权之上的权利，包括占有、使用、收益、改良权、优先承租权、抵押权等权利。

---

〔1〕 2015 年 4 月 14 日，农业部、中央农办、国土资源部、国家工商总局联合发布《关于加强对工商资本租赁农地监管和风险防范的意见》。

第三节　承包地“三权分置”政策的价值目标

一、承包地“三权分置”政策的制度目标

“三权分置”政策的提出，意在将农民的土地承包经营权分为承包权和经营权，实现承包权和经营权分置并行，这是我国农村改革的又一次重大创新。按照农业部部长韩长赋的解读，“‘三权分置’是引导土地有序流转的重要基础，既可以维护集体土地所有者权益，保护农户的承包权益，又能够放活土地经营权，解决土地要素优化配置的问题；既可以适应第二、三产业快速发展的需要，让农村劳动力放心转移就业、放心流转土地，又能够促进土地规模经营的形成。”〔1〕

承包地“三权分置”政策的制度目标可以从政策文件的解读之中得以体现。2014年11月20日，中共中央办公厅、国务院办公厅印发《规模经营意见》，其中提出承包地“三权分置”的政策目标在于保障国家粮食安全、促进农业增效和农民增收。《农村深改方案》提出，“加快农业发展方式转变，健全保障国家粮食安全、促进农业可持续发展和农民持续增收的体制机制，着力破除城乡二元结构的体制障碍，为加快推进中国特色农业农村现代化提供制度保障”；“坚持和完善农村基本经营制度。把握好土地集体所有制和家庭承包经营的关系，现有农村土地承包关系保持稳定并长久不变，落实集体所有权，稳定农户承包权，放活土地经营权，实行‘三权分置’。坚持家庭经营在农业中的基础性地位，创新农业经营组织方式，推进家庭经营、集体经营、合作经营、企业经营等共同发展”；“深化农村土地

〔1〕 韩长赋：“‘三权分置’改革是重大制度创新”，载《人民日报》2014年12月22日。

制度改革的基本方向是：落实集体所有权，稳定农户承包权，放活土地经营权”。《三权分置意见》提出：“‘三权分置’是农村基本经营制度的自我完善，符合生产关系适应生产力发展的客观规律，展现了农村基本经营制度的持久活力，有利于明晰土地产权关系，更好地维护农民集体、承包农户、经营主体的权益；有利于促进土地资源合理利用，构建新型农业经营体系，发展多种形式适度规模经营，提高土地产出率、劳动生产率和资源利用率，推动现代农业发展。”此外，“三权分置”的提出离不开我国新型城镇化、农业现代化等宏观语境。十九大报告将“三权分置”作为推进乡村振兴战略的重要内容之一。

任何一项重大的公共政策都具有多属性特征，在一些重大领域的改革政策尤为明显，它同时承载经济、政治、社会、文化和生态等多项任务目标。[1]“三权分置”改革政策作为我国农业经营制度的重要改革举措，也不例外。从一系列政策文件来看，“三权分置”的政策目标具有多重性、系统性和层次性的特点。[2]“三权分置”政策通过落实集体所有权、稳定农户承包权、放活土地经营权，其首要目标是在农户离农离地的情况下，兼容土地保障功能和生产要素功能的实现，是农村集体土地经营制度的自我革新与完善；从国家宏观政策的角度来看，“三权分置”政策的提出对于保障国家粮食安全、促进农业增效和农民增收、推进城镇化进程具有重要的意义。“三权分置”政策目标的渐进性和层次性可以归纳为以下三个方面：首先，通过对土地权利的分离设置，实现放活土地经营权的目标，从而

---

〔1〕贺东航、孔繁斌：“公共政策执行的中国经验”，载《中国社会科学》2011年第5期。

〔2〕房建恩：“农村土地‘三权分置’政策目标实现的经济法路径”，载《中国土地科学》2017年第1期。

实现农地适度规模经营，同时，避开《物权法》《担保法》等法律的禁止性规定，实现承包地经营权的抵押，使得农村土地获得融资功能，这是“三权分置”较为具体和直接的政策目标。其次，促进土地经营权流转，实现农地经营适度集中，提高农业生产规模化水平，发展现代农业，这是“三权分置”政策所欲实现的产业目标。最后，实现“工业化、信息化、城镇化和农业现代化同步发展”是“三权分置”的长远或者终极目标。农民土地经营权流转，使得农业人口转移到城镇非农产业，为工业和服务业提供人力资源，提高城镇化水平。这三个目标实质上是相互关联的系统性整体。赋予承包地经营权财产性功能和抵押融资功能可能是“三权分置”最初目标和直接动因；实现农地经营适度集中，通过经营权抵押融资，引导资本要素向农业流动，是“三权分置”的中心任务；实现“工业化、信息化、城镇化和农业现代化同步发展”，是“三权分置”最终的政策目标。

从“三权分置”政策目标的实现路径来看，首先，通过将土地承包经营权分离为农户承包权和土地经营权，并且稳定农户承包权和放活土地经营权，使农户能够在农业经营比较收益低下的情况下进城务工，放心地流转承包地经营权，而且适应目前绝大多数农户“代际分工、半工半耕”[1]的生活状态，使其在城乡之间能够进退自由，从而实现初步的人地分离；其次，在初步实现人地分离后，承包农户流转出来的土地经营权可在政府引导或者集体经济组织主导下，通过土地整理、成片发包等方式，实现适度规模化；最后，由于农民实现了“暂时”进城，一方面土地经营集中度提高，为实现农业现代化奠定了基

〔1〕 贺雪峰：《小农立场》，中国政法大学出版社2013年版，第50~56页。

础，另一方面大量农民进城提高了城镇化水平，为工业和现代服务业提供了人力资源，实现了城镇化、农业现代化和工业化的同步发展。当然，“三权分置”政策目标的实现是一个渐进性或者充满不确定性的过程，上述制度目标的实现也并非一蹴而就，这就需要政府在城乡融合、农业现代化、农业转移人口市民化等方面进行配套改革，综合施治。

二、承包地“三权分置”政策的价值取向

公共政策价值取向的根本在于价值选择，公平与效率是公共政策价值选择面临的两难问题。[1]在社会发展的不同阶段，公共政策价值取向需要适时作出调整。公平与效率的统一，乃是社会转型期公共政策价值取向的最佳选择。“三权分置”改革作为一项重要的公共政策，其价值目标在于维护社会公共利益的最大化。决策者应当从整个社会经济发展所面临的重大问题和突出矛盾出发，以公共福祉作为价值导向，平衡协调利益冲突和公平效率的关系，通过政策的出台和推动实施，促进社会总体收益的增进。

从学术界的主流观点来看，农地制度改革本身就是公平和效率的互动变迁过程。[2]有学者通过对各国城市化进程中农地制度的历史变迁考察发现，随着工业化城市化的发展，农地存量的减少和农业劳动人口的转移，农地经营制度必然从小农经营向规模经营的现代农业方向变迁，相应地，农村土地制度安排、土地权利的配置也从初始的公平逻辑转向效率逻辑。在城

〔1〕 宋生瑛：“公共政策中公平与效率问题的分析”，载《经济问题》2008 年第 1 期。

〔2〕 邓大才：“效率与公平：中国农村土地制度变迁的轨迹与思路”，载《经济评论》2000 年第 5 期。

市化的不同阶段，公平和效率诱因的农地制度变迁交替出现，其内在决定因素在于激励农耕者。[1]公平和效率是贯穿我国农地制度改革的一条主线。从我国农地制度变迁的角度来看，“两权分离”的农地权利制度无疑更加凸显农村集体土地对农户的生存保障功能，集中体现在《农村土地承包法》第5条对于农户承包权的保护，由此产生“家家承包、户户种田”的农地经营格局。“三权分置”政策通过稳定承包权，放活经营权，与既有的集体土地所有权与土地承包经营权“两权分离”相比，在兼顾制度公平的同时，注重效率的提升。按照农业部官员的解读，把土地承包经营权分设为承包权和经营权，实行所有权、承包权、经营权“三权分离”，将是未来农地产权制度演变的大趋势，实际上，在维护承包户权益和促进承包地流转之间寻找平衡点，即实现公平和效率的兼顾。推行农地“三权分置”，“一方面有利于强化对农户承包权的保护；另一方面，对经营权的强调和保护可使土地使用者有稳定的预期。保护承包权以求公平，放活经营权以求效率，实现公平与效率的有机统一。”[2]

“三权分置”政策的效率理念是建立在公平基础上的效率。农地的农民成员集体所有制保障了现在和将来生活在集体土地上的人都能获得公平的初始农地资源分配。但是，以农地社会保障功能为立法基础的“均田分配”和“农地农用”制度，不可避免地导致农地的极度细碎化，劳动生产率低下，而且家庭农地经营长时期处于很低的保障水平，只能解决温饱问题，难以实现致富理想。随着城镇化进程的加剧，农地流转导致的人

〔1〕 曾宪明：《城市化进程中的农地制度变迁：国际比较研究》，武汉大学出版社2016年版，第363页。

〔2〕 张红宇：“农业规模经营与农村土地制度创新”，载《中国乡村发现》2013年第2期。

地分离常态化，农村社会阶层不断分化，适度规模经营成为促进农地资源高效集约利用，提升农业现代化水平的必然选择。“三权分置”的政策意蕴在于通过稳定承包权，放活经营权，一方面，解除已经或者未来进城务工农民的后顾之忧，使他们可以“带地进城”，并且促使其通过土地经营权的流转获得比抛荒更为划算的流转收益；另一方面，给在村经营农户或者集体经济组织以外的农地经营者吃下“定心丸”，使他们持续加大土地经营投入，获得规模经营收益。[1]“三权分置”为承包权人和经营权人提供了利益实现的选择空间，促使自由选择基础上的农地资源的优化配置和利益共赢。土地承包权人通过资源的二次分配，或者凭借农地生产要素参与农地经营权人的收入分配；土地经营权人通过农产品市场交易获得农业规模经营收益，有效地解决了土地承包权人经营能力或者意愿不足引致的自身经营效率低下问题，又激励土地经营权人充分利用自身经营能力赢得更多经营资源，获取规模经营收益，体现土地产权流转的边际产出拉平效应和交易收益效应。[2]

“三权分置”政策中的公平指的是建立在效率基础上的公平。随着农村社会经济形势的发展，集体土地所有权对于集体成员的社会保障功能本质不应发生变化，坚持土地集体所有权的意义也在于维护农民生存保障和农村社会稳定，但其现实基础和实现方式已经发生变化。在兼业农户成为农民的大多数，非农收入超过农业生产经营收入的背景下，农民对集体土地保障依赖程度明显降低，集体土地对集体成员的平等保障及服务

〔1〕 刘恒科：“‘三权分置’下农地经营收益分配的法治保障”，载《农业经济》2017 年第 8 期。

〔2〕 姚洋：“中国农地制度：一个分析框架”，载《中国社会科学》2000 年第 2 期。

于该目标的成员流动性和土地不可分割性，正在或者可能已经丧失其存在的社会基础。土地利用效率基础上的相对公平已经取代建立在土地分配平等上的绝对公平，成为农地制度创新的方向。法律调整的重心应是在登记确权，稳定承包权的基础上，推动农地流转形成多元规模经营，实现在效率基础上的公平，而不再是土地调整，不能再实行人人有份的集体土地制度。因为，以土地调整维系公平的做法不具有可持续性，而且表面上看似维护了公平，但调整使农地更加细碎化进而引致低效率的公平。资源配置的低效率甚至无效率导致集体贫困，这种公平也缺乏正当性和可接受性。当土地承包经营权因身份权和财产权集于一身而陷于制度发展的困境时，唯有“破”才能“立”，而“三权分置”政策的提出正逢其时。“三权分置”在新的农村社会经济发展阶段重新定义了集体土地所有权的实现方式并赋予其时代生命，是对集体土地社会保障功能的传承而非颠覆，坚持而非悖离。“三权分置”就是通过稳定承包权，以形塑具有“自物权”性质的农户承包土地经营权，将某个时点的公平分配和在此时点之后的自由流转有机结合起来，在起点公平基础上实现效率的提升，而效率提升反过来又促进更高层次公平的实现。〔1〕

在我国经济发展常态化背景下，农村土地的“效率”与“公平”日益成为经济社会发展所必须关注的重要问题，其核心在于农村土地产权的制度配置。〔2〕“三权分置”意在将承包权与经营权分置，并由承包权和经营权负载不同的功能。其中，

---

〔1〕 刘恒科：“‘三权分置’下集体土地所有权的功能转向与权能重构”，载《南京农业大学学报（社会科学版）》2017 年第 2 期。

〔2〕 陈金涛、刘文君：“农村土地‘三权分置’的制度设计与实现路径探析”，载《求实》2016 年第 1 期。

“稳定承包权”的政策含义在于承包权继续承载承包经营权的社会保障功能。在农村社会保障体系逐步建立且并未完善的情况下，农地依然是广大农民赖以生存的基本物质保障。尤其对于进城务工农民来说，由于体制机制的不健全，其并未完全市民化，依然需要退回农地，依赖农地发挥基本生活保障作用，农村留守人员更是需要以农地收益作为主要的生活来源。因此，承包权是农民取得农地和获得保障的基础性权利，这一权利只能锁定为具有集体经济组织成员资格的农户享有。而“放活经营权”的政策内涵在于，以经营权为载体实现农地的无障碍流转，释放农地的融资担保功能，为农地的规模化经营创造基础条件。

本章小结

进入 21 世纪以来，随着工业化、城镇化、信息化和农业现代化的推进，大量农村劳动力转移到城市，大量农村土地的承包权和经营权发生了事实上的分离。应因农村经济社会发展和新型城镇化的实践需求，为了实现农业增效、农民增收和保障国家粮食安全的制度目标，协调改革过程中公平和效率的关系，党和国家作出了承包地“三权分置”的重大决策。“三权分置”是完善和丰富双层经营体制的必然选择；是推进现代农业发展、增加农民收入的必然选择；是中国特色社会主义的重大制度创新。“三权分置”的政策内涵在于，落实集体所有权，稳定农户承包权，放活土地经营权，意在实现农民集体、承包农户和经营主体三者利益的平衡协调。落实集体所有权，就是要明确集体土地属于本集体成员组成的成员集体所有的规定，通过落实集体成员的权利来落实和保护集体所有权；稳定农户承包权，应当通过物权登记、长久不变和还权赋能完善农户土地承包经营权的保护；放活土地经营权，需要明确新型农业经营主体的土地经营权的权利边界，同时进行必要的法律规制。“三权分置”政策所追求的效率指的是建立在公平基础上的效率，公平理念是建立在效率基础上的公平，是公平与效率的有机统一。

第二章

承包地“三权分置”权利结构的理论阐释

我国现行立法采取集体土地所有权和土地承包经营权“两权分离”的农地权利结构，承包地“三权分置”改革必然会涉及农地制度的系统性变革，无疑是对“两权分离”的超越和创新。目前，农地“三权分置”政策的法制化已经提上议事日程。《三权分置意见》提出：“鼓励在理论上深入研究农民集体和承包农户在承包土地上、承包农户和经营主体在土地流转中的权利边界及相互权利关系等问题。”理论研究的目的在于，围绕正确处理农民和土地关系这一改革主线，科学界定“三权”内涵、权利边界及相互关系；完善“三权分置”办法，探索“三权”的各自功能和整体效用，实现层次分明、结构合理、平等保护的格局。然而，法律规则的制定不能直接借用政策话语及其表达形式，需要符合法律规范的基本要求，[1]首要的任务是要在明确农村土地“三权分置”的政策内涵的基础上，从法理层面认真研究“三权分置”的权利结构，厘清“三权”的权利性质及其相互关系，并在此基础上完成规范的立法表达。

---

〔1〕 许明月：“农村承包地经营权抵押融资改革的立法跟进”，载《比较法研究》2016 年第 5 期。

第一节　承包地“三权分置”权利结构的理论观点述评

“三权分置”政策一经提出，随即引发学术界的高度重视和浓厚的研究兴趣，其中，农业经济学界和法学界对于承包地“三权分置”的理论阐释研究成果较多，学者各自从不同的研究角度和侧重点对“三权分置”的权利结构，即“三权”的权利性质和相互关系展开研究。这些研究成果为我们深入把握“三权分置”的政策意涵和法律表达提供了认识基础和有益的参考。

一、承包地“三权分置”的权利结构诸论

（一）农经学界关于承包地“三权分置”的主要观点

在我国农地制度改革变迁的过程中，农业经济学者和管理学界由于直接参与了经济方面的各类改革，对于改革政策的出台享有较多的话语权和影响力，贡献了更多的智识，因此，如何看待经济学界和管理学界关于“三权分置”的理解至关重要。

“三权分置”政策的提出，直接导源于农业经济学界的主倡，是对承包权和经营权分离的现实状况和地方农地制度改革试验的总结和提升。按照政策制定者的解读，“‘三权分置’是引导土地有序流转的重要基础，既可以维护集体土地所有者权益，保护农户的承包权益，又能够放活土地经营权，解决土地要素优化配置的问题”。[1]推行农地“三权分置”，“一方面有利于强化对农户承包权的保护；另一方面，对经营权的强调和保护可使土地使用者有稳定的预期。保护承包权以求公平，放

---

〔1〕 韩长赋：“‘三权分置’改革是重大制度创新”，载《人民日报》2014年12月22日。

活经营权以求效率，实现公平与效率的有机统一”。[1]

根据经济学者对“三权分置”政策文本的解读，“中央就把经营权从承包经营权中单独分离出来，允许抵押担保，承包权作为物权依然不许抵押”[2]，旨在进行“承包权”和“经营权”的分权设置和分别赋权[3]，建立土地所有权、“土地承包权”“土地经营权”分置的新型农地制度。[4]“三权分置”意在坚持集体土地所有权的基础上，通过把土地承包经营权分置为农户承包权和土地经营权，分离土地承包经营权负载的保障功能与财产功能，克服权利本身存在的功能超载与权能冲突，[5]一方面，以农户承包权负载集体土地对农户的公平保障价值，另一方面，放活土地经营权，从而释放出一个更加符合市场交易要求的土地经营权，以表达农地实际经营主体对土地经营权更有保障、自由流转和抵押融资的权利诉求，使承包农户和经营主体都能得到权利保护。[6]

从对“三权分置”政策进行理论阐释的层面来看，农业经济学者主要从降低承包地经营权流转的交易成本，促进规模经营的视角进行分析。按照罗必良教授的观点，土地承包经营权

---

〔1〕 张红宇：“农业规模经营与农村土地制度创新”，载《中国乡村发现》2013年第2期。

〔2〕 冯华、陈仁泽：“农村土地制度改革，底线不能突破——专访中央农村工作领导小组副组长、办公室主任陈锡文”，载《人民日报》2013年12月5日。

〔3〕 刘守英：“中共十八届三中全会后的土地制度改革及其实施”，载《法商研究》2014年第2期。

〔4〕 冯海发：“对十八届三中全会《决定》有关农村改革几个重大问题的理解”，载《农业经济问题》2013年第11期。

〔5〕 赵万一、汪青松：“土地承包经营权的功能转型及权能实现—基于农村社会管理创新的视角”，载《法学研究》2014年第1期。

〔6〕 肖卫东、梁喜梅：“农村土地‘三权分置’的内涵、基本要义及权利关系”，载《中国农村经济》2016年第11期。

分置为承包权和经营权的原因在于，土地承包经营权的人格化财产性质对农地流转产生抑制作用，需要进行产权细分，才能够拓展交易路径，实现农业的适度规模经营。[1]推进农地流转，促进农业适度规模经营是我国农业发展的重要方向。但是，农地经营权的流转表现为每块农地具体土地使用权的让渡，[2]农地流转市场的特殊性决定了高交易成本。在农户存在对土地的身份财产权和在位控制权诉求的刚性约束条件下，“产权身份垄断”和“产权地理垄断”决定了其内生高昂的流转交易成本。[3]因此，“三权分置”通过把土地承包经营权分置为农户承包权和土地经营权，分离身份属性的农户承包权和财产属性的土地经营权，通过经营权细分及交易所实现的农地规模经营，能够显著提升农业的规模经济收益和经营效率。[4]

张红宇也持同样的观点，他认为，承包权与经营两权分离后，承包权表现为占有、处置权，及衍生出的继承权、退出权等，经营权表现为耕作、经营、收益以及衍生的入股权、抵押权等。承包权体现为给承包农户带来财产收益，体现土地承包经营权的财产价值；经营权则通过在更大范围内流动，提高有限的农地资源的配置效率。承包权的意义更多体现在承包权的取得及其实现，经营权的意义更多体现在其行使主体范围远远

---

〔1〕 罗必良：“农地确权、交易含义与农业经营方式转型——科斯定理拓展与案例研究”，载《中国农村经济》2016 年第 11 期。

〔2〕 程令国、张晔、刘志彪：“农地确权促进了中国农村土地的流转吗?”，载《管理世界》2016 年第 1 期。

〔3〕 罗必良：“农地流转的市场逻辑——‘产权强度-禀赋效应-交易装置’的分析线索及案例研究”，载《南方经济》2014 年第 5 期。

〔4〕 胡新艳、朱文珏、罗必良：“产权细分、分工深化与农业服务规模经营”，载《天津社会科学》2016 年第 4 期。

大于承包权主体。[1]

刘守英认为，三权分离改革是对我国结构变革环境下人地关系和经营主体变化的回应。我国现行法律明确保护农民土地承包经营权，对土地承包经营权采取合一保护。但农村人口和劳动力流动加速，农村土地承包权和经营权的分离趋势愈加明显。拥有承包权的农民不一定继续经营土地的现象也越来越普遍，这样在法律上笼统提出的承包经营权的概念和内涵，现实中面临执行的困难。在承包权与经营权事实上已经分置的情况下，合一保护导致其两者都没有保护。[2]“三权分置”政策的提出，通过强化土地承包权的物权属性，明确流转经营权的权利内涵和权利保障，旨在实现既切实保障原农村集体组织成员的土地承包权，又在法律上保护土地经营权，以达到依法保障农民的土地权利、促进农村土地流转和实现农业现代化的目标。

李宁、陈利根等提出，在农业生产特点下，家庭经营的重要性使得需要除去人身属性进而以财产权性质流动的农地使用权细分要求，农地承包权和经营权的分置构成了分置结果上的两难约束；农业发展本身对农地处分权从流转权到抵押权细分的内在要求，农地承包权和经营权的分置也构成了方式选择上的实质约束；面对上述双重约束，农地股份合作社是在治理上实现农地“三权分置”的有效组织途径，同时也是构建新型农业经营体系和促进农业产业化发展的重要路径。[3]这种观点从

[1] 张红宇：“从‘两权分离’到‘三权分离’——我国农业生产关系变化的新趋势”，载《人民日报》2014年1月14日。

[2] 刘守英：“农村集体所有制与三权分离改革”，载《中国乡村发现》2014年第3期。

[3] 李宁、陈利根、孙佑海：“现代农业发展背景下如何使农地‘三权分置’更有效——基于产权结构细分的约束及其组织治理的研究”，载《农业经济问题》2016年第7期。

土地承包经营权产权进一步细分的角度，讨论了“三权分置”的有效实施路径，认为土地股份合作兼容了农户承包权的身份性和土地经营权的财产流转性。

农业经济学者的上述观点在“三权分置”政策的制定和出台过程中起到主导作用，从上述观点来看，农经学者对“三权分置”政策普遍持赞同态度，其基本的出发点在于，原来的农村土地承包经营权流转制度的设计不能满足农地生产要素市场配置的需求。原因在于，“两权分离”下的土地承包经营权承载身份保障权利与使用经营权利两种性质不同的权利于一身，这在以家庭农户为主要农业经营者的农地经营主体结构背景下是合适的，但在农户离农离地成为普遍现象，即在承包权和经营权已经发生事实上的分离且呈普遍趋势的情况下，土地承包经营权的流转无法兼顾公平保障和资源配置效率两种功能价值，如果强调保护农户权利，则会使土地经营权流转受到限制，影响农地资源配置；如果强调农地流转，保障土地实际经营者的权利，又会使农户的保障性权利难以兼顾。此时，土地承包经营权的权利分割就成为农地制度发展变迁的未来路向。“对承包权与经营权进行政策上的分离，有利于承包户将承包地放心地流转。”〔1〕“农户对本集体土地的承包权，是他作为本集体经济组织成员权的体现。以土地的经营权抵押、担保或入股，即使经营失利，农户也不会失去土地的承包权。”〔2〕而且，承包农户可以“带地进城”，增加其财产性收入。〔3〕同时，赋予新型农

---

〔1〕 刘守英：“中共十八届三中全会后的土地制度改革及其实施”，载《法商研究》2014 年第 2 期。

〔2〕 陈锡文：“关于解决‘三农’问题的几点考虑——学习《中共中央关于全面深化改革若干重大问题的决定》”，载《中共党史研究》2014 年第 1 期。

〔3〕 郭晓鸣、张克俊：“让农民带着‘土地财产权’进城”，载《农业经济问题》2013 年第 7 期。

业经营主体以明确的土地经营权，可以对其长期农业投入形成正向激励，有利于推进现代农业发展和保障国家粮食安全。

（二）法学界关于承包地“三权分置”的代表性观点

相对于政策制定者和农经学者从产权分割角度对“三权分置”政策的阐释，法学界从物权法的基本法理层面探讨“三权”权利性质的法理逻辑性和权利结构的体系自洽性。既有研究主要从农户承包权和土地经营权的性质和关系层面展开。而且，与经济学界对“三权分置”的几乎一致肯定态度相比，法学界对“三权分置”的观点存在更多争议，主要集中于“三权分置”之“分置论”能否成立，即“三权分置”政策提倡的通过分置所意欲实现的物权性质的土地经营权，是否能在法理上得以证成，以及农户承包权和土地经营权的性质和关系为何。前者涉及对“三权分置”政策的肯定论或者否定论之判断，而后者主要是肯定“三权分置”政策的逻辑前提下，对于承包权和经营权各自性质及相互关系之判断。

1. 否定“三权分置”的观点

持“三权分置”否定论的学者认为，以“三权分离”论建构农地产权的结构，不仅无法在法律上得以表达，[1]而且人为地将法律关系复杂化，是立法技术的倒退。[2]“三权分置”所欲解决的稳定农户承包权和放活土地经营权的问题，在现行法律政策框架内基本上都可以得到比较妥适的解决。首先，关于承包地经营权流转的问题，在《农村土地承包法》和《物权法》中已有关于土地承包经营权流转的规定，已能够满足实践

〔1〕 高圣平：“新型农业经营体系下农地产权结构的法律逻辑”，载《法学研究》2014年第4期。

〔2〕 陈小君：“我国农村土地法律制度变革的思路与框架——十八届三中全会《决定》相关内容解读”，载《法学研究》2014年第4期。

中农地流转的制度需求。在土地公有制之下，无论是国有土地还是集体土地，均不能进入交易领域，但其上所设定的用益物权却可以进行交易，这是我国法律制度为农业经营体系创新所提供的法律路径。也就是说，以从事农业生产为目的而设立的土地承包经营权可以进入市场进行流转，目前我国承包地经营权流转实践是在“两权分离”的权利架构之下进行的，完全没有必要借助于理论创新。其次，农户承包权是农民集体成员权的应有内涵，〔1〕稳定农户承包权可以通过落实集体成员在本集体经济组织当中的成员权来解决。而且，农户承包权并没有从土地承包经营权之中分出的必要，虽然政策制定者对此解释为保护农民的保障利益，但是，从农民的认知角度来看，他是基于集体经济组织成员的身份而享有承包权，承包地经营权的流转只是一段时间内土地经营权的让渡，不会使自己丧失承包权利；〔2〕政策主导者的担心其实没有必要，因为，“承包权是指农户承包土地的资格，农户作为集体成员之一对集体土地享有的成员权，法律上当属集体土地所有权的内容，不是土地承包经营权的范畴”，〔3〕农户承包权作为农户成员权的重要内容之一，属于集体经济组织成员的权利，不会因为农地流转而丧失，政策主导者的担心反而表明集体土地所有权的功能被“习惯性”地漠视。〔4〕唯一可能存在法律障碍的是，新型农业经营主体以

〔1〕 戴威、陈小君：“论农村集体经济组织成员权利的实现”，载《人民论坛》2012 年第 1 期。

〔2〕 高飞：“农村土地‘三权分置’的法理阐释与制度意蕴”，载《法学研究》2016 年第 3 期。

〔3〕 高圣平：“农地金融化的法律困境及出路”，载《中国社会科学》2014 年第 8 期。

〔4〕 吴义龙：“‘三权分置’论的法律逻辑、政策阐释及制度替代”，载《法学家》2016 年第 4 期。

土地经营权进行抵押融资的问题，但现行立法框架下，土地承包经营权是建立在集体土地所有权之上的用益物权，而新型农业经营主体取得的土地经营权是基于农户流转土地承包经营权的行为而产生的，土地经营权是一种债权性质的权利，难以在其上设置抵押权，而应该是一种债权质押。〔1〕

另有学者从土地承包经营权的权利性质和权利构造角度出发，认为，“土地承包经营权是一个完整的民事权利，无法分解为承包权和经营权；土地经营权内容也无法界定”；〔2〕“土地承包经营权是单一的独立的用益物权形态，不是承包权和经营权两者相加，因此，并不存在所谓保留承包权、流转经营权之分离现象”。〔3〕由此可见，这些学者认为承包权归属于成员权，而成员权是集体土地所有权主体项下的权利内容而非土地承包经营权的内容，论证从土地承包经营权中分离出承包权缺乏法理根据，并且基于成员权不会因为土地承包经营权流转而当然丧失，以否定“三权分置”之“分置论”。

在对待土地承包经营权与土地经营权之关系问题方面，持“三权分置”否定论者主张“用益物权+债权”的观点，认为农户承包权就是现行法律规范中的土地承包经营权，土地经营权则是土地承包经营权流转出的占有、使用等部分权能，并不构成一项独立的权利。比如，申惠文认为，将土地承包经营权中的承包权能和经营权能，分离为承包权和经营权，不符合基本的法理。所有权是法律概念，而承包权和经营权不是法律术语，因此农地三权分离存在明显的逻辑悖论。法学家应当充分参与

---

〔1〕 姜红利：“放活土地经营权的法制选择与裁判路径”，载《法学杂志》2016 年第 3 期。

〔2〕 丁关良、阮韦波：“农村集体土地产权‘三权分离’论驳析”，载《山东农业大学学报（社会科学版）》2009 年第 4 期。

〔3〕 温世扬：“农地流转：困境与出路”，载《法商研究》2014 年第 2 期。

中央改革决策，运用法律思维界定农地的权利结构。农地三权分离的实质是土地承包经营权通过转让、转包、出租、代耕、反租倒包、联营、抵押、入股、股份合作和信托等多种方式实现流转。〔1〕又如，高海认为，就承包权和经营权“两权分离”的目的之一即农民通过保留承包权，享有承包地的流转收益权和征收补偿权而言，“两权分离”应仅仅适用于土地承包经营权债权性流转；物权性流转是土地承包经营权整体转让，无法分置出承包权和经营权。因此，“两权分离”之经营权的法律性质应是债权。承包权和经营权的“两权分离”并非创新，也并非在土地承包经营权上创设权利用益物权。〔2〕再如，单平基认为，依据用益物权生成之权能分离理论，土地所有权作为“母权”，在派生出土地承包经营权之后，无法再生发具有他物权性质的“土地经营权”，“三权分置”不符合他物权的生成逻辑。而且，依据“一物一权”原则，土地承包经营权与“土地经营权”作为性质与内容相冲突的两项他物权，同一宗土地上既不能同生，也无法并存。因此，“三权分置”试图生成用益物权性质的土地经营权的政策逻辑，根本上混淆了他物权与具有债权性质之不动产租赁权的区别。我国农地制度改革应当在坚持“土地所有权——土地承包经营权”物权二元体系的前提下，进行理论创新。〔3〕

2. 赞同“三权分置”的观点

相对于否定“三权分置”的学术观点，更多的学者从“三

〔1〕 申惠文：“农地三权分离改革的法学反思与批判”，载《河北法学》2015年第4期。

〔2〕 高海：“土地承包经营权‘两权分离’的论争与立法回应”，载《武汉大学学报（哲学社会科学版）》2016年第6期。

〔3〕 单平基：“‘三权分置’理论反思与土地承包经营权困境的解决路径”，载《法学》2016年第9期。

权分置”政策意欲实现的农地实际经营主体权利保护角度出发，对土地经营权的用益物权属性加以理论阐释，但是对农户承包权和土地经营权性质和相互关系进行阐释的理据和路径不尽相同。代表性观点如下：

蔡立东、姜楠主张“用益物权+权利用益物权”说，认为承包权与经营权分置，建立所有权、承包权及经营权“三权分置”的农地权利体系，是中国农地权利制度的既定政策选择。这种新型农地权利体系既能承载“平均地权”的功能负载，又能实现农地的集约高效利用，兼顾了农地的社会保障功能和财产功能，为建立财产型的农地权利制度、发挥农地的融资功能提供了制度基础。我国现行物权法关于用益物权客体范围的界定过于狭窄和僵硬，阻碍了对物的多维利用。依循多层权利客体的法理，经营权乃是土地承包经营权人设定的、以土地承包经营权为标的的权利用益物权，与土地承包经营权属于不同层次客体上存在的用益物权，可以同时成立而并不冲突。通过认可权利用益物权，承包权与经营权分置的制度设计完全可为用益物权体系所容纳。简而言之，土地经营权是在土地承包经营权上设立的权利用益物权，而农户承包权是“其行使受到经营权限制的土地承包经营权的代称”。〔1〕

孙宪忠教授主张“‘自物权’+用益物权”说，认为“三权分置”的模式，核心是在农民的土地承包经营权之上建立另外一个“经营权”，该权利将以农耕地作为客体，在农民集体的土地所有权、农民家庭或者个人的土地承包经营权之外，形成针对农村耕作地的第三个权利。物权性质的土地经营权，对于土地经营者具有期限更长、可以针对第三人主张权利、可以方便

〔1〕 蔡立东、姜楠：“承包权与经营权分置的法构造”，载《法学研究》2015年第3期。

流转以至于设置抵押等法律制度上的优点。土地承包经营权具有“自物权”性质，而土地经营权是在其上设立的“耕作权”，其性质应是一种用益物权。[1]

丁文教授主张“成员权+用益物权”说，认为土地承包权是一种成员权性质的承包权，而土地经营权具有用益物权的性质。[2]土地承包权从土地承包经营权中分离而出具有正当性。土地承包权与土地承包经营权在权利主体、权利内容、权利性质以及侵权形态、救济方式和责任方式等方面均存在较大差异，二者应当分离。土地承包经营权包含土地承包权已造成理论上的混乱与纷争，导致土地承包经营权的功能超载，妨碍土地承包经营权的有序流转，对承包人土地权益的保护等造成不利影响，二者必须分离。“三权分置”中的土地承包权应理解为一种兼具身份性和财产性的成员权。[3]“三权分置”中的土地经营权既不是“权利用益物权”，也不是“债权”，而是一种“不动产用益物权”。[4]

高飞教授主张“成员权+农村集体土地使用权”说，该观点认为“三权分置”的提出在全面检讨既有农地权利制度疏失的基础上，以集体土地所有权的实现为中心，全面塑造集体土地使用权。“两权分离”制度自始就存在制度理念重效率而轻公平、制度体系重利用而轻所有、权利设计重土地承包经营权而

〔1〕孙宪忠：“推进农村土地‘三权分置’需要解决的法律认识问题”，载《行政管理改革》2016年第2期。

〔2〕丁文：“论土地承包权和土地承包经营权的分离”，载《中国法学》2015年第3期。

〔3〕丁文：“论‘三权分置’中的土地承包权”，载《法商研究》2017年第3期。

〔4〕丁文：“论‘三权分置’中的土地经营权”，载《清华法学》2018年第1期。

轻其他农地使用权的制度缺陷，致使现行农村土地法律制度的发展障碍重重。党的十八届三中全会为克服“两权分离”制度的弊端，提出了“三权分置”的农村土地权利结构。“三权分置”的农村土地权利结构实为集体土地所有权、成员权、农地使用权三权并立，是保障农村集体经济和农村集体经济组织成员权利之有效实现的重大政策举措，是力促统分结合的双层经营体制落到实处的有力工具。因此，“三权分置”并不仅是针对农村承包地权利制度的改革，而是推进包括土地承包经营权在内的体系化的农村集体土地使用权制度的完善。[1]

楼建波教授提出“三权分置”的“四权实现”说，认为“三权分置”是集体土地所有权、承包权（成员权）、承包经营权、经营权四种权利的组合。[2] 刘云生教授也持类似观点，认为经营权衍生于承包经营权，是土地承包经营权的部分权能的让渡，可以实现与土地承包经营权的适当分离，但不宜将承包权从承包经营权中剥离作为独立权利，在大陆法系“物权—债权”二元区分模式下，经营权兼具二者性质，但于法权定性中宜界定为债权，同时赋予优先效力，塑造债权的物权化保护措施。成员权是连接集体所有和承包经营权的必要环节，“三权分置”的权利结构应采“集体土地所有权—成员权—承包经营权—经营权”之法权塑造路径。[3]

此外，有学者充分发掘中国传统法制和域外制度资源，从比较法的角度阐释“三权分置”的制度逻辑，提供“三权分

---

〔1〕 高飞：“农村土地‘三权分置’的法理阐释与制度意蕴”，载《法学研究》2016 年第 3 期。

〔2〕 楼剑波：“农户承包经营的农地流转的三权分置——一个功能主义的分析路径”，载《南开学报（哲学社会科学版）》2016 年第 4 期。

〔3〕 刘云生、吴昭军：“政策文本中的农地三权分置：路径审视与法权建构”，载《农业经济问题》2017 年第 6 期。

置”的制度塑造路径。比如，汪洋副教授以我国明清时期农村土地权利秩序为切入，认为明清时期私人可自由通过类型丰富的民间契约加之契内限定的方式创设符合交易需求的管业层级的做法，呈现出抽象和相对性观念、时间维度上的灵活性特征，不同于大陆法系以绝对所有权为中心的物权观念以及“所有权-他物权”结构，这一观察对我国农地“三权分置”改革颇具启发意义。〔1〕李俊博士提出，罗马法上农地租赁制度的发展，一方面，多元化的租赁方式丰富了物的利用形态，形成了不同类型的“具体所有权”；另一方面，永佃权的核心要素被农地租赁合同所吸纳，后者逐步承担起用益物权的功能，成为当代大陆法系农地利用制度的核心。得益于农地永久租赁制度，土地占有和所有之间的关系在现代私法中获以厘清，并形成了“多元所有权——以租赁为中心的农地利用”的双层农地权利结构范式，进而主张借鉴罗马法永久租赁制度，在坚持集体土地所有权的基础上，以租赁权为工具，实现农村集体经济、农村集体经济组织的成员利益和其他经营人的经济利益。〔2〕

二、承包地“三权分置”权利结构的理论观点争议评析

（一）农经学界与法学界对于“三权分置”的争议评析

农地“三权分置”政策的出台，是农经学界主张和推动的结果，法学界并未贡献太多的智识，而“三权分置”政策最终必须要落实到农地权利结构的变革和重构上来，这需要经过法学理论的检验和评判，“三权分置”的政策话语不能直接转化为

〔1〕 汪洋：“明清时期地权秩序的构造及其启示”，载《法学研究》2017年第5期。

〔2〕 李俊：“罗马法上的农地永久租赁及其双重影响”，载《环球法律评论》2017年第4期。

法律规范表达。因此，“三权分置”政策和物权法理之间，必然存在话语体系和思想观念的冲突问题。经济学界与法学界的论争更多地体现在分析思路上的差异：经济学界主要从事实或实践切入，法学界更多的是从法理或法规范入手。[1]

农经学者从农户离农离地，从而导致土地承包权和土地经营权相分离的事实出发，认为土地承包经营权之中包括身份属性的承包权和使用属性的经营权，会导致两种权利都得不到保护，因此，将土地承包经营权分置为承包权和经营权，以土地承包权表达农户权利的身份性和保障性；以土地经营权表达财产权和使用权属性，强调其市场化因素。由此可见，“三权分置”政策的提出，受到了西方的产权经济学和制度经济学学说的影响，采取了权利束的观念。把一个权利束的可能内容，分成一个个权利的观念，与我国民法物权制度的设计产生了冲突。我国民法物权制度的塑造并未采取英美法系财产法制度，没有权利束的观念，而是采取大陆法系以所有权为中心的财产法制度，在土地所有权的基础上形成用益物权性质的土地承包经营权，以表达农民集体和承包农户之间的法权关系。

农经学界和法学界对于承包地“三权分置”改革的知识背景和分析理路上的区别，反映为双方争议的焦点主要集中于，土地承包经营权是否包括农户承包权和土地经营权，并且能否分置为这两种权利。进一步而言的争议是，关于“分置论”肯定说与否定说之基本立场判断。按照农经学界的观点和主张，“三权分置”的重点问题在于放活土地经营权，而按照政策文件关于“方便流转”“便于抵押”的表达来看，土地经营权似乎应被塑造为一种用益物权，否则就没有政策变革的必要；然而，

---

〔1〕 高海：“土地承包经营权‘两权分离’的论争与立法回应”，载《武汉大学学报（哲学社会科学版）》2016年第6期。

法学界的一种重要主张是，这样会造成农地权利法律表达的混乱，“两权分离”的农地权利结构已经能够解决“三权分置”主张所欲实现的目的，没有制度创新的必要。正如有学者提出的，“‘三权分置’土地改革的理论动因来自于经济学界，而非法学界。对‘三权’法律关系的厘清不能僭越现有大陆法系私法的概念和逻辑体系”；〔1〕“应当通过立法引领改革方向，土地改革应当在法治的框架下进行，不能以改革为名，随意突破法律的强制性规定”。〔2〕

农经学界和法学界之间的观点分歧，也反映了两个学科在基本概念的表述和理解上存在误解。在农村土地“三权分置”改革政策设计的过程中，更多使用的是经济学界的话语体系，没有很好地与法学概念体系对接，结果导致“三权分置”改革中的承包权、经营权在现有的法学概念体系中缺乏直接对应的概念。但是，我国农地物权的创设又受到物权法定原则的限制，这就导致“三权分置”改革的立法表达遇到了障碍，而且，如果对“三权分置”进行全面的立法表达还面临着立法成本问题，即是在目前“两权分离”的权利架构基础上进行，还是另起炉灶，推倒重来的问题。为此，在农村土地“三权分置”改革已成大势所趋的时代背景下，经济学界和法学界应展开积极对话，对一些基本概念进行廓清，并在基本概念体系达成共识的前提下厘清“三权分置”的权利结构，实现“三权分置”改革政策的法制化。

（二）法学界关于“三权分置”的观点争议评析

农村土地“三权分置”是指农村土地所有权、农户承包权

---

〔1〕 刘征峰：“农地‘三权分置’改革的私法逻辑”，载《西北农林科技大学学报（社会科学版）》2015 年第 9 期。

〔2〕 申惠文：“法学视角中的农村土地三权分离改革”，载《中国土地科学》2015 年第 3 期。

和土地经营权的三权分置。其中，集体土地所有权在《物权法》中有明确的地位，但是农户承包权和土地经营权在现行法中则无明确的对应概念，存在充分而未决的解释空间。法学界的观点争议也主要是围绕农户承包权与土地经营权的权利性质和权利关系展开。争议的焦点在于：土地承包经营权能否分置为农户承包权和土地经营权？如果可以分置，土地承包经营权概念是否因此而不复存在？农户承包权和土地经营权各自的权利性质以及相互的权利关系为何？

首先，土地承包经营权是否可以分置为农户承包权和土地经营权？或者土地承包经营权是否因分置而不复存在？对此，法学界形成不同的观点。大多数学者主张应当保留土地承包经营权，“三权分置”应当是建立在现行立法规定的“两权分离”权利结构基础之上，土地经营权是经由土地承包经营权的流转而产生的权利，农户承包权应为土地承包经营权，只是在土地承包经营权流转生成土地经营权之后的剩余权利的别称。“三权分置”改革的目标是要在维护农村集体土地所有者权益和保障农户承包经营权收益稳定的基础上，以市场化方式优化土地资源配置，实现农业经营方式的重要创新。〔1〕“三权分置”，就是指在农村现有法律体制已经承认的农民集体土地所有权、农民家庭土地承包经营权的基础上，新设“土地经营权”。〔2〕“提出‘三权分离’的农地制度创新，构建集体所有、家庭承包、多元经营的新型农地制度，前提是坚持农村土地集体所有、家庭承包经营的基本制度长久不变，在此基础上进一步明晰相关制度

〔1〕 郭晓鸣：“‘三权分置’改革必须构建三大制度支撑”，载《社会科学报》2016年4月14日。

〔2〕 孙宪忠：“推进农村土地‘三权分置’需要解决的法律认识问题”，载《行政管理改革》2016年第2期。

的权益内涵。这是对现有农地制度和农村基本经营制度的完善和发展，而不是背离。”[1]由此可见，“三权分置”是在集体土地所有权和农户的土地承包经营权两权分离的基础上进行了又一次变革，它不是对原有改革成果的否定，而是对两权分离改革的继承。但是，也有学者提出，土地承包经营权因权利分置而消亡，取而代之的是农户的土地承包权和农户的土地经营权。这样的权利结构设计既能与现行的“两权分离”相适应，适应家庭农户承包经营的基本经营形式，在未发生土地流转的情况下，土地承包经营权处于权利的完整状态，承包权和经营权归属于农户；又可以与承包权和经营权分离的农地流转实践相适应，即土地承包经营权流转后，农户持有承包权，而实际经营者取得土地经营权。[2]

其次，农户承包权和土地经营权的性质和关系为何？学界存在“用益物权+债权”“用益物权+权利用益物权”“自物权+用益物权”“成员权+用益物权”之说。其中，“成员权+用益物权”之观点，是对现行农地权利结构的重构；而其他观点仍坚持“三权分置”的权利建构应以“两权分离”为基础。对于前述“成员权+集体土地使用权”以及“四权实现”说的观点，笔者认为，考虑到农村集体土地所有权上设置的不同用益物权性质和功能的差异性，改革政策采取分类施治的基本方略，将“三权分置”改革的适用范围从承包地制度扩大至整个农村集体土地制度，可能缺乏必要的认识基础。“四权实现”说以确认承包权为前提，可见持论者将承包经营权和经营权均看作土地使

---

〔1〕 张红宇：“从‘两权分离’到‘三权分离’我国农业生产关系变化的新趋势”，载《人民日报》2014 年 1 月 14 日。

〔2〕 马俊驹、丁晓强：“农村集体土地所有权的分解与保留——论农地‘三权分置’的法律构造”，载《法律科学》2017 年第 3 期。

用权，但经营权由承包经营权流转产生，二者不具有共时性，该观点难免有逻辑混乱之嫌。因此，对于“三权分置”权利结构的探讨，应以上述前四种代表性观点为讨论对象。

综合上述分析，“三权分置”政策话语所依据的产权分割理论体现的是英美财产法上的权利束理念，[1]而我国民法制定继受大陆法传统，物权和债权有严格的界分，现行土地权利结构是在土地所有权上设立用益物权，构成土地所有权的权利负担。因此，“三权分置”政策话语对既有的农地权利体系必然带来一定的冲击，各方理论争议的焦点集中于农户承包权和土地经营权的性质和关系，实际上体现的是理论阐释和规范表达之间的冲突。一方面，“三权分置”政策的提出确实有其现实基础，需要理论创新加以解释并指导未来立法；另一方面，“三权分置”终究还是农地权利配置的问题，应当在现有制度框架的基础上进行法律表达，需要注意立法的体系规范性和逻辑自洽性。法学理论观点的争议也反映了学者对于“三权分置”的理论阐释和如何与现行立法相互衔接的问题。理论创新需要在对我国农地权利制度演进历程进行梳理和提炼的基础上，以问题意识为导向进行合逻辑性的演绎推理，同时又必须对我国现行立法背后所体现的既定经验和制度资源给予充分的关照；法律表达所要解决的关键问题在于以符合物权法理为前提，厘清“三权”在既有农地权利制度体系中的适当定位，并完成可操作性的制度设计，这对理论创新又会产生某种限定。故此，本书从理论阐释和法律表达两个层面，对“三权分置”的权利结构展开体系性的探讨。

另外，这些理论观点争议主要在农户承包权和土地经营权

---

〔1〕 朱道林：“‘三权分置’的理论实质与路径”，载《改革》2017 年第 10 期。

层面展开，焦点集中于这两种权利的性质和关系，但实际上都涉及对“三权”法律构造的系统解释。“三权分置”政策制定的出发点和基本归宿在于“三权”所对应的农民集体、承包农户和经营主体三类主体权利的平等保护和有效均衡。为此，应当从集体土地所有权、农户承包权、土地经营权“三权”权利关系的视角，从理论阐释与规范表达两个层面对“三权分置”的权利结构展开体系化的探讨。

第二节　承包地“三权分置”权利结构的法律逻辑

一、“三权分置”的阐释路径：“分置论”的法理评析

如前所述，从目前学界对“三权分置”的理论解释来看，有两种基本进路：一是，在既有农地权利制度框架的基础上考察，农户的土地承包经营权是经营主体取得土地经营权的权利基础，土地经营权是土地承包经营权流转产生的权利。这种解释进路强调承包权和经营权的理论阐释和制度建构不能罔顾其历史传承和渊源关系，应以土地承包经营权制度为基础，[1]前述“用益物权+债权”说、“用益物权+用益物权”说、“自物权+用益物权”说虽然观点相异，但皆遵循此解释进路；二是，在“三权分置”政策话语体系下展开理论阐释，“三权分置”是将土地承包经营权分离为农户承包权和土地经营权，土地承包经营权一经权利分置而灭失，取而代之的是农户承包权和土地经营权。这种解释进路以“成员权+用益物权”说为代表，认为“三权分置”是对既有农地权利结构的超越。本书将对这两种解释进路进行评析，并指出符合物权法理的应然解释路径。

〔1〕 蔡立东、姜楠：“农地三权分置的法实现”，载《中国社会科学》2017年第5期。

（一）政策话语之“分置论”难以在理论上成立

“三权分置”政策主张土地承包经营权“分置论”，这种提法在理论上能否成立，需以明确土地承包经营权的权利性质为前提。主流观点认为，土地承包经营权兼具身份性和财产性，保障性和物权性，这两种不同性质权利的法律冲突集中体现在《农村土地承包法》的立法规定之中，〔1〕而《物权法》关于土地承包经营权的规定又承继了《农村土地承包法》的主要内容。然而，与《农村土地承包法》的含蓄表达〔2〕相比，《物权法》则明确了土地承包经营权的用益物权性质。土地承包经营权在原始取得时，需具备集体成员身份，但该权利本身是一项以物的利用为中心的用益物权，承包只是说明土地承包经营权的权利来源，而非表明该权利的身份属性。而且，在土地承包经营权长久不变和权能充实的政策背景下，农户对承包地的身份利益伴随发包时集体对农地的公平分配而实现，在发包时点之后的长久不变期间内，土地承包经营权已经固化到每一个农户家庭，成为财产权利性质的土地使用权。土地承包经营权初始取得时的保障价值和流转时的效率价值应在农地发包时点实现阶段性分割，而不应同时混在一套制度体系之中。〔3〕况且，农户凭借集体成员身份享有的土地承包权，是土地承包经营权产生的前提，从土地承包经营权中分置出农户承包权的政策话语存在前后因果关系颠倒之逻辑谬误。〔4〕因此，“三权分置”

---

〔1〕 刘俊：“土地承包经营权性质探讨”，载《现代法学》2007年第2期。

〔2〕《农村土地承包法》第1条立法宗旨即明确了“赋予农民长期而有保障的土地使用权”。

〔3〕 汪洋：“集体土地所有权的三重功能属性——基于罗马氏族与我国农村集体土地的比较分析”，载《比较法研究》2014年第2期。

〔4〕 吴义龙：“‘三权分置’论的法律逻辑、政策阐释及制度替代”，载《法学家》2016年第4期。

政策提出的土地承包经营权包含农户承包权的说法是不能成立的。

有学者提出，在“三权分置”的背景下，农户承包权承载着农户保障功能，具有法律上的特定含义和权利的固有属性，应成为一项独立的权利，[1]但是该说法并不能成立。从现行法律规定和基本法理来看，土地承包权是集体成员权在承包地分配上的具体体现，而成员权是集体成员行使集体土地所有权的权利，属于集体土地所有权的主体权利范畴。[2]因此，无论成员权抑或是承包资格性质的土地承包权，都不具有权利的独立性。农户承包权具有收取流转收益、征收补偿收益等权利内涵，是保障承包经营农户身份利益的实实在在的用益物权。如果将农户承包权设计为承包资格性质的土地承包权，那就意味着农户在农地流转期间享有的是一种要求集体发包或分配土地的请求权，而非实际拥有承包土地权利的物权，可能造成经营权架空承包权的权利配置风险，会使农户承包权进一步虚化而非稳定，不但不符合政策意图，反而可能会引起农村基层社会的认知混乱。即便将农户承包权归入成员权并要求独立保护，也缺乏必要的法理支撑，因为成员权属于集体土地所有权范畴，不会因土地承包经营权的流转而丧失。

而且，在《三权分置意见》中也明确了“三权分置”中的土地承包权是具有占有、使用、流转、抵押、退出等各物权权能的权利，而非仅限于土地承包资格性质的土地承包权。由此可见，“三权分置”中的土地承包权应理解为现行法中的土地承

〔1〕 丁文：“论‘三权分置’中的土地承包权”，载《法商研究》2017 年第 3 期。

〔2〕 高圣平：“农地金融化的法律困境及出路”，载《中国社会科学》2014 年第 8 期。

包经营权。

（二）"三权分置"的理论解释应以既有农地权利结构为基础

本书认为，对承包农户和经营主体权利关系的理论解释，不能脱离既有的农地权利结构。"三权分置"中的农户承包权对应的是现行法上的土地承包经营权，土地承包经营权不因流转派生出土地经营权而消灭。这符合我国农业经营模式的发展现状和未来走向，也符合农民利益保护的政策初衷和制度目标，并与我国农地制度的创新路径和权利生成逻辑相一致。

第一，农地权利体系是农业生产经营模式的法律表达形式。我国人多地少的基本国情，决定了实现适度规模经营和农业现代化目标的渐进性，农业经营主体、组织形式和经营形式具有混合型、多层次性和多样性的特征。〔1〕在今后长时期内，普通农户仍占大多数，家庭经营仍然是农业经营体系的基础。家庭经营为基础，多种新型经营形式并存发展的农业经营模式，在权利结构上体现为"两权分离"与"三权分置"的长期动态并存。因此，土地承包经营权的"分置"并未完全常态化，或者成为实践中的主流现象，〔2〕全面上升为一种普遍性的立法尚缺乏足够成熟的客观条件。承包权与经营权的分离，其实是要为不同阶层农民提供差异化的制度供给，满足不同农民群体的生存与发展需求。通过稳定农民承包权，不仅稳定了自耕农户的需要，而且解除了务工农民流转农地的后顾之忧，使其无须再将承包地无奈抛荒，相反还可通过流转经营权来获取更多财产

〔1〕中国社会科学院农村发展研究所"农村集体产权制度改革研究"课题组："关于农村集体产权制度改革的几个理论与政策问题"，载《中国农村经济》2015年第2期。

〔2〕从全国承包耕地流转面积比例来看，超过1/3的承包地发生流转，意味着将近2/3的承包地仍然处于农户自耕状态，鉴于土地对于在地农户基本生存和"半耕半工"农户的保障作用，农户对农地持有自耕的现象仍将广泛存在。

收益。[1]有学者主张淡化承包农户的权利，以保护实际经营主体的权利，认为农户承包权应设计为一种成员权性质的农地承包资格或者集体利益分享权，这种观点将农户的土地承包经营权一概“虚化”，未考虑到我国地域差异和村庄分化背景下农户家计状况和流转意愿的异质性，以及农业经营模式转型发展的长期复杂性。有学者提出，土地承包经营权因权利分置而消亡，取而代之的是农户的土地承包权和农户的土地经营权。在未发生土地流转的情况下，土地承包经营权处于权利的完整状态，承包权和经营权归属于农户，土地承包经营权流转后，农户持有承包权，而实际经营者取得土地经营权。[2]这种观点看似相对周延，但存在的问题是从权利主体层面扩大解释了土地经营权。土地经营权作为改革政策用语，特指农户和集体之外农地实际经营主体的权利，[3]而且，农户的土地承包经营权本身就是一种土地使用（经营）权，对其作土地经营权解释不仅没有必要，反而可能会引起误解。

第二，农户应当是农地流转的“初级行动团体”，土地承包经营权是维护农民在农地流转中的主体地位和自主意愿的权利保障。然而，部分学者对此持不同看法：一是，认为市场化交易方式难以实现适度规模经营，主张发挥集体土地所有权的制度优势，通过农民集体调整、收回离农农户承包地，逐步扩大

〔1〕 张力、郑志峰：“推进农村土地承包权与经营权再分离的法制构造研究”，载《农业经济问题》2015年第1期。

〔2〕 俊驹、丁晓强：“农村集体土地所有权的分解与保留——论农地‘三权分置’的法律构造”，载《法律科学》2017年第3期。

〔3〕 孙宪忠：“推进农地三权分置经营模式的立法研究”，载《中国社会科学》2016年第7期。

务农户的经营规模〔1〕；二是，主张集体统一收回农民的土地承包经营权，便于集体统一对外招租以实现规模经营；〔2〕三是，主张借鉴广东“南海模式”等农村集体社区股份合作社“原始的确权确股不确地”的经验，由农户以土地承包经营权入股，建立土地股份合作社，实现规模经营。〔3〕

这三种观点都认识到通过承包地经营权市场化流转推进规模经营的长期复杂性，进而提出旨在发挥集体作用的方案。第一种观点是在现行法律框架确认的“两权分离”基础上，进一步强化集体所有权权能，与我国充实农民土地权利，重建合作制的制度演进逻辑相悖。第二种和第三种观点都主张“集体土地所有权——土地经营权”之权利框架，且有地方典型范例作为事实依据。〔4〕按照后两种观点，农户的权利表现为参与集体决策和分取集体收益的成员权。在这两种情况下，农户的土地承包经营权不复存在，而代之以集体成员权。由集体经济组织全面行使对集体土地的所有权，有利于实现规模经营，减少农地规模集中的成本。但是，这两种观点可能面临如下质疑：首先，依照用益物权基本理论，集体统一收回农户承包地应当以

---

〔1〕 张路雄：《耕者有其田——中国耕地制度的现实与逻辑》，中国政法大学出版社 2013 年版，第 10 页。

〔2〕 陈小方、李主奇、杜富林：“农村耕地‘三权分置’发展方向研究——以改革开放以来耕地权属变革为切入点”，载《探索与争鸣》2015 年第 3 期。

〔3〕 高海：“论农用地‘三权分置’中经营权的法律性质”，载《法学家》2016 年第 4 期。

〔4〕 集体收回承包地后招租土地经营者（原则上应是本集体农户）以上海松江家庭农场试验为典型；以土地承包经营权入股，开展土地股份合作的地方试验呈现多样性，以山东东平县土地股份合作和四川崇州市“农地共营制”的改革试验较为典型，前者土地股份合作社是实际的经营主体，而后者土地股份合作社主要作用在于整合分散农地，经营活动则在农业职业经理人的管理下通过农业社会化服务体系完成。

本集体内所有农户土地承包经营权的灭失为前提，否则，只可能是集体经由承包农户的分散或集中委托而流转其土地承包经营权，而不是对集体土地权利的处分；其次，早期社区股份合作社的成功推行是以否定农户的自由选择权和退出权为前提的，而且当时主要针对的是农民分享集体土地转为建设用途的集体收益分配问题；最后，在社区土地股份合作模式下，农户失去对土地的物权控制，农民和土地的直接联系被割断，可能蕴藏着难以控制的经济风险和社会风险。因此，土地股份合作必须以农民自愿为前提，农民的入股自由和退股自由都应得到同等的尊重。权利主体和客体明晰的土地承包经营权是农户自主决策的权利保障，是农户以其承包地经营权入股以及从土地股份合作中退出，重新获得承包地经营权的权利依据。按照政策要求，确股原则上以确地确权为前提。〔1〕“确权确股不确地”的适用范围应限于坚持集体统一经营的极少数农村或者业经大面积土地整理，技术上确实难以确地确权的农村区域，不经土地承包经营权确地确权而直接确股形成的“确权确股不确地”，应属“从严掌握”之列。因此，农户是农地流转的决策主体，集体对农户承包地权利的处分需以农户同意或者明确授权为前提。实践中，许多地方把本来由承包农户自发流转的民事行为，变为了地方政府或集体代表主导的流转行为，这就侵害了农户的主体地位和自主意愿，违背了法律规定和政策要求。〔2〕

第三，承包农户和经营主体的权利应分别为土地承包经营权和土地经营权，这符合我国农地制度演进和权利生成的逻辑。

---

〔1〕 2015年“中央1号文件”《关于加大改革创新力度加快农业现代化建设的若干意见》要求“总体上要确地到户，从严掌握确权确股不确地的范围”。

〔2〕 韩松：“新农村建设中土地流转的现实问题及其对策”，载《中国法学》2012年第1期。

土地承包经营权是在改变集体集中经营的基础上设立的，是农民的生存权和基本财产权保障，土地承包经营权的概念和内涵随着权利的不断强化在农民群众中已经深入人心。从制度变迁路径和权利生成的逻辑来看，农地流转应当基于农户的自主决定和真实意愿，土地经营权是经由土地承包经营权的行使而产生的权利，由此构成农户行使土地承包经营权的限制，但并非导致土地承包经营权权能的丧失，土地承包经营权也不会因此而灭失。农户承包权只是受到土地经营权限制的土地承包经营权的代称。所谓“分置”应理解为从土地承包经营权中派生出土地经营权，而非分割为农户承包权和土地经营权这两种权利。政策话语之“分置论”将已经发生和尚未发生农地流转的土地承包经营权一概“分置”，显然超越了法理解释的应然范围。〔1〕

综上所述，“三权分置”的理论解释应以既有农地权利结构为基础，在既有农地权利框架下，承包农户和经营主体的权利关系应理解为土地承包经营权和土地经营权的关系，“三权分置”政策之“分置论”在理论上难以证成。

二、“三权分置”的理论阐释：“三权”的体系性解释

如上文所述，土地承包经营权是设立在集体土地所有权上的权利，土地经营权是设立在土地承包经营权上的权利。那么，这三种权利的相互关系如何，需要对“三权”进行系统的理论阐释，这是理解“三权分置”的关键。为此，我们可以借鉴《三权分置意见》提出的研究思路，〔2〕从我国农地制度变迁路

〔1〕 高圣平：“农地三权分置视野下土地承包权的重构”，载《法学家》2017年第5期。

〔2〕《三权分置意见》提出：“鼓励在理论上深入研究农民集体和承包农户在集体土地上，承包农户和经营主体在土地流转中的权利边界及相互权利关系等问题。”

径和权利生成逻辑的维度，对“三权”的权利关系进行体系性解释。

(一) 集体土地所有权的权利属性与制度演进

我国的集体土地所有权制度是按照社会主义的法思想，由农民以其所有的土地加入集体而形成的，是国家强制性产权安排的产物，具有丰富的制度内涵：它首先是一种政治性的社会制度安排，是集体所有制的权利表现形式；其次，集体土地所有权是以权利客体为中心构建的所有权，旨在通过团体所有和资源控制，维持物的客观用途和团体成员利益，从而实现权利客体所承载的特定社会经济功能。[1]农村集体土地作为重要的稀缺自然资源，既承载着本集体成员，包括现实成员和将来成员的生存利益；同时也承担着国家粮食安全、生态环境安全和社会经济稳定等社会公共利益；第三，集体土地所有权反映为一种集体私权性质的集体财产权利制度。农民集体土地所有权的公有制基础、集体成员的集体共有权、集体土地的社会保障性、集体土地的资源性，决定了集体土地所有权不能从私权单一角度理解，而应当从民法、社会法和土地管理法等多维度系统性地完善集体土地所有权的权能。[2]

集体土地所有权的权利复合性，意味着我们不能套用传统民法中的所有权理论来对其加以理解，也难以完全适用《物权法》第 39 条关于所有权权能的一般规定。民法所有权理论以个人主义所有权为基础，强调个人意志支配和交易自由，而我国的集体所有权是作为公有制的集体所有制的权利表现形式，强调权利客体的客观功能及其上负载的经济社会价值，集体土地

〔1〕 陈晓敏：“论大陆法系的集体所有权——以欧洲近代私法学说为中心的考察”，载《法商研究》2014 年第 1 期。

〔2〕 韩松：“农民集体土地所有权的权能”，载《法学研究》2014 年第 6 期。

所有权不具备在市场上自由流转的功能。因此，集体土地所有权的复合权利属性决定了其不能承受传统民法个人所有权意义上的所有权功能，而只能是将该部分功能分离出去并赋予土地承包经营权。[1]集体土地所有权只能通过设置用益物权的方式得以实现，而且由于集体土地所有权处于权利的锁定状态，土地承包经营权成为“实现不可流转的土地所有权与市场经济对接的制度工具”。[2]

随着农地制度的改革变迁，集体土地所有权的私法权能逐渐丧失，而主要保留公法和社会法意义上的功能。农村土地的本集体成员集体所有，是“集体成员在对集体土地不可分割地共同所有基础上实现成员个体的利益”，[3]是集体成员变动不居而成员集体相对稳定的产权结构，是一种共同共有关系。[4]社区封闭性、成员流动性、集体土地的不可分割性、保障的平等性是集体土地所有权的基本特征。为了保证集体土地平等保障功能的持续实现，发包（分配）权、农地使用监督权、流转管理权、调整权和收回权成为法律赋予集体经济组织的必要制度工具。[5]然而，集体土地的平等保障和利用效率之间存在难以弥合的矛盾，我国农地制度改革呈现出土地承包经营权不断强

〔1〕 李国强：“论农地流转中‘三权分置’的法律关系”，载《法律科学》2015年第6期。

〔2〕 高富平：“土地使用权的物权法定位——《物权法》规定之评析”，载《北方法学》2010年第4期。

〔3〕 韩松：“坚持农村土地集体所有权”，载《法学家》2014年第2期。

〔4〕 韩松：《集体所有制、集体所有权及其实现的企业形式》，法律出版社2009年版，第109~114页。

〔5〕 参见《农村土地承包法》第5条、第13条、第17条、第26条第3款、第37条第1款、第41条；《土地管理法》第14条第1款、第37条第3款；《物权法》第128条、第131条、第184条；《最高人民法院关于审理涉及农村土地承包纠纷案件适用法律问题的解释》第11条、第13条、第15条；《担保法》第37条之规定。

化的变迁路径，集中表现为长久不变和权能充实两个方面。“生不增，死不减”，集体原则上不得调整承包地，土地承包关系期限不断延长，从15年到30年，从长期稳定到长久不变，使得集体成员资格固化已经成为全国范围内的普遍事实。〔1〕集体对承包地的分配在发包这一特定时点保证起点公平，而后维持长久不变，导致农户在集体中土地持有份额的显性和固化，不因家庭成员的人数、居住地甚至户籍地的改变而改变。另外，改革政策文件不断赋予农户对土地承包经营权更加完整、充实的权能，土地承包经营权发生从生产经营自主权向用益物权甚至“准所有权”的转变，〔2〕以至于集体土地所有权几乎被完全“掏空”。

土地承包经营权的长久不变和权能充实，使得集体土地所有权私法意义上的所有权权能几乎丧失殆尽。集体土地所有权体现为具有强烈公法和社会法品格的终极意义上的所有权，其权能集中表现为处分权，主要包括发包权和收回权。〔3〕发包权是成员集体设定土地承包经营权的权利，是保障集体成员分享集体土地利益的权利形式。收回权既包括农民集体对到期的土地承包经营权的收回权，也包括针对抛荒、改变用途、损害地力等土地使用人的侵权或者违约行为而行使的收回权。〔4〕收回权的行使不仅可以使集体土地所有权恢复到权利的圆满状态，集体土地仍然可以有效承载农民基本生存保障功能，而且可以

〔1〕 孙宪忠：“推进农地三权分置经营模式的立法研究”，载《中国社会科学》2016年第7期。

〔2〕 叶兴庆：“从‘两权分离’到‘三权分离’——我国农地产权制度的过去与未来”，载《中国党政干部论坛》2014年第6期。

〔3〕 李国强：“论农地流转中‘三权分置’的法律关系”，载《法律科学》2015年第6期。

〔4〕 蔡立东：“论承包地收回的权利构造”，载《法商研究》2012年第3期。

避免承包地使用权不受控制地长期流转于本集体之外，有效防范和化解农地大规模长时间流转可能面临的经济和社会风险，还可以通过解除农地使用合同或者停止侵权行为等权利救济手段，形成对不当农地使用行为的有效威慑和扼制。农民集体处分权的行使通常表现为一种民事行为，[1]但其私法意义已经严重淡化，而农民土地保障的社会法意义和农地用途监管的公法意义得以彰显。

（二）农民集体与承包农户的权利关系

我国农地权利制度改革主要在土地承包经营权层面展开，但历次改革均对集体土地所有权产生深刻的影响。“三权分置”是针对土地承包经营权的制度变革，学界主要对承包权和经营权展开研究，对于集体土地所有权的研究未给予足够的重视。如果我们把农民集体和承包农户的相互权利关系看作是“三权分置”的基础性命题，不仅能够明确“三权分置”下集体土地所有权的制度功能和目标定位，也为后续承包权和经营权权利关系的研究提供基本的理论前提和知识预备。

根据《农村土地承包法》和《物权法》的规定，农民集体的集体土地所有权和农户的土地承包经营权是所有权和用益物权的关系。按照权能分离的基本理论，用益物权是在所有权上设置的权利，是所有权人让渡出的占有、使用和部分收益权能“聚合”的产物，用益物权的权能不得超过所有权的权能范围。土地承包经营权构成集体土地所有权的权利负担，集体土地所有权的行使也必须受到其上设置的土地承包经营权的限制，而

[1] 当用益物权人之用益行为有违约定目的或损害土地的使用价值时，所有权人自当有权采取一定措施恢复其物权之圆满状态。参见《农村土地承包法》第60条第2款、《最高人民法院关于审理涉及农村土地承包纠纷案件适用法律问题的解释》第8条之规定。

农户对土地承包经营权的行使不得损害集体土地所有权。但是，随着农地制度改革的深入推进，农户的土地承包经营权长久不变，不仅具有占有、使用、收益权能，而且处分权能也更加完整，〔1〕几乎取得了相当于所有权的全部权能。〔2〕由此可见，我国集体土地所有权和土地承包经营权之间的法权关系，虽然在立法当中体现为所有权和用益物权的关系，但不能完全按照传统用益物权理论来解释。

一种合理的解释路径是，我国的集体土地所有权是以集体土地保障本集体成员利益的权利表现形式。成员集体和集体成员是有机统一的，成员集体存在的目的是为了集体成员利益的实现。〔3〕传统民法用益物权理论中的所有权人和用益物权人是两个不同的利益主体，用益物权由所有权人依其对物的自由支配意志而设立，而农户的土地承包经营权是其作为集体成员，公平享有集体土地利益的权利形式，不同于一般的用益物权，而是兼具“使用和享有”〔4〕的双重属性，是“他们作为土地所有权人的一部分所享有的一项‘自物权’”。〔5〕随着农民集体将集体土地在固定时点分配给本集体内的农户家庭，土地承包经营权的身份保障性即得以实现；在固定时点之后的长久不变

〔1〕 十八届三中全会《中共中央关于全面深化改革若干重大问题的决定》指出：“赋予农民对承包地占有、使用、收益、流转及承包经营权抵押、担保权能，允许农民以承包经营权入股发展农业产业化经营。”《三权分置意见》提出：“严格保护农户承包权……在完善‘三权分置’办法过程中，要充分维护承包农户使用、流转、抵押、退出承包地等各项权能。”

〔2〕 袁震：“论农村土地承包经营权的相当所有权属性”，载《河南大学学报（社会科学版）》2016 年第 5 期。

〔3〕 韩松：“论农民集体土地所有权的集体成员受益权能”，载《当代法学》2014 年第 1 期。

〔4〕 朱广新：“土地承包权和经营权分离的政策意蕴与法制完善”，载《法学》2015 年第 11 期。

〔5〕 孙宪忠主编：《物权法》，社会科学文献出版社 2011 年版，第 258 页。

期间内，农户的土地承包经营权属于“自物权”性质的用益物权，且该特征随着权能的不断充实和强化而更加凸显。[1]

土地承包经营权的“自物权化”是集体成员享受集体土地利益的权利反映，也是赋予农民更有保障的土地权利政策持续推进的必然结果。这与前文所述集体土地所有权私法意义上的权能限缩相互印证，不谋而合。从我国农地制度变迁的历程来看，集体土地所有权逐渐从公私权利的复合性转向具有公法和社会法性质的终极所有权，农民集体主要保留包括设定和收回土地承包经营权等最终处分权能，而集体土地所有权的大部分私法权能则赋予土地承包经营权；土地承包经营权不同于传统民法意义上的用益物权，而是具有“自物权”特征。

（三）承包农户和经营主体的权利关系

承包农户和经营主体权利关系的阐释应以既有农地权利框架的理论解读为基础。如前所述，集体所有权的私权权能退化而公法和社会法意义的功能凸显；土地承包经营权是具有“自物权”特征的用益物权，这为土地经营权的用益物权性质提供了解释空间。

在土地承包经营权“自物权”化的背景下，农户完全可以在其土地承包经营权上设置具有用益物权性质的土地经营权。土地经营权一经设定，即具有在权利存续期间内对抗土地承包经营权的效力，土地经营权人对承包地权利的行使和支配优先于土地承包经营权人，农户对其土地承包经营权的行使受到土地经营权的限制。对此，有学者认为土地承包经营权是一种用益物权，在其上再行设立用益物权性质的权利，不仅违反用益

---

〔1〕 刘恒科：“‘三权分置’下集体土地所有权的功能转向与权能重构”，载《南京农业大学学报（社会科学版）》2017年第2期。

物权生成须有所有权作为母权基础之原则，[1]而且土地承包经营权与土地经营权的权利客体都是承包地，由于“一个物上不得存在两个以上性质和内容不相容的所有权、用益物权”，[2]二者同时并存会产生权利冲突。这种观点忽视了我国农地产权构造的特殊性，在农村土地成员集体所有权锁定状态下，农地产权制度演进只能围绕土地承包经营权进行。由于我国的土地所有权是不具有可交易性的，土地使用权具有强大的物权独立性，土地使用权人可以处分其土地使用权，如在其权利上设定担保物权或者他项权利，而不再受土地所有权的束缚。[3]从立法例来看，国有土地建设用地使用权人可以将其权利转让或者抵押，这本身就是用益物权人对自身享有的用益物权的处分；此外，在土地用益物权上创设他物权，已在我国立法中得到体现。[4]从比较法角度来看，在德国法上也有关于权利人可在业已设立的地上权上再次设立次级地上权的规定。[5]因此，土地经营权可以作为派生于土地承包经营权之用益物权。而且，土地经营权的生成必须基于农户的自主意愿，“土地经营权的权能并未超出土地承包经营权剩余权能的空间，因而不会造成权利冲突以

---

〔1〕 单平基：“‘三权分置’理论反思与土地承包经营权困境的解决路径”，载《法学》2016年第9期。

〔2〕 崔建远：《物权：规范与学说——以中国物权法的解释论为中心（上册）》，清华大学出版社2011年版，第45页。

〔3〕 刘俊：《中国土地法理论研究》，法律出版社2006年版，第181~187页。

〔4〕 参见《物权法》第136条、第156条之规定。需要特别说明的是，地役权应当是设立在土地承包经营权或者建设用地使用权之上的次级用益物权，《物权法》第156条将地役权与其他用益物权做并列规定处理，虽在立法技术上存在瑕疵，但本身就说明了在土地承包经营权上可以创设其他用益物权。

〔5〕 ［德］鲍尔、施蒂尔纳：《德国物权法（上册）》，张双根译，法律出版社2004年版，第652页。

及物权受侵犯的问题”。[1]

“三权分置”反映的“经济现实和生产关系是承包地流转之后的权利分离与配置问题”[2]，“三权分置”政策话语中的农户承包权应理解为其权利行使受到土地经营权限制的土地承包经营权，仍应保持土地承包经营权之称谓。农户承包权的权能应是土地承包经营权流转生成土地经营权后的剩余权能，其意义在于以这些权能对应的经济利益来承载和替代承包地对农户的保障功能。[3]土地经营权是设立在土地承包经营权上的权利，可以具有用益物权的权利性质。

三、“三权分置”的规范表达：“三权”的体系化构造

农地“三权分置”政策的法制化已经提上议事日程。法律规则的制定不能直接借用政策话语及其表达形式，需要符合法律规范的基本要求。[4]“三权分置”的法律表达以厘清“三权”的权利结构和权利关系为前提。通过上述阐释，本书认为“三权分置”的权利结构是“集体土地所有权——土地承包经营权——土地经营权”，集体土地所有权呈现私权退化和公权凸显的制度变迁路径，土地承包经营权具有“自物权”性，在“三权”关系之中居于核心地位，在土地承包经营权上设置的土地经营权可以具有用益物权的法律属性。这种理论阐释显然

[1] 郑若瀚：“土地承包经营权制度改革：逻辑、原则与制度选择”，载《西北农林科技大学学报（社会科学版）》2016年第5期。

[2] 高圣平：“承包土地的经营权抵押规则之建构——兼评重庆城乡统筹综合配套改革试点模式”，载《法商研究》2016年第1期。

[3] 高海：“土地承包经营权‘两权分离’的论争与立法回应”，载《武汉大学学报（哲学社会科学版）》2016年第6期。

[4] 许明月：“农村承包地经营权抵押融资改革的立法跟进”，载《比较法研究》2016年第5期。

突破了现行立法规定。既然“三权分置”的制度建构需要在现行法律制度框架的基础上进行，那就需要在弥合理论解释和现行立法冲突的前提下，寻求“三权分置”规范表达的妥适路径。

（一）现行立法之农地权利制度框架

我国现行立法确立了集体土地所有权和土地承包经营权“两权分离”的权利结构，是对“集体所有，集体经营”的农地经营方式进行改革反思的结果。人民公社运动的失败教训已经证明了土地使用权归农户个体行使的必要性，集体土地所有权不能自我实现，而只能通过集体成员民主决议土地承包方案，设定用益物权的方式实现。此外，现行立法上规定土地承包经营权可以采用转让、互换、出租、转包、股份合作方式流转，并且对这些流转行为规定了较为严格的程序和条件。[1]

从物权立法角度来看，首先，要解决的是物的归属和利用问题。《物权法》对集体所有权的权利归属的规定，[2]既是《宪法》关于集体所有制规定的具体规则化，也是物权立法的题中应有之义。我国集体所有权的公有制色彩，“三级”集体所有的权利主体划分和权利客体地域界分，客观上要求集体土地所有权应当借鉴大陆法系民法物权理论，按照单一和绝对所有权来塑造，并以所有权为基础，根据权能分离理论生成他物权，进而构造整个农地权利体系。其次，为了保障农户的土地使用权，现行

〔1〕高圣平：“土地承包经营权权能论纲——以处分权能为中心”，载《社会科学》2012 年第 7 期。

〔2〕《物权法》第 59 条规定，集体土地属于本集体成员集体所有。《民法总则》第 99 条规定，集体经济组织具有特别法人资格。需注意的是，集体经济组织是代表集体行使集体土地所有权的代表主体，并非唯一代表主体，更非集体本身。

立法上规定了农户承包经营作为农地经营的基本形式。[1]在立法构造上，土地承包经营权作为在集体土地所有权上设置的用益物权，对农民集体行使土地所有权构成权利限制，即农户对承包地的权利支配优先于农民集体，农民集体不得侵害农户的土地承包经营权。最后，从现行立法来看，农地实际经营主体取得的土地经营权并不构成一项独立的权利，而是土地承包经营权流转出的占有、使用（耕作）和相应的收益权能，具有债权性质，这与以农户家庭为主的农地经营主体格局是相适应的，但并未反映现代农业经营主体多元化的发展趋势及其权利诉求。

由此可见，现行立法以集体土地所有权的单一性和绝对性为基础，以明确承包地的物权归属和使用关系为主要内容，以农户对集体土地的使用和收益等保障功能的实现为主要目标。立法规定确立集体土地的所有和利用“两权分离”，正是这一物权立法思路的直接体现。学界关于土地经营权债权论的观点也是这一立法思路和理念的应然延伸。

（二）理论阐释和现行立法之冲突及其弥合

与现行立法确立之“两权分离”权利构架相比，前述理论阐释的不同在于土地承包经营权具有“自物权”性，土地经营权可以是一种用益物权。这种解读可能面临的最大质疑是同时存在“两个所有权”，而且土地经营权的用益物权性质也与现行立法规定和他物权生成的权能分离理论相悖。

理论阐释和立法规范存在不可调和的冲突，实际上这种冲突具有必然性，原因就在于我国农地权利制度和民事立法规范表达之间本身存在的“不一致”。物权法具有突出的固有法特

---

〔1〕《农村土地承包法》第3条第1款规定：“国家实行农村土地承包经营制度。”《物权法》第124条规定：“农村集体经济组织实行家庭承包经营为基础、统分结合的双层经营体制。”

征。我国的农地权利制度具有独特性，虽然现行立法采用了民法用益物权之法制度和法技术来表达集体土地所有权和土地承包经营权的关系，但这种立法安排并不能全面和深刻地解释我国农地制度的法理念和法思想，而这种立法安排又是我们不得不借助的民法制度资源。由此，以传统民法物权概念和理论来表达和反映我国农地权利制度时，必然会出现“词不达意”：一方面，我们需要以绝对所有权来表达集体土地所有权，以彰显其权利归属及其所代表的公私法意涵，而土地承包经营权在立法意义上只能表达为一种用益物权；另一方面，鉴于集体土地所有权的不可流动性和私法意义上的权能限缩，土地承包经营权在解释论上又可以被认为具有“自物权”特征，这两方面都不可否认，同时成立。我们应当承认我国农地权利制度独特性和立法规范表达之间存在的这种“固有抵牾”，并需要在解释论层面寻求二者的内在一致性。如果强调制度特殊性，则可能无法实现权利制度的法律表达；如果强调立法的规范表达，则可能陷入一种凯尔森式的纯粹法学逻辑推导，而疏忽了农地权利制度赖以生发的政治、社会和经济制度环境，与物权法的固有法品格相悖。因此，在进行理论研究时，尽量避免对其中一种理解路径的偏执，否则就会失于片面而不足以客观反映我国的农地权利制度。

土地利用关系虽然存在用益物权和债权二元化区分，但这种区分并不是绝对的。首先，无论用益物权抑或是债权，其基础法律关系的性质是相同的，均是以契约的形式实现对物的支配，只是由于物权法定主义的存在而使这些土地利用关系被区别对待，即依法被塑造为物权或者债权，并在法律效力上有绝对性和相对性之分别。[1]其次，物权和债权的二元法律界分也

〔1〕 张力毅：“通过契约实现的物之支配关系——债权物权化的另一种解释论框架”，载《东方法学》2015年第6期。

并非完全泾渭分明，而是具有权利类型之间的相互流动性，[1]存在一些介于法定物权和纯粹债权中间状态的权利类型，租赁权即是其中之典型。最后，严格的物权法定主义原则过于僵化，通过登记实现债权的物权化是缓释物权权利体系僵化的重要制度手段。虽然不动产权利登记的前提是当事人之间形成的物权变动的合意，但在解释论层面，除不动产物权登记以外，与不动产物权有法律关联的债权或其他财产权均可纳入登记范围。[2]尤其在长期性的租赁债权场合，完全可以经过登记这一物权公示手段而实现债权的物权化。毕竟，物权的本质就是把原本的债权相对关系经过登记和公示后绝对化。[3]

土地经营权的权利塑造需要在保障农户对于土地流转的自主意愿和保护土地经营权人的现实需要之间实现兼顾和平衡。按照“三权分置”的政策要求，土地经营权宜被塑造为一种用益物权性质的权利，否则就没有进行制度创新的必要。但是，土地经营权是经由土地承包经营权的流转而产生的权利，土地经营权的权利期限和权利效力属于农户和经营权人意思自治的范围，而不能由法律直接作出强制性的规定。放活土地经营权的政策本意也在于尊重当事人之间的契约自由，而非限定土地经营权的设立方式、权利性质和权利内容。

从理论上来说，农户将承包地交由他人经营时，他人便取得了经营权，农户可以以短期转包、租赁或者临时委托代耕等方式流转承包地经营权，也可以在土地承包经营权上设置用益物权性质的土地经营权。依农户的土地流转意愿和流转形式的

---

〔1〕［德］卡尔·拉伦茨：《法学方法论》，陈爱娥译，商务印书馆 2003 年版，第 345 页。

〔2〕常鹏翱：“论可登记财产权的多元化”，载《现代法学》2016 年第 6 期。

〔3〕苏永钦：“中国需要什么样的民法典”，载《私法》2013 年第 1 期。

不同，实际经营主体取得的土地经营权可以是债权，也可以是具有用益物权性质的权利。由于我国经济社会发展的地域差异性，暂时难以对土地经营权的物权化作出统一要求，否则与农地流转的农户自愿原则相悖。因此，我们还需要注意到现实中大量存在的土地承包经营权的债权性流转，〔1〕这些短期的且不稳定的土地利用形式难以实现物权表达，也没有物权化的必要；而且，在目前经济社会条件下，土地承包经营权并未全面限缩至身份意义上的承包权或者仅以股权或者收益权形式表征的成员权。因此，对土地经营权进行用益物权塑造的时机并不完全成熟。那么，需要厘清的问题就在于以“三权分置”政策所欲实现的土地经营权的法律保护为问题导向，以经营主体取得的土地经营权是否具有相对较长存续期间内的权利稳定性为评判标准，对农户流转承包地经营权的方式选择加以考察和甄别。

土地承包经营权的流转依据实际法律效果的不同，可以分为物权性流转与债权性流转。〔2〕从现行立法规定和现实存在的流转方式来看，土地承包经营权的转让会导致农户土地承包关系的终止，互换是农户之间通过以物易物的方式实现土地承包经营权的整体处分，二者都不会分置出土地经营权；“联耕联种”是通过农地的内部调整，即土地承包经营权在农户间的互换和转包，实现按户连片经营，也不会产生出土地经营权。〔3〕土地托管是农户将承包地上的农事劳动全部或者部分、临时性

〔1〕 在实践中，出租、转包占绝大多数，流转对象大多以农户为主；但流向新型经营主体的比例不断增多，股份合作流转方式比重不断上升。参见王平：“我国农业已进入生产高成本时代”，载《东方城乡报》2014年3月27日。

〔2〕 丁关良：《土地承包经营权流转法律制度研究》，中国人民大学出版社2011年版，第342页。

〔3〕 桂华、刘洋：“我国粮食作物规模化种植及其路径选择——江苏射阳‘联耕联种’做法与启示”，载《南京农业大学学报（社会科学版）》2017年第1期。

或者较长期地委托农民专业合作社或者农业社会化服务主体完成，并支付服务费用的经营方式，不属于承包地经营权的流转，而是分享土地经营权的适度规模经营方式。转包、出租和临时委托代耕是实践中最常见的流转方式，属于债权性流转，但在以租赁合同为实现承包地支配方式之场合，则体现出债权物权化的可能性，可以通过登记公示手段纳入物权体系。〔1〕入股是农户保留承包资格而以土地经营权入股，在入股期间经营主体可以取得土地经营权。土地承包经营权可以抵押，农户在抵押期间内继续占有使用承包地，如不能偿还到期借款时，农户保留承包权，土地经营权需要从土地承包经营权中分离出来，以拍卖变卖所得实现抵押权，土地经营权则由其他土地经营权人取得。信托流转虽未纳入现行法规定，但由于信托财产封闭运行的特征，也是实现经营权人长期稳定经营的土地流转方式。〔2〕可见，入股、抵押和信托流转都属于土地承包经营权的物权性流转方式。

由此可见，依农户的土地流转意愿和流转形式的不同，实际经营主体取得的土地经营权的权利稳定性和权利效力有所区别。其中，短期转包、出租和临时委托代耕等不稳定的土地利用形式应保留债权之表达形式，没有物权化的必要；而在长期租赁、入股、抵押和信托流转场合，都可以分置出长期稳定的土地经营权，为了强化对新型农业经营主体土地经营权的保护，可以通过登记使这些长期稳定的土地经营权实现债权的物权化。鉴于我国立法坚持严格的物权法定原则，土地经营权不是法定

〔1〕 张力毅：“通过契约实现的物之支配关系——债权物权化的另一种解释论框架”，载《东方法学》2015 年第 6 期。

〔2〕 陈敦：“土地信托与农地‘三权分置’改革”，载《东方法学》2017 年第 1 期。

的物权类型。登记制度的引入既不损害承包农户的利益，又可以赋予土地经营权以对抗第三人的效力。这是现行法律框架下实现土地经营权保护的可行路径，可以适应不同农村经济社会发展水平下土地经营权的法律表达需要。

综合上述分析，土地承包经营权虽然在立法上表现为用益物权，但在解释论层面我们可以将其理解为一种具有“自物权”性质的权利。从立法规范表达上来看，土地经营权的权利塑造应当以既有的“两权分离”权利结构为基础，土地经营权应是一种债权性质的权利。但是，对于那些具有长期稳定性的土地经营权，可以理解为是农户在“自物权”性质的土地承包经营权上设立的用益物权，并可以通过赋予这些土地经营权以物权外观（登记公示）而实现债权的物权化。

本章小结

“三权分置”政策的法律表达，需要体现政策的实质精神，更要在符合物权法理的前提下完成法律规则的创制，首先应当对“三权分置”进行合乎法律逻辑和中国语境的体系性解释。分析学界关于“三权分置”的不同学说，可以发现论争集中于农户承包权和土地经营权的权利性质和相互关系，其背后隐含着理论阐释和立法规范表达之间的冲突。本章正是从理论阐释和规范表达两个层面对“三权分置”展开研究，并得出如下结论：

“三权分置”政策的落脚点是针对农民集体、承包农户和经营主体的不同权利的土地法律制度的功能划分，而不直接指向法律上权利的直接塑造或者新设。政策具有方向性、指引性、原则性的特征，基于政策的指引性，未来立法可以考虑将土地经营权纳入用益物权之中，但是基于目前我国国情农情，基于法律实现的理论储备和成本考虑，维持土地承包经营权制度确实是放活土地经营权的现实选择。

“三权分置”的理论阐释和制度建构应以现行立法确立的农地权利结构为基础。从理论分析来说，“三权分置”中的集体土地所有权体现为具有强烈公法和社会法品格的终极意义上的所有权，其权能集中表现为处分权，包括发包权和收回权；土地经营权可以理解为是在“自物权”性的土地承包经营权上设置的土地使用权，可以具有用益物权的法律属性；“三权分置”中的农户承包权应理解为其权利行使受到土地经营权限制的土地承包经营权。从立法规范表达层面来说，应从权利登记、长久不变和扩充权能方面强化土地承包经营权；土地经营权的立法塑造，应以“两权分离”权利框架为基础，一般地采用债权的规范表达形式，并赋予登记的土地经营权以对抗第三人效力，这是确认和保护土地经营权的可行法律路径。长期来看，随着城乡社会经济的发展，当农户对承包经营权的持有功能超过保障和收益功能，且形成普遍的社会经验事实时，土地经营权才能被确立为物权。

第三章

承包地“三权分置”下的集体土地所有权研究

坚持农村土地集体所有制是农村土地制度改革必须坚持的一条重要底线。《农村深改方案》中指出：“落实集体所有权，就是落实‘农民集体所有的不动产和动产，属于本集体成员集体所有’的法律规定，明确界定农民的集体成员权，明晰集体土地产权归属，实现集体产权主体清晰。”《三权分置意见》提出：“始终坚持农村土地集体所有权的根本地位。农村土地农民集体所有，是农村基本经营制度的根本，必须得到充分体现和保障，不能虚置。土地集体所有权人对集体土地依法享有占有、使用、收益和处分的权利。”作为集体产权的基石，农村土地所有权不仅是落实集体所有权的主要内容，还是稳定农户承包权、放活土地经营权及实现农业适度规模经营的制度前提。[1]鉴于学界长期以来对集体土地所有权的主体不清和权能不明的诟病和争议，在“三权分置”的农地制度改革背景下，如何重新理解集体土地所有权的权利归属和权能，进而落实集体土地所有权，是非常重要的理论命题。为此，本书主要从“三权分置”

---

〔1〕 姜红利：“农地三权分置之下土地所有权的法律表达”，载《法学家》2017 年第 5 期。

下集体土地所有权的主体和权能两方面展开讨论。

第一节 "三权分置"下农村土地所有权的权利主体

一、农村土地所有权权利主体之立法演进与理论争议

（一）农村土地所有权权利主体之立法演进

集体土地所有权是20世纪50年代中期至70年代末，我国农业合作化和人民公社体制的制度遗产。〔1〕我国的集体土地所有权在制度形成上具有特殊性和本土性，有学者称之为"体制性品格"，我国集体土地所有权制度是意识形态、政治制度、社会传统及其互动而成的历史传承与国情现状塑造下的制度，同时具有保障农地资源初始分配公平和农村社会有效治理的现实合理性，并与物权法的固有性品格相契合，具有理论正当性。〔2〕

在社会主义改造以前，法律中并没有集体所有的概念，也无集体土地所有权的概念。土地属于集体所有是在中国社会政治改造的过程中型塑的规范。〔3〕新中国成立初期，我国实行"耕者有其田"的土地制度，农户获得农村土地的所有权。然而，农户均分土地只是在农地分割之时重新划定了农户之间土地所有的相对公平状态，农户之间的家计竞争在这一新的起跑线上重新展开。农户家庭之间由于劳动力拥有的数量和质量的不同，又出现了比较明显的贫富差距，这与社会主义公有制性质和党的共产主义主张不符；而且，在我国确定过渡时期的总

---

〔1〕 张乐天：《告别理想——人民公社制度研究》，上海人民出版社2012年版，第387页。

〔2〕 路斐："我国农村土地所有权制度的'体制性'品格"，载《法律科学》2009年第5期。

〔3〕 刘连泰："'土地属于集体所有'的规范属性"，载《中国法学》2016年第3期。

路线，集中国力优先发展重工业的目标后，农户分散经营增加了国家因汲取农业剩余而与亿万小农户之间的巨额交易成本。因此，为方便国家提取农业剩余，服务工业化的目标，最终服务于社会主义改造的国家战略，必须消灭农民的土地所有权。农业合作化和集体化运动随即展开，从初级社向高级社发展，最终演变为政社合一的人民公社体制。在土地的集体所有的形成过程中，先后经历了“土地农民所有，自愿入社，股份合作”“股份合作基础上的土地合作社集体所有，按劳分配、退社自由”“人民公社集体所有、一大二公、一平二调”“三级所有，队为基础”这几个主要发展阶段。[1]农民的土地所有权并不具有对抗国家主导的集体化改造的能力，原因在于，其“不是产权市场长期自发交易的产物，不是国家仅仅对产权交易施加某些限制的结晶，是国家组织大规模群众斗争直接重新分配原有产权的结果”。[2]国家权力的强力分配可以造就农户的土地所有权，同样也可以通过社会主义改造使其归于消灭。此时，土地的集体所有是国家权力消灭农户的土地所有权的制度工具。农村土地的集体所有，是国家刻意制造的概念，服从于国家的政治改造，是对农民土地所有权“有意的制度模糊”。[3]在 20 世纪 80 年代之前，土地的集体所有更多的意义停留在农村土地的集体所有制层面，而非权利建构意义上的集体土地所有权，在服从国家权力话语体系的背景下，并无在法律层面表达和塑造权利的必然需要。

---

〔1〕 程雪阳：“中国土地制度的反思与变革——基于公法的视角”，郑州大学 2011 年博士学位论文。

〔2〕 周其仁：“中国农村改革：国家和所有权关系的变化”，载《中国社会科学季刊》1993 年第 6 期。

〔3〕［荷］何·皮特：《谁是中国土地的拥有者？——制度变迁、产权和社会冲突》，林韵然译，社会科学文献出版社 2014 年版，第 25 页。

在20世纪70年代末期，随着计划体制的松动和人民公社的解体，农村土地的集体所有保留下来，而且随着家庭联产承包责任制以及此后集体统一指导，家庭承包经营的"双层经营体制"的推行，农村集体土地所有权开始作为一种权利安排而体现在法律之中。《宪法》第10条第2款规定："农村和城市郊区的土地，由法律规定属于国家所有的以外，属于集体所有；宅基地和自留地、自留山也属于集体所有。"《民法通则》第74条第1款规定："劳动群众集体组织的财产属于劳动群众集体所有。"1986年颁布的《土地管理法》第8条第2款规定："农村和城市郊区的土地，除由法律规定属于国家所有的以外，属于农民集体所有；宅基地和自留地、自留山，属于农民集体所有。"除规定集体土地所有权的三级主体之外，法律还规定了集体土地所有权的客体范围和权利行使的代表主体。但是，问题在于上述法律规定之中的"集体所有""劳动群众集体所有"抑或是"农民集体所有"，这些表述仍然是比较抽象的，仍然是一种"人人有份，人人无份"的所有权制度〔1〕，而且法律对于代表集体行使权利的主体的确定，并不是集体所有权主体本身的认定。因此，要明确农村土地的归属，必须解决集体所有权的主体问题，要建立集体所有权和成员权益之间的勾连，尤其是要明确农民对土地所享有的权益问题。〔2〕

《物权法》第59条第1款规定："农民集体所有的不动产和动产，属于本集体成员集体所有。"《物权法》试图通过引入"成员权"的概念来明确集体所有权的主体。一方面，继续维持

---

〔1〕 王金堂：《土地承包经营权制度的困局与解破——兼论土地承包经营权的二次物权化》，法律出版社2013年版，第161页。

〔2〕 王利明、周友军："论我国农村土地权利制度的完善"，载《中国法学》2012年第1期。

集体的概念，落实《宪法》第10条第2款关于农村土地集体所有的规定，维护集体所有作为公有制的重要组成部分；另一方面，通过成员权制度使得产权主体进一步明晰化，通过落实成员权使权利义务更为清晰，在法律上宣告集体所有的财产为集体组织成员集体所有，集体事务集体管理、集体利益集体分享。〔1〕这样就在成员集体和本集体成员之间建立了利益联结的纽带，解决集体土地所有权主体过于抽象、农民权利虚化的问题。据此，《物权法》规定的“成员集体所有”，实际上明确了成员和集体都是农村土地的所有权主体，不能因集体的存在而否认成员的主体地位；也不能认为成员是主体而否认集体的存在。〔2〕这就密切了农民和土地的利益关系，与单纯强调“农民集体所有”的表述，或者与“人人有份、人人无份”的集体所有制相比，更有利于保障农民的权益。

“本集体成员集体所有”应理解为是农村特定集体经济组织内的成员组成的集体对农村土地的所有。据此，集体所有权的主体是本集体成员组成的成员集体，是归属于特定集体经济组织的成员的集合体。农民集体即一定农村社区范围内的成员集体，包括乡、村和村民小组三种基本社区单位的农民集体。〔3〕《物权法》引入成员权概念试图明确成员集体的界定以及集体所有权的归属，旨在建立集体和成员之间的权利勾连，以解决以往的法律表达之中“只见集体，而未见成员”“只有代表人，没有委托人”，集体悬置于成员之上而又不能落实之痼疾，但是，

〔1〕 胡康生主编：《〈中华人民共和国物权法〉释义》，法律出版社2007年版，第141页。

〔2〕 王利明、周友军：“论我国农村土地权利制度的完善”，载《中国法学》2012年第1期。

〔3〕 韩松：《集体所有制、集体所有权及其实现的企业形式》，法律出版社2009年版，第109~114页。

仍然有一些未予明确和值得深入探讨的问题，比如，集体经济组织成员资格的界定问题，现行法律没有对成员资格认定的具体标准作出规定，而实践中此问题已然非常重要和棘手；又如，集体成员形成集体决策和集体意志，以及集体意志执行的有效形式问题等。

《物权法》规定的这些未尽之问题体现为，在党和国家的一些政策性文件当中，对于进一步落实集体所有权的要求。比如，《农村深改方案》中指出：“落实集体所有权，就是落实‘农民集体所有的不动产和动产，属于本集体成员集体所有’的法律规定，明确界定农民的集体成员权，明晰集体土地产权归属，实现集体产权主体清晰”；“建立健全符合社会主义市场经济体制要求和社会主义初级阶段实际的农村集体产权制度，必须以保护农民集体经济组织成员权利为核心，以明晰农村集体产权归属、赋予农民更多财产权利为重点，探索社会主义市场经济条件下农村集体所有制经济的有效组织形式和经营方式，确保集体经济发展成果惠及本集体所有成员，进一步发挥集体经济优越性，进一步调动集体经济组织成员积极性”；“健全农村集体‘三资’管理监督和收益分配制度。明确集体经济组织市场主体地位”；“研究明确村党组织、村民委员会、村务监督机构、农村集体经济组织的职能定位及相互关系”。2016 年 12 月 26 日，中共中央、国务院《关于稳步推进农村集体产权制度改革的意见》提出：“抓紧研究制定农村集体经济组织方面的法律，赋予农村集体经济组织法人资格，明确权利义务关系，依法维护农村集体经济组织及其成员的权益，保证农村集体经济组织平等使用生产要素，公平参与市场竞争，同等受到法律保护。”《三权分置意见》进一步提出：“农村土地农民集体所有，是农村基本经营制度的根本，必须得到充分体现和保障，不能虚置。

农民集体是土地集体所有权的权利主体”；“积极探索农民集体依法依规行使集体所有权”；“认真研究农村集体经济组织”等法律问题。2017 年“中央 1 号文件”明确指出：“抓紧研究制定农村集体经济组织相关法律，赋予农村集体经济组织法人资格”，并再强调“稳妥有序、由点及面推进农村集体经营性资产股份合作制改革”。由此可见，改革政策将完善集体经济组织的法人资格塑造视为落实集体所有权的努力方向。

在此政策引导下，2017 年 10 月 1 日起正式实施的《民法总则》在营利法人、非营利法人类型之外，规定了特别法人制度，将农村集体经济组织、村民委员会纳入特别法人之列。〔1〕由此可见，《民法总则》试图对集体经济组织和村民委员会进行全面的法人化改造，这一规定明确了二者的民事法律关系主体地位。但是，《民法总则》尚未明确农民成员集体的民事主体地位，也未明确界分农民集体与农村集体经济组织、村民委员会等村民自治组织之间的关系。按照我国相关法律规定，集体经济组织抑或村民委员会一直是作为集体所有权主体的代表而存在的，代表农民集体行使对集体财产的经营、管理职责。〔2〕然而，政

〔1〕《民法总则》第 99 条规定：“农村集体经济组织依法取得法人资格。法律、行政法规对农村集体经济组织有规定的，依照其规定。”第 101 条规定：“村民委员会具有基层群众性自治组织法人资格，可以从事为履行职能所需要的民事活动。未设立村集体经济组织的，村民委员会可以依法代行村集体经济组织的职能。”

〔2〕 1986 年《土地管理法》第 10 条规定：“农民集体所有的土地依法属于村农民集体所有的，由村集体经济组织或者村民委员会经营、管理；已经分别属于村内两个以上农村集体经济组织的农民集体所有的，由村内各该农村集体经济组织或者村民小组经营、管理；已经属于乡（镇）农民集体所有的，由乡（镇）农村集体经济组织经营、管理。”《物权法》第 60 条规定：“对于集体所有的土地和森林、山岭、草原、荒地、滩涂等，依照下列规定行使所有权：属于村农民集体所有的，由村集体经济组织或者村民委员会代表集体行使所有权；分别属于村内两个以上农民集体所有的，由村内各该集体经济组织或者村民小组代表集体行使所有权；属于乡镇农民集体所有的，由乡镇集体经济组织代表集体行使所有权。”

策文件等对农民成员集体、集体经济组织、村委会概念的使用和相互关系的界定是混乱的，实践中对集体所有权的归属主体和代表主体不加区分的情况较为普遍。[1]在此情况下，《民法总则》将集体代表主体法人化构造的规定，是否意味着或者等同于对作为所有权主体的农民集体也予法人化改造，不无疑问。

通过上述梳理，我们可以发现，农村土地的集体所有经历了从国家权力塑造，作为消灭农民土地所有权的制度工具，到作为农民集体的财产权利，对其予以全面的法律塑造的过程。其中，最重要的一个问题，就是集体土地所有权的权利主体归属问题。在人民公社解体之后，从人民公社中脱胎而来的三级农村集体经济组织逐渐转型为生产经营组织，政社分开下的村民委员会等基层自治组织承担了原有集体经济组织的部分职能，原属于人民公社集体经济组织的所有权由谁继受并没有明确的答案。[2]即便法律规定了农民集体这一新型主体，但其与农村集体经济组织的关系仍处于纠葛之中，引致了法律表达和地方实践中的混乱，同时，也为学界的诸多解释和理论观点争议提供了充分的讨论空间。

（二）农村土地所有权主体归属之理论争议

虽然《物权法》规定了集体土地所有权的主体是本集体经济组织成员组成的成员集体，但是，学界围绕我国集体土地所有权主体归属之理论争议由来已久，众说纷纭。从时间维度上来看，这些观点可以以《物权法》的出台为界分，在此之前，主要围绕农村土地的应然权利归属问题展开讨论；随着《物权

〔1〕姜红利：“集体土地所有权归属主体的实践样态与规范解释”，载《中国农村观察》2017年第6期。

〔2〕杨一介：“我们需要什么样的农村集体经济组织”，载《中国农村观察》2015年第5期。

法》的出台，对集体所有权主体作出界定，关于集体土地所有权主体归属讨论的重心更多地转向集体所有权主体的法律构造问题。

1. 关于农村土地应然归属的理论争议

农村土地在应然层面的权利归属应当为何，理论上存在两种不同的看法：

第一种观点认为应将农村土地国有化。此种观点认为应当通过强化集体土地使用权的方式不断弱化农村土地的集体所有权，最终实现农村土地的国家所有。典型的支持理由如下：其一，土地具有资源属性和生态伦理性，这些根本属性不能被单纯强调财产权利属性的话语所遮蔽，基于土地的公共产权特性和公共信托要求，国家应当独占享有土地所有权。〔1〕其二，国家可以通过统一调控，实现土地利益的公平分配，促进城市资本向乡村流动，实现城乡一体化发展；〔2〕有利于实现行政宏观调控和土地的规模经营。〔3〕其三，保持集体土地所有权仅仅是在事实上国有化的同时，“故意保留的一个很大程度上的空壳而已”，〔4〕由于土地使用权已经成为我国的基础土地权利，因此，集体土地所有权应保留并回归其公权力属性，而将其中的财产权内容剥离并独立为非限定土地使用权，集体经济组织得以非限定土地使用权为基础设定其他限定性土地使用权。〔5〕

---

〔1〕 刘俊：《土地所有权国家独占研究》，法律出版社2009年版，第118页。

〔2〕 刘云生：“集体土地所有权身份歧向与价值悖离”，载《社会科学研究》2007年第2期。

〔3〕 温铁军：“我国为什么不能实行农村土地私有化”，载《红旗文稿》2009年第2期。

〔4〕 李凤章：“通过‘空权利’来‘反权利’：集体土地所有权的本质及其变革”，载《法制与社会发展》2010年第5期。

〔5〕 李凤章：“从公私合一到公私分离——论集体土地所有权的使用权化”，载《环球法律评论》2015年第3期。

第二种观点认为应将农村土地私有化。这种观点主张农户对农村土地享有完全的占有、使用、收益和处分权能。[1]其基本的理由在于集体土地所有权的产权不明确，主体不清晰，将农村土地私有化，有利于产权明晰，实现产权激励；[2]而且，农地产权的自由交易有利于土地资源的有效配置，是节约土地的有效制度。[3]

2. 关于集体土地所有权主体的法律构造的观点争议

在《物权法》出台之后，明确将集体所有权界定为本集体成员集体所有，进一步确立和完善了集体所有权的法律表达形式。此后，关于集体土地所有权主体归属讨论的重心转向集体所有的性质与主体的法律构造问题。集体所有权的主体构造，实际上是集体所有权的有效实现形式问题。对此，学界形成两种观点：

第一种观点主张对农民集体作民事主体化改造。大部分学者主张对农民集体实行法人化改造。[4]该观点认为，“农民集体”的法律规定内涵模糊，影响了集体土地所有权制度的功能发挥。从我国民事主体制度来看，农民集体明显不属于自然人和国家，同时也与非法人团体的制度属性相悖。从集体土地所有权的制度环境和发展趋势出发，对农民集体予以法人制改造是一条现实路径。农民集体的法人化改造具有明显的制度优势，

---

〔1〕 茅于轼：“恢复农民对土地财产的所有权”，载《建设市场报》2009年2月16日。

〔2〕 秦晖：“十字路口的中国土地制度改革”，载《南方都市报》2008年10月7日。

〔3〕 盛洪：“土地产权自由交易是节约土地的有效制度”，载《21世纪经济报道》2007年9月3日。

〔4〕 李国英、刘旺洪：“论转型社会中的中国农村集体土地权利制度变革——兼评《物权法》的相关规定”，载《法律科学》2007年第4期。张力：“农村地权改革中的集体组织法人化模式”，载《农村经济》2009年第2期。

利用法人制度构造出兼顾公平和效率的集体所有权主体制度，将农民集体改造为社区股份合作社法人，集体土地所有权成为法人所有的形态。〔1〕此外，也有部分学者认为农民集体在性质上应属于非法人组织这一民事主体类别。〔2〕

第二种观点主张维持农民集体之法律形态。《物权法》规定了集体所有权的主体是本集体成员组成的成员集体，是特定集体经济组织成员的集合体，而非其他主体形式。学界以主体不清晰为由主张实行民事主体化构造，缺乏法律依据。而且，农民集体本身概念是清晰的，“明确了成员集体的团体性及其形式，明确了集体所有权行使中的集体组织与集体成员的权利义务和行为规则，就明确了集体所有权的主体”〔3〕，《物权法》上的“成员集体所有”也不能被理解为作为集体的法人组织所有，〔4〕集体所有权具有丰富的权利内涵，不能仅出于交易便利目的而进行权利构造，无须通过法人构造的方式实现集体所有权主体的明晰化。〔5〕

无论是从农村土地的应然权利归属角度，还是从集体所有权主体的法律构造角度，对集体所有权主体的讨论，其争议的焦点问题无非有两个方面：其一，农村土地所有权的主体是否模糊不清。主张国有化、私有化改造或者民事主体构造的观点，

〔1〕 高飞：“论集体土地所有权主体之民法构造”，载《法商研究》2009年第4期。

〔2〕 温世扬、廖焕国：《物权法通论》，人民法院出版社2005年版，第368页。

〔3〕 韩松：“农民集体所有权主体的明确性探析”，载《政法论坛》2011年第1期。

〔4〕 王利明、周友军“论我国农村土地权利制度的完善”，载《中国法学》2012年第1期。

〔5〕 童列春：“论中国农地集体所有权”，载《农业经济问题》2014年第10期。

以集体土地所有权的主体为成员的集合体为由，认为主体不清晰，其不能为现行民事主体制度所容纳，不具备参与民事活动的主体资格，严重影响集体所有权的权利确认、行使和保护。而坚持农村土地归集体所有的观点，认为法律已明确了集体土地所有权的主体是“农民集体”，无须进行民事主体塑造，私有化或者国有化改造之观点更是违背《宪法》，于法无据，也不符合我国国情农情的现实要求。其二，集体土地所有权的权能是否残缺。主张私有化、民事主体化改造的观点认为集体土地所有权权能残缺，农村土地所有权应被“做实”。主张国有化的观点认为主张“做虚”集体土地所有权，“做实”土地使用权。坚持农村土地集体所有的观点则认为农村所有权是一种实实在在的权利，应以公私兼顾为理念，从民法、社会法和土地管理法等多维度系统性地完善集体土地所有权权能，赋予其“经济功能实现权能、社会保障功能实现权能以及因公共利益使其权能受到限制的利益补救权能”〔1〕。

二、农村土地所有权权利主体之归属界定与制度构造

（一）农村土地所有权权利主体之归属界定

农村土地的集体所有符合我国农村经济社会发展的历史传承和现实需要。首先，农村土地的集体所有是历史形成的制度选择。农村土地的集体所有是在改变农户的土地所有权基础上产生的，历经合作化、人民公社制度演变而来。其生成适应了我国优先发展重工业的国家战略，在汲取农业剩余的同时保障农村社会成员维持极低水平的生活需要。人民公社解体后，农村土地的权属状态并未退回到合作化之前的农户所有，而是保

〔1〕 韩松：“农民集体土地所有权的权能”，载《法学研究》2014年第6期。

留了集体所有。在1982年《宪法》出台之时，对于是否保留农村集体土地所有权曾经产生过相当大的争议，但是考虑到“民主革命没收封建土地分给农民，现在要把农民的土地没收归国有，震动太大”，故保留了集体土地所有，以最低成本地推进改革发展。直到现在，法律和政策均确认了集体土地所有权，并且一直强调，“不能把集体所有制改没了”，由此可见，维护集体所有制是农村制度改革应坚持的一条基本底线，是我国长期坚持的一条法律准则。

其次，农村土地的集体所有具有维系公平保障、保护农民利益、推动农地规模经营、促进乡村治理等现实价值功能，应当坚持和完善。其一，农村土地的集体所有，其基本功能是为本集体经济组织成员提供平等的生活保障。目前，我国的城镇化进程加快，大量农村人口进入城市，以城镇务工收入作为主要生活来源，但是一方面，留在农村的人口仍然占据很大的比例，另一方面，由于城镇化推进进程和相关政策的不健全，农业转移人口的市民化仍然是一个比较漫长的过程，城镇务工人口暂时难以获得完全的社会保障。[1]在这两种情况下，农村土地仍然要承担国家社会保障未均等化之时的替代保障功能。集体土地所有权所蕴含的公平保障功能仍然需要发挥作用。其二，农村土地的集体所有具有保障农民利益的权利内涵。集体所有权的主体是本集体经济组织成员组成的成员集体，农民个体虽不享有土地所有权，但是作为集体成员仍享有广泛的土地权益。从宪法对集体土地所有权的规定视角来看，集体土地所有权作

---

〔1〕 许明月、段浩：“农业转移人口市民化的法律激励机制构建”，载《比较法研究》2017年第6期。

为农民集体的基本权利，是可以对抗国家公权力不当干预的权利。[1]因此，对集体土地所有权作国有化改造的观点不可取。其三，集体土地所有权是保障农村社会有效自治的权利基础。坚持农村土地集体所有是对业已形成的农村社会基层自治的历史尊重，有利于农村社会的稳定。农村土地制度是乡村社会的基础，现行农村土地所有权主体与村民自治具有某种同构关系。[2]农村土地集体所有权的弱化或者废除将导致村级治理缺乏有效的经济基础和政治保障，丧失行使土地发包权和土地用途管理权等治理手段。其四，农村土地的集体土地具有推进农地规模经营，壮大集体经济发展的制度优势。从目前农村集体产权制度改革实践来看，农户通过将承包地交回集体经济组织，从而使土地承包经营权归于灭失，集体土地所有权重新回复权利的圆满状态。农民集体得以实现统一经营，为农地规模经营和集体经济的发展壮大奠定了权利基础。在农地制度改革中，诸如此类的成功实践已然屡见不鲜。比如，以贵州塘约为代表的“三权促三变”改革试验、山东东平的社区土地股份合作制试验等。

坚持农村土地的集体所有，而非国有化、私有化抑或是进行民事主体改造，其原因还在于，集体所有具有不同于私人所有的法律属性。民法所有权理论以个人主义所有权为基础，强调个人意志支配和交易自由，而我国的集体所有权是作为公有制的集体所有制的权利表现形式，强调权利客体的客观功能及其上负载的经济社会价值，集体土地所有权不得作为任何交易

---

〔1〕刘连泰、刘玉姿：“作为基本权利的集体土地所有权”，载《江苏行政学院学报》2015 年第 1 期。

〔2〕崔智友：“中国村民自治与农村土地问题”，载《中国农村观察》2002 年第 3 期。

行为的客体，不具备在市场上自由流转的功能。集体土地所有权是以权利客体为中心构建的所有权，旨在通过团体所有和资源控制，维持物的客观用途和团体成员利益，从而实现权利客体所承载的特定社会经济功能。[1]农村集体土地作为重要的稀缺自然资源，既承载着本集体成员，包括现实成员和将来成员的生存利益；同时也承担着国家粮食安全、生态环境安全和社会经济稳定等社会公共利益。因此，农村土地的集体所有所彰显的是土地的归属价值而非处分和流转价值。坚持农村土地的集体所有，既是对土地归属价值的恪守。在我国公有制的基本经济制度下，无论国有或者集体土地都不具备处分权能，不能进入市场交易，而是通过设置用益物权的方式，将土地使用权作为土地资源市场化配置的权利设置。农村土地制度改革就在所有权和使用权“两权分离”的轨道上，沿着“赋予农民长期而有保障的使用权”的方向发展。[2]因此，土地使用权承载土地的流转功能，解决权利锁定的土地所有权与市场经济的对接问题。那种认为私有化或者民事主体化构造，以方便农地资源自由处分和配置的观点，值得商榷。

无论是将农村土地国有化或者私有化的观点，都以农村土地集体所有的主体不清晰为论证的前提[3]，都试图要解决集体土地所有权主体不明确而导致的问题，但是，二者均未能全面地揭示集体所有权完善的路径。而且，这些主张与我国《宪法》

---

〔1〕 陈晓敏：“论大陆法系的集体所有权——以欧洲近代私法学说为中心的考察”，载《法商研究》2014 年第 1 期。

〔2〕 陈丹、唐茂华：“中国农村土地制度变迁 60 年回眸与前瞻”，载《城市》2009 年第 10 期。

〔3〕 参见肖方扬：“集体土地所有权的缺陷与完善对策”，载《中外法学》1999 年第 4 期；邵彦敏：“‘主体’虚拟与‘权利’的缺失”，载《吉林大学社会科学学报》2007 年第 4 期。

第10条规定相冲突。维护集体土地的公有性质是中国政治体制的要求，将集体所有的土地产权改变为国有或者私有，在现阶段是不符合中国国情的。[1]从现实考虑，保持农村土地的集体所有并以此为基础进一步完善农地产权制度，有助于在维护社会稳定的基础上推进变革，是成本最小且可行性最大的改革方案。对农民集体进行民事主体构造的观点，没有注意到农村土地集体所有所具有的归属价值和制度功能，因而也是值得商榷的。

（二）集体土地所有权应维持“本集体成员集体所有”之主体法律构造

如前所述，我国现行立法已经确认集体土地所有权的主体是本集体经济组织成员组成的成员集体，是全体成员的集合体。本书认为，我国集体土地所有权主体的法律构造应维持这一立法表达方式。集体土地所有权在性质上是一种总有关系。[2]我国的成员集体所有与总有具有高度相似性，成员集体和集体成员对于集体土地的管理、处分权能和使用、收益权能实现质的分割。因此，“本集体成员集体所有”不能等同于共有物可分割的共有关系，也不能等同于集体的法人组织所有，成员集体不能以法人组织为构造方向。

本集体成员集体所有，意味着一定集体经济组织范围内的成员组成的集体具有主体地位，只要明确了集体经济组织成员的资格，以及成员享有的权利，明确集体成员行使成员权利，即形成集体意志，执行集体决策，集体民主监督的方式，就明

---

〔1〕 吴次芳、谭荣、靳相木：“中国土地产权制度的性质和改革路径分析”，载《浙江大学学报（人文社会科学版）》2010年第6期。

〔2〕 总有是指将所有权的内容，依团体内部的规约，加以分割，其管理、处分等支配的权能属于团体，而使用、收益等利用的权能，分属于其成员。参见李宜琛：《日耳曼法概说》，中国政法大学出版社2002年版，第75~76页。

确了成员集体的主体和权能。从此意义而言，成员集体并不存在主体不清和权能缺失的问题，对成员集体进行法人化改造或者将成员集体与代表集体从事经营、管理的集体经济组织或者村民委员会予以等同，并进行法人化改造的观点也是值得商榷的。

从集体土地所有权的主体构成来看，需要明确的是集体成员资格。集体成员资格的初始形态发端于合作化时期，农民以其土地所有权等生产资料加入集体的事实，而获得集体成员资格，需要集体提供基本的生存保障。在人民公社时期，城乡二元分割的户籍管制制度进一步固化和彰显了集体成员资格。集体成员具有特定封闭的区域内集体经济组织的成员身份资格。父辈在合作化和集体化时期成为集体成员的，其子女依据出生、收养等事实自然取得集体成员资格，与本集体成员因缔结婚姻关系而作为本集体成员。因此，户籍作为确定集体成员资格的主要标准，而实践中也主要是以户籍在本集体内部而作为标准。但是，随着城镇化进程的推进和农村人口的流动，集体封闭区域内的村民身份和成员身份同一的状态被逐渐打破，此时，并不是所有的村民都具有本集体经济组织成员资格，外迁而来落户本集体的村民仍是其原属集体经济组织的成员，而本集体经济组织成员也不认为外来户具有本集体成员资格。因此，集体成员资格与村民资格的区别具有了实际意义。村民是具有农业户口的本村农民，享有村民自治的权利，其性质是一种自治管理的权利，而成员权所涉内容仅限于集体财产层面。在此情况下，户籍不能作为唯一的确定集体成员资格的标准，而是需要综合考虑对集体所尽的义务、是否以集体土地作为基本生活保障、本集体成员是否通过集体合意接受新成员等因素。

集体土地所有权的主体是本集体成员集体，集体成员资格一经明确，集体土地所有权的主体及其范围也因之明确。对农民集体进行法人化改造的观点，并不能成立。首先，既然成员集体的主体能够明确，那么持法人改造论者所批评的成员集体主体不清晰的前提不存在；其次，作为农村土地所有权主体的集体并非都具有法人资格。在“三级所有、队为基础”的“三级”农村土地所有权体系下，大多数集体土地属于村民小组所有，而村民小组的法律地位，法律上没有明确的规定。迄今为止，法律并没有承认村民小组是法人，也没有为其设置法定代表人和组织机构。最后，集体成员也不应理解为法人的成员。因为法人财产的所有权归属于法人本身，而不是法人的成员。我国《物权法》没有采用法人所有的表述，而突出的是成员的权利，所以，不能以法人作为集体土地的所有权主体。总之，作为集体土地所有权的主体，农民集体仍然是本集体成员的集合体，而不能认为是法人组织。

将成员集体与代表集体从事经营、管理的集体经济组织相等同，并进行法人化改造的观点也是值得商榷的。原因在于，成员集体和作为集体代表的农村集体经济组织存在本质差异：[1]其一，成员集体作为集体所有权的主体，具有唯一性。集体是集体土地所有权的唯一主体。集体经济组织是农业生产经营的重要形式，但不是唯一的形式，除此之外还包括农民专业合作经济组织、农业企业等组织。而且，集体经济组织也不是代表集体经营管理集体资产的唯一主体，除此之外，《土地管理法》和《物权法》还规定了村民小组、村民委员会等基层组织也可以作为集体的代表。其二，集体具有稳定性。集体是一个完整、独立的稳定概念，而集体经济组织对外可以农业合作

---

〔1〕 姜红利：“农地三权分置之下土地所有权的法律表达”，载《法学家》2017年第5期。

联社、农业合作社或集体资产管理委员会等形式存在，其存在与否以及以何种形式存在都具有很大灵活性。其三，集体具有恒定性。本集体成员组成的成员集体是集体土地所有权的法定主体。集体经济组织只是集体行使土地所有权的代表。鉴于成员集体和集体经济组织在上述方面存在的区别，成员集体不能等同于集体经济组织。而且，《民法总则》将二者等同为集体土地所有权主体并进行法人化改造的探索，存在集体土地所有权作为法人责任财产，从而被转让的风险。[1]

另外，从我国目前关于集体产权制度改革的文件来看，农村集体经济组织的法人化构造主要在于解决农村集体经营性资产的产权明晰、经营决策和收益分配问题。[2]因此，农民集体对外经营管理集体经营性资产的行为可由农村集体经济组织代为行使。由于现行改革政策对不同性质的农村集体财产采取分类施治的方略[3]，承包地“三权分置”仍应在农村集体土地属于本集体成员集体所有的话语体系下展开讨论。

---

〔1〕 姜红利：“集体土地所有权归属主体的实践样态与规范解释”，载《中国农村观察》2017年第6期。

〔2〕《深化农村改革综合性实施方案》中指出：“健全农村集体‘三资’管理监督和收益分配制度。明确集体经济组织市场主体地位”；中共中央、国务院《关于稳步推进农村集体产权制度改革的意见》提出：“农村集体经营性资产的股份合作制改革，要体现成员集体所有和特有的社区性，只能在农村集体经济组织内部进行。”2017年“中央1号文件”明确指出：“抓紧研究制定农村集体经济组织相关法律，赋予农村集体经济组织法人资格”，并再强调“稳妥有序、由点及面推进农村集体经营性资产股份合作制改革”。

〔3〕 2015年“中央1号文件”要求将集体产权区分为土地等资源性资产、非经营性资产和经营性资产，能被折股量化到本集体经济组织成员并发展股份合作的资产限定为“经营性资产”，将改革试点“严格限制在本集体经济组织内部”。2016年“中央1号文件”要求，2020年基本完成“土地等农村集体资源性资产”确权登记颁证、“经营性资产”折股量化到本集体经济组织成员，健全“非经营性资产”集体统一运营管理机制。

第二节　承包地“三权分置”下集体土地所有权的权能

《三权分置意见》提出：“在完善‘三权分置’办法过程中，要充分维护农民集体对承包地发包、调整、监督、收回等各项权能，发挥土地集体所有的优势和作用。农民集体有权依法发包集体土地，任何组织和个人不得非法干预；有权因自然灾害严重毁损等特殊情形依法调整承包地；有权对承包农户和经营主体使用承包地进行监督，并采取措施防止和纠正长期抛荒、毁损土地、非法改变土地用途等行为。通过建立健全集体经济组织民主议事机制，切实保障集体成员的知情权、决策权、监督权，确保农民集体有效行使集体土地所有权，防止少数人私相授受、谋取私利。”据此，“三权分置”中集体土地所有权的权能包括发包、调整、监督、收回等各项权能。根据所有权的基本权能理论以及《物权法》关于所有权权能的规定，集体土地所有权的上述权能都可以归入处分权的范畴。在“三权分置”下，农民集体公平地将农地发包给本集体经济组织成员农户，农户可依自主意愿流转承包地经营权，从而使土地实际经营者获得土地经营权。农民集体保留最终的处分权能，而占有、使用权能受到限制。至于农民集体是否具有收益权能，虽然法律和政策规定持否定意见，且已形成定论，但在理论层面仍有不同的看法，值得深入探讨。为此，本书从“三权分置”下集体土地所有权之功能定位出发，着重讨论集体土地所有权的处分权能和收益权能。

一、承包地“三权分置”下集体土地所有权之功能定位

我国集体土地所有权的基本功能在于以集体土地为集体成员提供平等生存保障。在集体所有，分户经营的“两权分离”

模式下，为了对抗集体的不当干预，稳定承包关系和提高农户种地积极性，土地承包经营权权能不断充实并长久不变，使得这种保障性渐次变迁为集体分配基础上的家庭保障。“三权分置”将土地承包经营权的身份保障性和财产流转性以阶段性分隔的方式在特定时点实现功能分离，集体土地所有权的公平保障限定于某个长久不变的固定时点而非任意时点之上，这对集体土地所有权功能的实现形式进行了事实上的重塑。

（一）集体土地所有权的基本功能

我国集体土地所有权的基本功能是为集体成员提供平等的生存保障。土地对农户的保障体现在家庭微观粮食安全、就业、养老、人口再生产等诸多方面，集体对成员的土地保障是土地的自然保障功能在集体土地所有制下的制度实现。在权利安排上呈现为计口授田基础上的土地承包经营，并且以家户为承包单位。在《物权法》的规范构造上表达为：农村集体所有的土地，属于本集体成员集体所有。成员集体所有是“集体成员在对集体土地不可分割地共同所有基础上实现成员个体的利益”[1]。作为集体所有权客体的集体土地具有不可分割性。所有权主体是成员构成的集体，是“农村一定的集体所有的社区范围的人的整体”，而组成集体的成员是“农村社区范围内依赖集体土地和其他自然资源和财产为基本生存保障的自然人”。集体成员资格随着人口的自然周期和社会保障形态变动发生动态变化。成员集体的存在价值在于为每一个依赖集体土地生存的成员个人提供基本生存保障，而成员流动性和土地不可分割性则是集体土地保障的两项基本特征。

为了保证集体土地平等保障功能的持续实现，集体经济组

---

〔1〕 韩松：“坚持农村土地集体所有权”，载《法学家》2014 年第 2 期。

织分别从地和人两方面管理功能：一是保证耕地质量不降低、数量不减少。我国《土地管理法》实行严格的耕地保护制度，确保农地的农业用途，并赋予集体发包方对农户土地使用行为的监督管理权力和处罚权力；二是保证农地保障的持续公平享有。为此，在传统集体所有权的制度设计上，发包（分配）权、调整权和收回权成为集体经济组织的必要制度工具。为了将农地流转局限在集体内部，防止外人取得本集体保障利益，同意和备案制度赋予集体组织对不同类型农地流转行为的知情权和同意权，成员优先权制度则是从农户权利保障的角度，实际上赋予农户对农地流转行为的相互监督权，目的仍然是将集体土地保障利益尽量维持在集体成员内部。

（二）"两权分离"下集体土地所有权保障形式的变化

我国农地产权制度改革围绕所有权和使用权分离，并不断强化使用权这一基本主线展开〔1〕。在"两权分离"制度框架下，为了对抗集体的不当干预，稳定承包关系和提高农户种地积极性，农地产权制度改革呈现出集体所有权权能逐渐收缩，农户的土地承包经营权权能不断扩张的态势。土地承包经营权渐次从生产经营自主权向用益物权甚至"准所有权"转变〔2〕。"增人不增地，减人不减地"，除自然灾害因素外集体原则上不得调整承包地，土地承包经营权长久不变，已然产生了土地承包资格固化的效果。而且，最近一轮土地承包经营权确权登记基本上是对二轮承包时的土地分配和权属状况的确认〔3〕。对

〔1〕 刘守英："中国土地制度改革的逻辑与出路"，载《财经》2014 年第 14 期。

〔2〕 叶兴庆："从'两权分离'到'三权分离'——我国农地产权制度的过去与未来"，载《中国党政干部论坛》2014 年第 6 期。

〔3〕 按照国家新一轮土地承包经营权确权登记颁证的政策要求，工作重心在于解决农户承包土地的面积不准、四至不清、空间不明等问题，形成权利客体范围

此，多数学者从成员权的角度提出，农地政策的演变已经造就了整整一代无地农民，而新增人口更难以获得实实在在的土地保障，也有学者提出集体土地以农户家庭为单位承包，农村新增待地人口可以通过事实上的家庭内部继承方式取得土地保障，不能以“无地人口”论[1]。根据《农村土地承包法》第5条的规定，承包权的主体是集体成员，只要是集体成员都有承包资格，都可以平等地享受集体的土地保障，集体也有义务为成员分配土地以提供保障。农民具有天然的“不患寡而患不均”的朴素公平观，成员权则是其平等分享集体上的土地利益以及其他财产权利的“依法抗争武器”。但是，集体成员资格处于不断的变动之中，不仅包括依靠集体土地生存的现实成员，而且包括未来因出生、婚姻、集体决议等缘由而加入集体的成员。同时，集体成员资格可能因死亡、婚姻、纳入城镇保障体系等情形而丧失。集体土地的绝对公平保障和成员对土地的稳定使用预期之间存在难以弥合的深沉张力，这种矛盾根本上是公平和效率的矛盾。最初的解决办法是适度年限的土地调整，比如各地比较普遍的“三年一小调，五年一大调”。然而，这并不能从根本上解决问题。毕竟，以土地调整维系公平的做法不具有可持续性，而且表面上看似维护了公平，但频繁调整使农地更加细碎化进而引致低效率的公平，资源配置的低效率甚至无效率导致集体贫困，这种公平也缺乏正当性和可接受性。利益衡

(接上页) 清晰可描述的土地使用权，为财产性转让和市场化配置奠定基础。但实践中，村庄熟人社会，农地常年耕种，且村集体往往有明确记录，上述问题存在概率较小。以至于农村基层干部群众将此次登记误解为仅仅是一次“换证”。参见贺雪峰：“农地承包经营权确权的由来、逻辑与出路”，载《思想战线》2015年第5期。

〔1〕 张红宇、李伟毅：“人地矛盾、‘长久不变’与农地制度的创新”，载《经济研究参考》2011年第9期。

量的最终结果是，政策和法律的制定回归到集体土地资源的有效利用这一根本出发点，采取确认成员承包权，以户为单位承包并且保持承包关系长久不变的做法。

"两权分离"经营模式下，土地承包经营权权能的扩张，赋予农户更大的权利以对抗地方基层政府或村集体不当干预的权利，是为了稳定承包关系，提高以自耕农为主的农业经营主体的土地利用绩效。但是"形势比人强"，家庭承包经营的另外一个重要结果是赋予农民支配自己劳动力的自由，农业剩余劳动力可以实现跨地区和跨行业的自由流动。随着城乡二元结构的打破和进一步深度融合，农户对于承包经营权的收益和就业依赖程度明显弱化，农户离农离地成为普遍现象。以承包关系保持长久不变和提高农民种地积极性的初始政策目标，终因市场经济化条件下农业产业的弱质性和务农收益的极端比较劣势而落空。

承包关系长久不变政策的实际作用在于使农户真正成为农地利用和流转的主体。以家庭为单位的土地承包经营权长久不变，相当于将成员集体所有的土地以固定时点的农村户籍内的人口数为基数切分，按户分配到每个家庭，并通过确权登记维持不变，构成对成员集体所有土地的事实分割。随着土地承包经营权随特定时间点的一次性分配而长久"固化"，不论家庭成员人数发生怎样的变化（只要户内仍有成员存在），只会导致农户家庭内部人均土地份额的变化，也不会改变家庭在集体中的土地份额比例。[1]家庭中的集体成员资格"固化"，不会因居住地甚至户籍地的改变而改变。集体成员尤其是新增成员对于土地的需求主要不再通过集体的调配满足，而通过家庭内部的

〔1〕 孙宪忠："推进农村土地'三权分置'需要解决的法律认识问题"，载《行政管理改革》2016 年第 2 期。

调剂实现，集体与成员的矛盾悄然转化为每一个农户家庭内部矛盾，集体对成员的土地保障变异为集体分配基础上的家庭土地财产保障。此时，相对抽象的集体土地所有权主体也由此变得清晰，成员集体所有的土地悄然变为一种不能退出份额的以农户家庭为单位的按份共有。〔1〕

这种起点公平并长久不变的做法，无疑深刻改变着集体土地的不可分割性、集体成员的流动性、集体土地的平等保障性等集体土地所有权的基本特性，极易由于户内成员资格变动而导致农户家庭之间代内代际承包土地份额和收益分配的不公平，与成员权平等保障之间的抵牾难以根除〔2〕。而且，给农民更充分完整的权利，等同于对家庭分散经营进行某种程度的确认甚至强化，限制了集体通过土地调整、收回等手段推动土地流转集中的权力。在“两权分离”经营模式下，家庭分散经营的效率低下，且易受家庭经营能力和经营意愿的影响，经营绩效极不稳定。由于土地承包经营权的身份性限制，农地流转主要局限于集体内部，在实践中产生了大量的不受法律保护的制度外交易，“有资格的不种地，种地的没有资格”。这意味着农地经营方式和农地权利制度需要进一步创新，以解决农户人地分离情形下“谁来种地”的问题。

（三）“三权分置”下集体土地所有权功能的实现形式

如前所述，农户土地承包经营权的“自物权化”是长久不变政策的必然结果，想要变分散经营为规模经营，又要不损害农民的身份性保障性权利，必须尊重农民的主体地位，在农户

---

〔1〕 高富平：“农地‘三权分置’改革的法理解析及制度意义”，载《社会科学辑刊》2016年第5期。

〔2〕 即使在最早推行“增人不增地，减人不减地”的贵州湄潭，当地农民调整土地的愿望依然非常强烈。参见刘守英、邵夏珍：“贵州湄潭实行‘增人不增地，减人不减地’24年的效果与启示”，载《中国乡村发现》2012年第4期。

自愿流转土地的基础上，实现土地承包经营权的“二次分离”。“三权分置”正是集合农地流转的农民利益保障逻辑和农业经营效率逻辑的制度创新。在“三权分置”经营模式下，土地承包经营权长久不变地确定到每个集体成员，以农户家庭为单位实际享有，并通过新一轮的确权登记颁证得以稳定；农户可以在其土地承包经营权上设置用益物权性质的土地经营权，土地经营权成为充分赋权和自由流转的财产性权利，通过市场化配置达致土地有效利用和价值最大程度的发挥。从这个意义上说，“三权分置”是对“两权分离”经营模式下长久不变政策的坚持、完善和超越，目的在于稳定承包权，放活经营权，从而保障农地实际耕作者的权利，调动和保持耕作者的积极性。放活土地经营权以稳定农户土地承包经营权为前提，而稳定承包经营权背后的逻辑仍然是起点公平和长久不变。

从全国各地总体来看，在兼业农户成为农民的绝大多数〔1〕，非农收入超过农业生产经营收入的背景下，农村新增人口对于承包土地生存保障需求弱化，或者可以通过事实上的继承方式取得〔2〕，为承包经营权长久不变“固化”提供了现实基础，也为农户流转承包土地的经营权创造了必要条件。在此背景下，集体土地对集体成员的平等保障性，正在丧失其存在的社会基础。发挥市场对农地资源的配置作用，提升土地利用效率基础上的相对公平，已经取代依靠集体经济组织的分配和调整，土地平等保障基础上的绝对公平，成为农地制度创新的方向。法律调整的重心应是登记确权，稳定承包经营权，推动土地经营

〔1〕 参见贺雪峰：“农村社会结构已发生重要变化”，载《新重庆》2016 年第 2 期。

〔2〕 陈甦：“土地承包经营权继承机制及其阐释辩证”，载《清华法学》2016 年第 3 期。

权流转形成多元适度规模经营，实现效率基础上的公平，而不再是土地调整，不能再回到人人有份的集体土地制度。应当认为，集体土地难以再对成员提供绝对的平等保障，而只能是提供某个固定时间起点上的相对公平。“集体分配+农户劳作”的集体土地社会保障也应适时转换为“集体分配+农户处分”的土地财产保障。

在“三权分置”经营模式下，集体土地在某个固定时点公平分配给农户家庭，承包经营权的身份保障性得以实现；在此时点之后承包关系长久不变，农户得以自由行使其土地承包经营权而不受来自集体的限制，可以通过农地流转创设物权性质的土地经营权。农户和土地经营权人对承包地的使用必须遵守土地用途管制制度。由此，土地承包经营权的身份保障性和财产流转性以阶段性分隔的方式在特定时点进行功能分离。集体土地的公平分配、土地承包经营权的长久不变、土地经营权的自由流转实现了平衡协调。“三权分置”经营模式是在起点公平基础上实现效率的提升，而效率提升反过来又促进更高层次公平的实现，从而重新定义了集体土地所有权的实现方式，是对集体土地社会保障功能的传承而非颠覆，坚持而非悖离。“三权分置”对集体土地所有权实现方式的重塑，其实是将集体土地所有权的公平保障限定于某个长久不变的固定时点而非任意时点之上。这种“变通”无疑会对集体土地所有权的权能产生深远的影响。这种影响即在于，集体土地所有权享有终极意义上的处分权能，而且基于集体所有权公平保障的内在要求，为了弥合土地承包关系长久不变和公平保障之间的冲突关系，集体土地所有权可能还需要行使必要的收益权能，以平衡不同农户之间土地保障利益的代内和代际的不公平。

二、承包地“三权分置”下集体土地所有权的处分权能

（一）公私兼融性是集体土地所有权权能的逻辑基础

大多数学者认为，不能生搬硬套以私人所有权为基础的民法所有权权能理论，而需要从中国问题意识和语境出发展开研究。我国集体土地所有权从来就是“一头衔接着私有财产权，一头衔接着社会公有制”，[1]“糅合了公法层面的治理功能、社会保障功能和私法层面的财产权功能”。[2]韩松教授认为，应以公私兼顾为理念，从民法、社会法和土地管理法等多维度系统性地完善集体土地所有权权能，赋予其“经济功能实现权能、社会保障功能实现权能以及因公共利益使其权能受到限制的利益补救权能”[3]。上述观点从“功能-权能”的角度分析，认为集体土地所有权权能具有公法、私法和社会法多重维度。可以说，这种认识既有深刻的政治原因、社会背景和历史积淀，又是集体土地财产性和资源性相互关系在农地制度安排中的现实映照，具有合理性。

从我国农地制度变迁的角度来看，农村土地的集体所有先后分别经历了作为国家权力、国家政策和基本权利的土地集体所有三个阶段。[4]土地集体所有是20世纪50年代合作化运动的产物，出于汲取农业生产剩余优先发展重工业并保证极低生活

---

〔1〕 史际春：“论集体所有权的概念”，载《法律科学》1991年第6期。

〔2〕 汪洋：“集体土地所有权的三重功能属性——基于罗马氏族与我国农村集体土地的比较分析”，载《比较法研究》2014年第2期。

〔3〕 韩松：“农民集体土地所有权的权能”，载《法学研究》2014年第6期。

〔4〕 刘连泰：“‘土地属于集体所有’的规范属性”，载《中国法学》2016年第3期。

水平下共同生存的需要，成为“基于政治目标的产权安排”，[1]是国家权力全面深度控制农村社会经济的制度工具；在改革开放以后，服务于国家以经济建设为中心的发展战略，集体土地所有权承担保障农民基本生存、农村社会稳定和全体社会成员粮食自给的主要功能，同时为保障城市化建设提供储备充分的“廉价土地”。虽然随着《物权法》的颁行和一系列土地承包经营权“还权赋能”政策的持续推进，集体土地所有权负载诸多政策性功能不再像以往国家权力主导下那样“理所当然”，[2]但是，就目前我国农村社会经济发展现状来看，集体土地所有权尚难以完全祛除公权力色彩。

现阶段，集体土地所有权应在一定程度上承担农户保障功能。在土地家庭承包经营初期，承包户就是自耕农，集体土地为成员提供的保障具有替代社会保障的效应，集体利用发包、调整、收回、土地流转管理等法律工具为成员提供经常性保障；在新型城镇化的背景下，土地对农户的保障功能弱化，承包经营权的持有功能远远大于产出收益功能，大多数农户对土地的态度是，只要保障不丧失承包经营权就可以。在土地承包经营权长久不变的背景下，成员集体在固定时点公平分配土地实现起点公平，分配一经完成，集体对农户的土地保障功能就宣告实现。由此可见，集体土地所有权主要行使处分权，即通过发包权和收回权，设定或者收回农户的土地承包经营权，以实现

〔1〕 赵阳：《共有与私用：中国农地产权制度的经济学分析》，三联书店 2007 年版，第 67 页。

〔2〕 比如，十八届三中全会《中共中央关于全面深化改革若干重大问题的决定》提出：“健全农业支持保护体系，改革农业补贴制度，完善粮食主产区利益补偿机制。”《深化农村改革综合性实施方案》提出：“缩小土地征收范围，规范土地征收程序，完善对被征地农民合理、规范、多元保障机制，建立兼顾国家、集体、个人的土地增值收益分配机制，合理提高个人收益。”

需要集体土地保障农户的公平保障。

此外，集体土地所有权的公权属性还表现在农民集体对于集体土地使用权之用途管理权能。农村集体土地的财产权利，应当接受土地资源属性代表的公共利益所施加的合理使用限制，必须逐步通过制度化的权利限制与补偿机制实现国家与集体（其实就是国家与农民）利益的平衡协调。因此，对于集体土地所有权权能的理解，应以权利的公私兼融属性为基本视角。这体现了集体土地所有权制度变迁的基本脉络，也是解决我国农地制度若干重大理论和现实谜题的基本路径。明确集体土地所有权的公私兼顾性，正是解构和重构集体土地所有权需要厘清的基本理论命题，是理解其权能的基本逻辑前提。

（二）“三权分置”下集体土地所有权的处分权能

《物权法》第59条通过引入“成员权”明确集体所有权，以解决长期以来困扰集体所有权的“主体虚化”问题，从成员权的角度确认集体土地所有权的集体私权属性，这比“人人有份，人人无份”的“抽象集体所有”更加凸显集体成员的法律地位，更能保护农民权利。农民集体是作为农户成员综合体的集体和作为集体成员的农户的有机统一，农民集体所有权的目的就是要实现本集体成员的利益。[1]落实集体所有权的路径是落实农民的集体成员权利。

集体土地所有权主体的集体成员集合性，决定了集体土地所有权本身内蕴了集体成员民主决策、民主监督等管理权能，“集体土地所有权的行使本身也就是管理权能的行使”。[2]人民

---

〔1〕 韩松：“论农民集体土地所有权的集体成员受益权能”，载《当代法学》2014年第1期。

〔2〕 韩松：“论农民集体土地所有权的管理权能”，载《中国法学》2016年第2期。

公社运动的失败教训已经证明了土地使用权归农户个体行使的必要性。集体土地所有权不能自我实现，而只能通过集体成员民主决议土地承包方案，设定用益物权的方式实现。集体成员共同议定承包方案是集体内部行使民主决策权的主要方面，体现的是一种私法意义上的处分权能，是集体成员共同决定土地经营形式的法律形式。集体土地所有权就是通过设定用益物权的方式来实现的，“并不是抽象空洞的，是由具体化的个体使用权构成的”。[1]按照用益物权的基本理论，集体土地所有权的行使受到其上设置的土地承包经营权的限制，土地承包经营权的权能即构成集体土地所有权之权利负担。

在“三权分置”下，集体土地所有权公平保障具有固定时点（发包或者设定土地承包经营权之时）性，而非任意时点性，集体土地所有权的保障功能伴随固定时点的农地公平分配而实现。经由集体成员共同行使处分权，平均分配土地，农户取得长久不变且权能充实的，具有“自物权”性质的土地承包经营权，成为真正的农地权利主体和土地流转的分散决策主体。由于受到土地承包经营权的限制，成员集体主要行使处分权，即“设定承包权或者在承包权、经营权消灭时对农地进行全面支配”。[2]

这种处分权主要表现为发包权和收回权。发包权是《农村土地承包法》规定的成员集体按照集体成员民主决议形成的土地承包经营方案将土地发包给农户家庭的权利，是集体土地保障功能的体现；收回权既包括农民集体对到期的土地承包经营权的收回权，也包括针对抛荒、改变用途、损害地力等土地使

〔1〕张千帆：“农村土地集体所有的困惑与消解”，载《法学研究》2012年第4期。

〔2〕李国强：“论农地流转中‘三权分置’的法律关系”，载《法律科学》2015年第6期。

用人的侵权或者违约行为而行使的收回权。在土地承包经营权期限届满或者土地经营权期限届满之时，农民集体可依所有权的“弹性原则”收回集体土地，为新一轮的重新调整和再次发包奠定基础。处分权的行使具有终极意义，土地承包经营权或者土地经营权期满后，集体所有权得以恢复至权利的圆满状态。成员集体对于农地的控制力不会削弱，农民不会失去其农民身份，集体土地所有权仍然可以有效承载农民基本保障功能，而且可以避免承包地使用权不受控制地长期流转于本集体之外，有效防范和化解农地大规模长时间流转可能面临的经济和社会风险。而且，收回权的行使，还表现为对包括土地承包经营权人或者土地经营权人在内的土地使用权人不当使用农地的收回，即通过解除农地使用合同或者停止侵权行为等权利救济手段，形成对不当农地使用行为的有效威慑和扼制。农民集体处分权的行使通常表现为一种民事行为，〔1〕但其背后也体现了农民土地保障的社会法意义和农地用途监管的公法意义。

另外，需要厘清的一个问题是农民集体对农地的调整权。根据政策和法律规定，农民集体调整承包地的权利受到严格的限制，通常限于三种情况：一是，因自然灾害严重毁损等特殊情形依法调整承包地；二是，因集体土地被部分征收，基于对失地的本集体经济组织成员保障的需要，调整承包；三是，人地矛盾特别突出的情形。〔2〕《三权分置意见》仅明确在自然灾害严重情形下可以调整承包地。但是，即使仅仅将严重的自然灾害导致承包地毁损作为土地调整的原因也并不可取。因为，

〔1〕 参见《农村土地承包法》第60条第2款、《最高人民法院关于审理涉及农村土地承包纠纷案件适用法律问题的解释》第8条之规定。

〔2〕 胡康生：《〈中华人民共和国农村土地承包法〉释义》，法律出版社2002年版，第77~78页。

严重自然灾害可能只是导致农作物的歉收，而并不一定导致承包地的灭失，进而引起农民个体的承包经营权的消灭，只要承包地经营权存在，农地对农户的保障功能就可以继续发挥作用。即使是在自然灾害导致农民的承包地被严重毁损的情况下，政府应当为农民提供社会救济与保障，提供充分的社会救助以帮助农民将承包地恢复到适合耕种的状态，而不是通过减损其他成员的承包经营权的方式来达到保障遭遇损失的个别农民之生活的目的。[1]在农民集体的土地被部分征收的情况下，实践中有两种做法，其一是仅对承包地经营权被征收的部分农户进行补偿，除货币补偿之外，还要对其生活条件和社会保障进行补偿；其二是主要对农民集体进行补偿，农民集体对于补偿费在全体集体成员范围内进行分配，并调整土地给失地农户使其获得公平的土地保障。第一种情形强调了对集体土地上的用益物权，即土地承包经营权的补偿，部分农户获得征收补偿，而不应要求集体再为其调整和分配承包地，虽然有利于征收的顺利进行，但会对集体土地所有权的收益权能产生实质性的损害；在第二种情形下，可以兼顾失地农户和农民集体的利益，农户有权要求集体调整承包地。

（三）集体土地所有权处分权能的法制完善

1. 健全成员集体民主议事机制

《三权分置意见》提出：“通过建立健全集体经济组织民主议事机制，切实保障集体成员的知情权、决策权、监督权，确保农民集体有效行使集体土地所有权。”在“三权分置”政策下，集体土地所有权主要保留最终的处分权。土地是农民成员集体所有的，关于是否改变家庭分散经营方式实行适度规模经

〔1〕袁震：“论集体土地所有权与土地承包经营权之间的冲突与协调”，载《河北法学》2009年第10期。

营这一问题，应当尊重农民的意愿，坚持农民主体地位，让农民自主选择，地方政府不得强行推动“一刀切”“垒大户”，村委会或少数村干部也不得“反仆为主”，绕过集体民主决议程序与他人私相授受、谋取私利。问题的关键是健全集体成员民主议事机制，保障农民知情、决策和监督的权利。

我国现有立法设定了土地承包经营方案的2/3以上多数决定原则，[1]《物权法》确认了集体成员决策权、知情权和撤销权。但是，存在两个问题：第一个问题是，法律规定的承包经营方案的决策主体不明确，是村民还是集体经济组织成员？第二个问题是，集体成员民主决策权利实现机制不完善。长期以来，集体成员和成员集体之间除了承包地的名义集体所有之外，缺乏其他利益关联和民主互动生活习惯，在成员离农离地，长期不在村的情况下，难以召集开会或者形成表决，少数村庄强势群体借机控制集体决策，致使法律规定的农民成员集体决策和监督的规则落空。

首先，随着城乡二元结构的打破，以往自然村社中集体经济组织成员等同于村民的情况，由于土地承包经营权“长久不变”及集体成员资格的固化，已经发生了很大的变化。集体成员与村民在历史渊源、构成主体、权利内容、权利性质、法律调整等方面有明显的区别[2]。集体成员根据《物权法》享有

[1] 《农村土地承包法》第18条第3项规定：“承包方案应当……依法经本集体经济组织成员的村民会议三分之二以上成员或者三分之二以上村民代表的同意。”《土地管理法》第15条第2款规定：“农民集体所有的土地由本集体经济组织以外的单位或者个人承包经营的，必须经村民会议三分之二以上成员或者三分之二以上村民代表的同意，并报乡（镇）人民政府批准。”《村民委员会组织法》第24条规定：土地承包方案须经村民会议讨论决定，村民会议可以授权村民代表会议讨论决定。

[2] 参见王利明、周友军：“论我国农村土地权利制度的完善”，载《中国法学》2012年第1期；张志强、高丹桂：“农村集体经济组织及其成员权和农村社区组织及其成员权混同的法经济学分析”，载《农业经济问题》2008年第10期。

的成员权不同于村民享有的公法或者组织法层面上的公法权利。需要在解释论层面明确成员权的私权利属性，土地承包经营方案的决策主体只能是集体成员而不是村民。其次，创新集体成员民主决策形式和组织形式。对于集体经济发达的少部分村集体来说，应当推行集体资产股份化改造，实行集体经济组织集体资产保值增值功能和集体自治组织社会服务职能相分离，通过确认集体成员资格落实股权到每一个成员，做实集体经济，防止变异为集体代表所有，集体成员的民主决策通过成员股东大会的组织形式得以实现。对于集体经营性资产匮乏的大多数集体经济组织，可以采取以户为单位一户一票的决策方式，将村民会议安排在集中回乡时节或者采用网络形式，解决重大事项和临时事项。[1]另外，土地承包经营权按农户家庭这样一个主体固化，农户在土地流转中的主体地位得以明确，这客观上为以农户为主体的土地股份合作化的集体经济实现形式创造了条件。因此，可以借鉴农村集体经营性资产股份化改革的经验，适时审慎推行承包土地股份合作。当然，从我国经济社会发展和广大农村农民的实际出发，土地仍然起到基本保障的作用，现阶段农民和土地的直接联系还不能完全割断。在推行土地股份合作的过程中，应当考虑当地经济社会发展水平和农户离农离地的客观实际，以确地为前提，尊重农户的真实意愿和自主选择。

2. 解除集体对农户土地承包经营权的不当限制

（1）解除集体对农户行使土地承包经营权的限制。除因公共利益需要受到农地用途管制之公权限制外，农户行使土地承包经营权不应当受到集体的干预和限制。农户土地承包经营权

---

〔1〕 韩松：“论农民集体土地所有权的管理权能”，载《中国法学》2016年第2期。

是"自物权化"的财产权利，可以通过农地流转将土地经营权让渡给他人，实现农地的"物尽其用"，达致多元化的适度规模经营。应当清理和修改因身份保障性和财产物权性杂糅而引致的土地经营权流转受限的相应法律条款。就目前法律规定的流转方式来看，转包、出租属于土地承包经营权的债权性处分，入股〔1〕是土地承包经营权人保留承包权，流转土地经营权的制度设计。互换是同一集体经济组织的承包方之间交换承包地块，同时交换相应的土地承包经营权。这四种方式都不存在土地流转受集体限制的情形。在"三权分置"经营模式下，农户可能更倾向于持有身份性的承包经营权，这使得现行立法中关于土地承包经营权转让的限制性规定失去存在的必要性，故本文对此不再赘述〔2〕。改革政策文件已经提出赋予农民对"承包经营权抵押、担保权能"，"允许承包土地的经营权向金融机构抵押融资"。据此，农户可以将土地承包经营权抵押，如果农民不能如期偿还债务的，"失去的也不过是几年的经营收益，并不会威胁到他的承包权"。〔3〕只是在抵押权实现之时，经营权需要从土地承包经营权中分离或者独立出来，农户保留承包资格，经营权则通过抵押权实现后的新的经营权人权利登记实现物权化，

〔1〕 现行法认可土地承包经营权以入股的方式流转，入股仅是对土地承包经营权的处分，并不导致农户经营权的移转。显然，现行法规定在发展农民合作生产经营与规避联合经营体破产造成农户失地风险之间找到了平衡之道：采取了农户承包权和实际土地经营权分别处理的立法技术。这一制度设计与"三权分置"下承包权和经营权分离高度契合。因此，土地入股不存在集体干预和限制导致流转不能的问题，仅存在入股对象是否扩大至公司、合伙企业等问题。

〔2〕 学界对土地承包经营权流转限制性规定的不合理性及修法建议讨论成果较多。参见温世扬、兰晓为："土地承包经营权流转中的利益冲突与立法选择"，载《法学评论》2010 年第 1 期；高圣平："土地承包经营权权能论纲——以处分权能为中心"，载《社会科学》2012 年第 7 期。

〔3〕 陈锡文："农村土地制度改革不能突破三条底线"，载《国土资源导刊》2013 年第 12 期。

并在后续的流转中作为物权性质的权利来对待。[1]

（2）集体不得收回承包期内进城落户农户的承包地。按照现行法律规定，在承包期内，承包方全家迁入设区的市，转为非农业户口，集体可在承包方不交回承包地的情况下主动收回。此项制度依循的是集体土地的经常性保障逻辑。然而，在集体土地所有权保障方式变为固定时点保障，土地承包经营权的“自物权化”的前提下，土地承包经营权只能因承包期内农户有偿退出承包权而消灭，或者因承包期满且农户全家进城落户为终止条件，集体在承包期内收回承包经营权已经丧失了事实和法律基础。因此，需要在法律层面明确集体不得收回土地承包期内进城落户农户的承包地。在国家政策层面已经明确保护进城落户农民的成员权及收益[2]的背景下，在土地承包经营权期限法律条款作出与前述建议一致的修改的前提下，完全可以删除《农村土地承包法》第 26 条第 3 款、第 4 款及相关的法律规定。

3. 强化集体自治组织的农地使用监督权

农村土地上负载着粮食安全、生态保障等诸多公共利益，要求集体土地所有权承担社会义务。集体成员共同决议设定土地承包经营权时，应当受到土地利用规划确定的用途的限制。土地使用权人在行使土地经营权时，也应当遵守法律规定和承

---

〔1〕 许明月：“农村承包地经营权抵押融资改革的立法跟进”，载《比较法研究》2016 年第 5 期。

〔2〕《中共中央国务院关于落实发展新理念加快农业现代化实现全面小康目标的若干意见》（2016 年“中央 1 号文件”）提出：“要维护进城落户农民土地承包权、宅基地使用权、集体收益分配权”；2016 年 8 月 8 日，国务院《关于实施支持农业转移人口市民化若干财政政策的通知》进一步指出：“维护进城落户农民土地承包权、宅基地使用权、集体收益分配权。地方政府不得强行要求进城落户农民转让在农村的土地承包权、宅基地使用权、集体收益分配权，或将其作为进城落户条件。”

包合同约定的保护和合理使用土地的义务，不得给土地造成永久性损害。但是，在责任条款的设置方面，现行法律规定在处理改变土地用途、永久损害地力这些较弃耕撂荒更为严重的违法行为时，规定了与行为损害程度不成比例的责任形式〔1〕，存在“开放性的法律漏洞”。〔2〕而且，在集体发包方相对弱化，土地承包经营权权利不断强化且流转日益频繁的现实状况下，集体难以对流转获得土地经营权的土地使用人以违反承包合同为由追究法律责任。法律授权土地管理部门监管权和处罚权，但囿于执法力量薄弱分散，且存在信息不对称的情况，难以形成长效监督机制。相比之下，农民成员集体作为土地所有权人无疑更为关心地力、用途等土地实际状况，而且可以低成本地获得土地违法经营信息。因此，应当强化集体自治组织的土地使用监督权，类推适用《土地管理法》第 37 条第 3 款的规定，〔3〕赋予其单方终止土地经营权，收回承包地的权利。

基于上述分析，农村土地“三权分置”涉及改革政策对农地权利制度的体系性嵌入，除了厘清农户承包权和土地经营权关系外，学界似乎更应当关注集体土地所有权的变革与重构。“三权分置”将土地承包经营权的身份保障性和财产流转性以阶段性分隔的方式实现功能分离，将某个固定时点的公平分配和

〔1〕 参见《农村土地承包法》第 60 条之规定。

〔2〕 蔡立东：“论承包地收回的权利构造”，载《法商研究》2012 年第 3 期。

〔3〕《土地管理法》第 37 条第 3 款规定：“承包经营耕地的单位或者个人连续二年弃耕抛荒的，原发包单位应当终止承包合同，收回发包的耕地。”但是，根据 2005 年 7 月最高人民法院《关于审理涉及农村土地承包纠纷案件适用法律问题的解释》第 6 条的规定，承包方仍然有权重获因自己弃耕、撂荒而被集体发包方收回的承包地，该条司法解释规定超越法律解释权而实质性地修改、僭越了法律规定，应属无效。《物权法》第 131 条规定，集体一般不得收回土地承包经营权，“农村土地承包法等法律另有规定的，依照其规定”。“等法律”说明《物权法》并未排除依《土地管理法》规定事由而收回土地承包经营权的可能性。

在此时点之后的自由流转有机结合起来，对集体土地所有权进行了事实上的解构和重塑，是对集体土地所有权的落实而非违背。“三权分置”下，农户土地承包经营权“自物权”性彰显，集体土地所有权权能进一步限缩，主要体现为处分权能，即集体成员共同行使设定权和最终处分权。应当完善集体成员民主决策和监督机制；清理和修改因身份保障性和财产物权性杂糅合一而引致的土地承包经营权流转受限的相应法律条款；删除集体收回承包期内进城落户农户承包地的规定；强化村民集体自治组织的农地用途监管权。

本章小结

在“三权分置”的农地制度改革背景下，如何重新理解集体土地所有权的权利归属和权能，进而落实集体土地所有权，是非常重要的理论命题。针对学界长期以来对集体土地所有权的主体不明和权能不清的诟病和争议，应厘清承包地“三权分置”下集体土地所有权的权利归属、主体构造和实际权能。首先，从集体土地所有权的权利归属和主体构造来看，农村土地的权利归属应是集体所有，即特定集体经济组织内的成员组成的集体所有，所有权人是成员的集合体，并不存在主体不清的问题，国有化或者私有化改造论并不成立；集体土地所有权应维持“本集体成员集体所有”之法律构造，民事主体化构造的理论观点，或者将成员集体等同于集体经济组织而进行全面法人化塑造的观点均存在一定的问题而难以成立。其次，从“三权分置”下集体土地所有权的权能构造来看，成员集体主要行使处分权能。

“三权分置”将土地承包经营权的身份保障性和财产流转性以阶段性分隔的方式实现功能分离，将某个固定时点的公平分配和在此时点之后的自由流转有机结合起来，对集体土地所有权进行了事实上的解构和重塑，是对集体土地所有权的落实而非违背。“三权分置”下，农户土地承包经营权“自物权”性彰显，集体土地所有权权能进一步限缩，主要体现为处分权能，即集体成员共同行使设定权和最终处分权。应当完善集体成员民主决策和监督机制；清理和修改因身份保障性和财产物权性杂糅合一而引致的土地承包经营权流转受限的相应法律条款；删除集体收回承包期内进城落户农户承包地的规定；强化村民集体自治组织的农地用途监管权。

第四章

承包地“三权分置”下的农户承包权研究

“三权分置”政策提出了“农户承包权”的概念。但是，农户承包权在现行立法中并没有适当的定位，在立法修改之前仅是停留在政策话语层面。学界对于农户承包权的观点不一。为此，需要梳理政策话语关于农户承包权的表述和理论观点的争议焦点，厘清农户承包权和现行立法上的土地承包经营权以及集体成员权的法律关系，并在此基础上完成农户承包权的法律表达。本书认为，“三权分置”政策话语中的“农户承包权”所对应的是现行立法中的土地承包经营权。“三权分置”实际上是在坚持集体土地所有权的基础上，将农村土地的实质性权利，赋予农户主体并长久固化。为此，立法应当从物权登记、长久不变和权能充实三方面入手，对土地承包经营权进行全面的制度塑造。

第一节　承包地“三权分置”下农户承包权的性质界定

一、承包地“三权分置”下对农户承包权的不同理解

（一）政策话语中的农户承包权

随着承包地经营权的流转，农户离农离地成为普遍现象。

为了使农民放心流转承包地的经营权，同时使经营主体有长期稳定的农业经营预期，政策制定者提出将土地承包经营权分置为农户承包权和土地经营权。承包权是农民作为集体经济组织成员所享有的身份性权利，是农户土地保障利益的权利基础，只能由农户享有。而土地经营权作为农地的经营者占有、使用农地的权利，其权利主体不仅限于农户，更在于本集体组织之外的其他农业经营者，从而实现农地资源的市场化配置。在农地流转过程中，农户保留承包权，土地承包关系保持长久不变，农户流转的只是经营权，新型经营主体也只能取得经营权，“三权分置”的制度创新决策由此产生。然而，农户承包权在现行立法中并没有适当的定位，在立法修改之前，农户承包权仅是停留在政策话语层面的一个概念。对农户承包权概念的理解，首先应当回到“三权分置”的相关政策文件中去寻找答案。

十八届三中全会的《中共中央关于全面深化改革若干问题的重大决定》指出：“坚持农村土地集体所有权，依法维护农民土地承包经营权，发展壮大集体经济。稳定农村土地承包关系并保持长久不变，在坚持和完善最严格的耕地保护制度前提下，赋予农民对承包地占有、使用、收益、流转及承包经营权抵押、担保权能，允许农民以承包经营权入股发展农业产业化经营。鼓励承包经营权在公开市场上向专业大户、家庭农场、农民合作社、农业企业流转，发展多种形式规模经营。”该决定并没有明确提出农村土地“三权分置”，但是已经对集体所有权、承包权和承包经营权进行了区分。“《决定》对承包权与经营权进行了政策上的分离，对两束权利分别赋权，即承包农户对承包权享有占有、使用、收益和流转权，经营农户对所流入的土地的经营权拥有抵押权和担保权，这样，既有利于承包户将承包地放心地流转，也有利于经营户以经营权的收益权作抵押和担保，获得金融支持，从事现代农业。”[1]“中央仅把经营权从承包经营权中单独分离出来，允许抵押担保，承包权作为物权依然不许抵押。”按照这种分别赋权的观点，从《决定》关于农民对承包地的权利内容的表述来看，其包括占有、使用、收益、流转等权能，由此可见，农户所享有的仍是一种用益物权性质的权利。

此后，2013 年 12 月，中央农村工作会议首次正式提出承包权和经营权分置。会议指出“土地承包经营权主体同经营权主体发生分离，是我国农业生产关系变化的新趋势”；“顺应农民保留土地承包权、流转土地经营权的意愿，把农民土地承包经营权分为承包权和经营权，形成所有权、承包权、经营权三权分置并行的新型农地制度，这是我国农村改革的又一次重大制度创新”；“农村集体土地应该由作为集体经济组织成员的农民家庭承包，其他任何主体都不能取代农民家庭的土地承包地位，无论承包经营权如何流转，集体土地承包权都属于农民家庭”。2014 年“中央 1 号文件”提出“在落实农村土地集体所有权的基础上，稳定农户承包权、放活土地经营权，允许承包土地的经营权向金融机构抵押融资”，这是农户承包权这一概念首次在国家政策文件中出现。2014 年 11 月 20 日，中共中央办公厅、国务院办公厅印发的《规模经营意见》指出：“坚持农村土地集体所有权，稳定农户承包权，放活土地经营权”；“抓紧研究探索集体所有权、农户承包权、土地经营权在土地流转中的相互权利关系和具体实现形式。”但同时，该文件也提出“土地承包经营权属于农民家庭”。2015 年“中央 1 号文件”要求“完善相关法律法规，加强对农村集体资产所有权、农户土地承包经

[1] 刘守英：“中共十八届三中全会后的土地制度改革及其实施”，载《法商研究》2014 年第 2 期。

营权和农民财产权的保护”；同时又提出“界定农村土地集体所有权、农户承包权、土地经营权之间的权利关系”。可见，该政策文件同时使用了土地承包经营权和农户承包权的表述。《农村深改方案》指出：“稳定农户承包权，就是要依法公正地将集体土地的承包经营权落实到本集体组织的每个农户。”从这些政策文件来看，虽然承包权、农户承包权、土地承包经营权这些用词难免会发生混用的情况，但是，农户承包权一词逐步替代土地承包经营权一词，表明在“三权分置”下二者具有不同的政策内涵。经过对上述政策文件的语义分析，我们不难发现，农户承包权是从土地承包经营权中分置而出的、保障农户的身份性利益的承包权。

2016 年和 2017 年的“中央 1 号文件”继续保持了农户承包权的表述，强调要落实农村土地集体所有权、农户承包权、土地经营权“三权分置”办法。作为“三权分置”政策提出以来对其内涵阐释最为清晰、全面的政策性文件，《三权分置意见》指出：“严格保护农户承包权。农户享有土地承包权是农村基本经营制度的基础，要稳定现有土地承包关系并保持长久不变。土地承包权人对承包土地依法享有占有、使用和收益的权利。农村集体土地由作为本集体经济组织成员的农民家庭承包，不论经营权如何流转，集体土地承包权都属于农民家庭。任何组织和个人都不能取代农民家庭的土地承包地位，都不能非法剥夺和限制农户的土地承包权”；“在完善‘三权分置’办法过程中，要充分维护承包农户使用、流转、抵押、退出承包地等各项权能。承包农户有权占有、使用承包地，依法依规建设必要的农业生产、附属、配套设施，自主组织生产经营和处置产品并获得收益；有权通过转让、互换、出租（转包）、入股或其他方式流转承包地并获得收益，任何组织和个人不得强迫或限制其流转土地；有权依法依规就承包土地经营权设定抵押、自愿有偿退出承包地，具备条件的可以因保护承包地获得相关补贴。承包土地被征收的，承包农户有权依法获得相应补偿，符合条件的有权获得社会保障费用等。不得违法调整农户承包地，不得以退出土地承包权作为农民进城落户的条件”。

《三权分置意见》对稳定和保护农户承包权作出了更加充分的论述，而且与之前的政策性文件相比，似乎发生了政策话语的转向。一方面，其将农户承包权等同于法律规定之中的用益物权性质的土地承包经营权，更加明确和扩充了土地承包经营权的权能。根据《农村土地承包法》和《物权法》的规定，土地承包经营权人依法对其承包经营的耕地、林地、草地等享有占有、使用和收益的权利，有权从事种植业、林业、畜牧业等农业生产；此外，土地承包经营权可以通过互换、转让、出租、转包、股份合作等方式流转。与这些既有规定相比，《三权分置意见》提出在土地承包经营权上可以设置抵押，赋予承包土地经营权抵押权能。另一方面，《三权分置意见》提出农户可以依法有偿退出承包地的权利，由此可见，这一表述又将农户承包权等同于具有成员权性质的土地承包权。

目前，与“三权分置”中的农户承包权密切相关的《农村土地承包法》的修订正在紧锣密鼓地进行当中。2017 年 11 月，《农村土地承包法修正案（草案）》第 6 条规定：“以家庭承包方式取得的土地承包经营权在流转中分为土地承包权和土地经营权。土地承包权是指农村集体经济组织成员依法享有的承包土地的权利。土地经营权是指一定期限内占用承包地、自主组织生产耕作和处置产品，取得相应收益的权利。”从该条规定的表达形式来看，其属于对政策话语的直接运用，并不完全符合法律规则制定需要符合的基本原则。《三权分置意见》强调“在土地流转中，农户承包经营权派生出土地经营权”。据此，农户在将经营权分离出去即为他人设定经营权之后，自己仍然是家庭土地承包经营权人，其所拥有的还是承包经营权，而非承包权。那么，按照体系解释的原则，草案中的土地承包权应是家庭土地承包经营权的简称，但同时按照通常理解，也存在成员权性质的家庭承包资格的含义，将这种政策文本中的模糊概念直接引入法律条文不符合法律概念和法律规则的准确性特征。

“三权分置”政策从前期酝酿、初步提出到正式决策，是一个复杂的凝聚思想共识的过程。从政策文件的梳理来看，农户承包权作为一种政策话语，其含义并不是非常清晰，与土地承包经营权、成员权等概念存在同时并存和混用使用的情形。〔1〕总体而言，“三权分置”意在将土地承包经营权分置为农户承包权和土地经营权，当决策层最初提出三权分置时，他们把承包权设计成了一种不同于土地承包经营权的身份权或承包资格。然而，从《三权分置意见》对农户承包权的表述来看，农户承包权似乎又被定性为土地承包经营权，而且比现行立法规定的权能更加充实。《三权分置意见》提出：“农村土地集体所有权是土地承包权的前提，农户享有承包经营权是集体所有的具体实现形式，在土地流转中，农户承包经营权派生出土地经营权。”从农户承包权和土地经营权权利关系的表述来看，新型农业经营主体取得的土地经营权系由农户流转土地承包经营权派生而出的权利，如果农户承包权只是一种成员权或者承包资格，显然难以派生出土地经营权，由此可以反证《三权分置意见》中的农户承包权系指土地承包经营权。并且，结合土地承包关系长久不变，以及政策反复强调的农地流转的农户自主决定原则

〔1〕 管洪彦、孔祥智：“‘三权分置’中的承包权边界与立法表达”，载《改革》2017年第12期。

来看，本书认为，“三权分置”实际上是在坚持集体土地所有权的基础上，将农村土地的实质性权利，赋予农户主体并长久固化，并在权能充实和长久不变的土地承包经营权上设置土地经营权。

（二）学界对农户承包权的不同理解

“三权分置”中的农户承包权目前仍属于政策话语层面的表述，且与土地承包经营权、成员权意义上的承包权等概念存在混同使用的现象，而且在现行法律规范体系中，也没有直接对应的概念，因此农户承包权的权利性质和权利边界仍较为模糊。这也为学术界的不同解读和理论观点争议预留了充足的空间。综合既有文献对农户承包权的研究来看，对该概念的理解并不一致，典型的观点如下：

第一，认为农户承包权是集体经济组织成员的成员权。即“三权分置”政策话语之农户承包权的内涵在于以该权利的设置维护农户的保障性利益，使其不因农地的流转而丧失农地保障，而这一保障利益的权利来源在于农户作为农民集体一分子所享有的成员权。因此，在“三权分置”下，农户利益保障需要强化成员权的全面构造和法律完善。比如，陈小君教授认为，应当建立集体成员权制度，无论农地承包经营权辗转流动到哪里，都给予依托土地生存与发展的农民个体以妥帖的法律保障之良好预期。鉴于土地承包权的成员权属性，“三权分置”改革中“稳定土地承包权”的制度供给首先应确立完善的农民集体成员权制度。为承包人设定一个成员权的资格底线，可以与赋予承包人对承包经营权的物权转让和抵押权利相衔接，有利于以最低立法成本达到“三权分置”所欲实现的农地流转、土地融资且又不损害农民利益的政策目标。〔1〕高飞教授认为，“三权分

〔1〕 陈小君：“‘三权分置’与中国农地法制变革”，载《甘肃政法学院学报》2018年第1期。

置”的农地权利结构实为集体土地所有权、成员权、农地使用权三权并立。[1]丁文教授认为，从土地承包经营权中分离而出的农户承包权是一项独立的权利，其性质是兼具财产性和身份性的成员权。[2]刘云生教授也认为，农户承包权是指农户基于农村集体经济组织成员身份，以农户家庭为单位对农业经营土地享有的财产性权利。该项权利既有身份权属性，同时也具有财产权属性。[3]

第二，认为农户承包权是基于农户分享集体土地收益的收益权。比如，高富平教授提出“三权分置”是对农地权利体系的重构，而不能在传统的土地承包经营体制下寻求“三权”的定位。“三权分置”的核心是对集体土地产权的法律改造，即将农民集体所有变为具有特殊共同所有体制的持有所有权份额的农民集体所有权，农户原本持有的土地承包经营权变为所有权份额，由物权变为财产权，即基于所有权份额享有的收益权。[4]根据这种观点，在“三权分置”下，农户承包权的客体并非土地，而

---

〔1〕 高飞：“农村土地‘三权分置’的法理阐释与制度意蕴”，载《法学研究》2016年第3期。

〔2〕 丁文教授就此主题发表两篇文章，在第一篇文章中，丁教授认为土地承包权和土地承包经营权是两种性质不同的权利，土地承包经营权中包含土地承包权的观点，有违基本法理，“三权分置”中的农户承包权应是承包资格意义上的土地承包权。在最近的一篇文章中，丁教授又提出不能仅做纯粹的理论推导，而是应从中国实际出发，认为土地承包经营权中应当包含土地承包权，而农户承包权应理解为是财产权性质的成员权。可见，后文对前文中的观点表述在一定程度上作出了修正和完善。参见丁文：“论土地承包权和土地承包经营权的分离”，载《中国法学》2015年第3期；丁文：“论‘三权分置’中的土地承包权”，载《法商研究》2017年第3期。

〔3〕 刘云生：《农村土地股权制改革：现实表达与法律应对》，中国法制出版社2016年版，第138页。

〔4〕 高富平：“农地‘三权分置’改革的法理解析及制度意义”，载《社会科学辑刊》2016年第5期。

是对应于基于所有权份额的收益。农户承包权成为一种收益权，而且随着农户权利的性质的转变，集体所有权归于权利的完整状态，可以行使处分权，将土地在公开市场上交由土地经营者经营，这样就实现了农地规模经营基础上的收益增值和农户收益权的保障。这种做法有利于做实集体土地所有权，稳定农户承包权，放活土地经营权三重目标的实现，既使农户从土地的束缚当中解脱出来，又使土地能够进行市场化配置，充分实现利用价值，实现“人”和“地”的双重解放，也为集体经济融入市场经济体制创造了条件。朱道林教授等也持此观点，认为促进“三权分置”与“长久不变”政策应当协同推进，通过确定“集体经济组织”成员，界定土地“承包权”权利内涵，稳定土地“承包权”，该承包权的权利内涵实际上是分享集体土地收益的权利，农民集体通过收回土地实现做实集体土地所有权的目的，并且探索多种途径的农业经营模式，界定土地“经营权”的物权性质，放活土地“经营权”。[1]

第三，认为农户承包权就是现行法上规定的土地承包经营权。[2]比如，孙宪忠教授认为，“三权”指的就是在我国立法中已经非常明确的集体所有权、农民家庭或者个人享有的土地承包经营权这两项物权性质的权利，以及立法中尚未明确其性质的经营权，即将农户承包权等同于土地承包经营权。[3]高圣平教授也认为，“土地承包权”这一政策术语实际上就是我国实定法上的农户家庭的土地承包经营权。在三权分置之下，土地

〔1〕 朱道林等：“‘三权分置’与‘长久不变’的关联”，载《改革》2017年第10期。

〔2〕 朱继胜：“论‘三权分置’下的土地承包权”，载《河北法学》2016年第3期。

〔3〕 孙宪忠：“推进农地三权分置经营模式的立法研究”，载《中国社会科学》2016年第7期。

承包权带有明显的身份属性，只有本集体成员才能取得，但是，我国实定法上的土地承包经营权一语还涵盖了以其他承包方式取得的市场化土地利用权，故应当在“三权分置”的语境下对土地承包经营权的概念内涵和法律表达形式进行重构。

第四，认为农户承包权是土地承包经营权流转出土地经营权之后的剩余权利。比如，蔡立东等认为，从我国农地制度改革的路径来看，土地承包经营权是农地权利创新的源点，承包权与经营权分置是行使土地承包经营权的方式。分置应以不斩断农民集体成员与土地的法权关系为前提，分置的效果是在农户的土地承包经营权基础上创设具有物权效力的经营权。经营权是设定于土地承包经营权之上的权利用益物权，而承包权则为其行使受到经营权性质的土地承包经营权的代称。〔1〕高海认为，承包权和经营权“两权分离”虽然并非严格意义上的法律概念，但应当明确的是，“两权分离”仅适用于土地承包经营权的债权性流转，“两权分离”中的承包权只是土地承包经营权分置出经营权后剩余权利的简称，应具有用益物权属性。承包权的制度功能在于，在农民社会保障不足的当下，通过保留承包人基于承包权可持续获取的经济利益，从而实现承包地对承包人的保障功能。〔2〕

第五，认为鉴于实践中土地经营权的设权主体和权利性质的区别，农户承包权相应的具有成员权或者用益物权的不同属性。比如，有学者以“三权”是对于农民集体、承包农户和经营主体的权利相互制约为理论奠基，通过剖析符合“三权分置”

〔1〕 蔡立东、姜楠：“承包权与经营权分置的法构造”，载《法学研究》2015年第3期。

〔2〕 高海：“土地承包经营权‘两权分离’的论争与立法回应”，载《武汉大学学报（哲学社会科学版）》2016年第6期。

政策精神的地方改革实践案例，认为土地经营权的设立，可以由农户在其土地承包经营权之上设立，也可以由农民集体（农村集体经济组织）在其集体土地所有权之上设立。如果农户直接在其土地承包经营权上设立土地经营权，农户将以其土地承包经营权与第三方的土地经营权形成相互制约关系，此时，农户承包权就是物权性质的权利。如果农民集体直接在其土地所有权上为第三方设立土地经营权，农民集体以其集体土地所有权与第三方的土地经营权形成相互制约关系，此时，农户承包权即是身份权形式的集体成员权，以制约集体土地所有权。因此，农户承包权因土地经营权设权主体为农户抑或农民集体的不同，而相应地呈现为物权或者成员权两种不同的权利形态。[1]这种观点与实践中土地经营权在“确股确权不确地”和“确权确地”两种不同情形下，呈现出的物权和债权不同权利形态[2]互为证据、相互契合。这种观点其实是上述第一种观点和第三种观点之综合，具有一定的实践指导意义，但对于拓展理论研究的贡献并不是很大，而且从农地流转实践的视角出发得出研究结论，使得研究结论存在表面化之嫌。

另外，有学者对于农户承包权概念本身持否定态度，认为农户承包权并无独立设权加以保护之必要。持此观点的学者认为“三权分置”政策话语之“分置论”无法成立，土地承包经营权并不包含也不能分置为农户承包权和土地经营权。“土地承包经营权是一个完整的民事权利，无法分解为承包权和经营权；

〔1〕 陶钟太郎、杨环：“论‘三权分置’的制度实现：权属定位及路径依赖”，载《南京农业大学学报（社会科学版）》2017年第3期。

〔2〕 高海：“论农用地‘三权分置’中经营权的法律性质”，载《法学家》2016年第4期。

农户承包权内容也无法界定”[1]；“土地承包经营权是单一的独立的用益物权形态，不是承包权和经营权两者相加，因此，并不存在所谓保留承包权、流转经营权之分离现象”[2]。农户承包权也不是一项独立的权利，承包权是集体成员权在承包地分配上的具体体现[3]，土地承包经营权一经产生，土地承包权的目的既已达到而宣告消灭；而且，“承包权是指农户承包土地的资格，农户作为集体成员之一对集体土地享有的成员权，法律上当属集体土地所有权的内容，不是土地承包经营权的范畴”[4]。由此可见，这些学者认为承包权归属于成员权，而成员权是集体土地所有权主体项下的权利内容而非土地承包经营权的内容，论证从土地承包经营权中分离出承包权缺乏法理根据，并且基于成员权不会因为土地承包经营权流转而当然丧失，从土地承包经营权中分离出农户承包权以保障农户权利的观点，既不符合逻辑，也没有必要。

（三）理解农户承包权的关键议题

以上学术观点可以大略地划分为三类：第一，认为农户承包权属于成员权。其中又分为三种观点：一是，将农户承包权认定为承包土地资格性质的承包权，而承包权是成员权在分取承包地层面的体现，是一种分配承包地的请求权，而非物权性质的权利；二是，认为在“三权分置”下，农户承包权作为一种成员权，纳入集体土地所有权的实现形式的整体改造之中，

---

〔1〕 丁关良、阮韦波：“农村集体土地产权‘三权分离’论驳析”，载《山东农业大学学报（社会科学版）》2009 年第 4 期。

〔2〕 温世扬：“农地流转：困境与出路”，载《法商研究》2014 年第 2 期。

〔3〕 朱广新：“土地承包权和经营权分离的政策意蕴与法制完善”，载《法学》2015 年第 11 期。

〔4〕 高圣平：“农地金融化的法律困境及出路”，载《中国社会科学》2014 年第 8 期。

表现为农户凭借其集体经济组织成员资格而分取本成员集体的经营收益的收益权，是基于成员权而取得的财产权；三是，否认农户承包权这一法律概念，认为农户承包权并非独立的权利，也没有单独设权之必要。原因在于，既然农户承包权属于成员权，而成员权是集体土地所有权之主体权利范畴，因此只要强化成员权的全面构造和法律完善，即可达到“三权分置”政策话语通过设置农户承包权所欲达到的保护农户利益的目的。第二，认为农户承包权是土地承包经营权流转生成土地经营权之后的剩余权能的总称，仍应保留土地承包经营权之称谓，仍应保留用益物权的权利属性。如果以“三权分置”之“分置论”，即将土地承包经营权分置为农户承包权和土地经营权，并以农户承包权独立设权作为评判对象，认为农户承包权属于成员权的观点，虽然看似对“分置论”持肯定观点，但在实际构造路径上，均认为应当通过完善成员权以实现农户利益保障，实际上内蕴了否定农户承包权的观点；而认为农户承包权是土地承包经营权的观点，则表明农地权利制度改革应在“两权分离”的权利结构基础上进行，对“分置论”显然持否定态度。

由此可见，通过对上述政策演进和学界观点的梳理，我们可以大致作如下归结：认为农户承包权是土地承包经营权的学者一般对土地承包经营权的“分置论”持否定态度，因而从我国农地制度演进和权利生成逻辑的角度对“三权分置”政策进行解释，即土地经营权是除农民集体和本集体农户之外农地实际经营者的权利，而农户承包权则对应的是立法中既有的土地承包经营权，是土地经营权据以产生的权利基础；认为农户承包权是成员权抑或是承包权的学者则认为土地承包经营权流转后，农户持有承包权，而实际经营者取得土地经营权。前者坚持土地经营权的生成应当建立在既有的“两权分离”权利结构基础之上，后者以“三权分置”政策的提出是对农地权利进行的重新配置为依据，[1]侧重分析承包农户和经营主体分别享有的静态权利的界定。

综上所述，政策文本对农户承包权的表述模糊不清，学者对农户承包权的权利性质和权利内容也存在不同的观点和理解，对农户承包权、集体成员权和土地承包经营权相互之间的关系，以及如何对农户承包权进行立法表达，都还存在理论争议。其直接原因在于，政策话语与法律表达之间的冲突，即政策具有方向性、原则性、灵活性以及表达的模糊性等特征，而法律规则的表达需要符合法的明确性、确定性、内在逻辑一致性等形式理性特征；[2]而深层次的原因可能在于对我国现在与未来农地经营模式及其对应的农地权利结构的不同认识，在法律层面的关切点着眼于整个农地权利制度体系的构造。因此，需要在对我国的农业经营模式作出事实判断的基础上，重点研究以下问题：我国目前农地经营方式对应的农地权利构造应当为何？土地承包经营权是否兼具身份性和财产性？农户承包权的性质为何？是否构成一项独立的权利？

二、承包地“三权分置”下农户承包权的法律定位

“三权分置”中农户承包权的性质应是土地承包经营权，这符合农民利益保护的政策初衷和制度目标，符合我国农业经营模式的发展现状和未来走向，符合我国农地制度的创新路径和权利生成逻辑。

---

〔1〕丁文：“论‘三权分置’中的土地承包权”，载《法商研究》2017年第3期。

〔2〕［美］富勒：《法律的道德性》，郑戈译，商务印书馆2003年版，第75~77页。

（一）农地经营模式对农地权利制度体系构造的影响

从我国农地权利制度变迁的历史进程来看，受到国家政治制度、经济制度等多重制度环境的影响，同时也受到社会意识、历史传统、村社观念、行为习惯等非正式制度的影响，农地权利制度始终是在我国特殊国情农情的约束下。在上层决策者的价值目标取向与基层民众的制度需求的交往互动过程中，直接体现和反映为农业生产经营模式的法律表达形式。[1]而且，农地权利体系作为关乎三农问题的重中之重，其制度设计必须考虑中国当下仍有接近9亿农民的现实，必须在农民权利保障、农业现代化发展和农村稳定振兴的全方位视野下统合筹划。其中，农地作为重要的生产要素，农地资源的有效合理配置和农业生产能力的全面提升，是直接关系到国家粮食安全和国计民生、社会稳定的重要问题。因此，我国现阶段的农地经营模式及其未来发展的路径选择，对于农地权利制度体系的塑造具有决定性的意义，前者决定了我国农地权利构造的现实选择，后者则是农地权利制度的未来演变方向。在制度变迁过程中，制度的制度红利构成新制度的生成需要考虑变迁成本，而新制度的绩效应当在足以弥补旧制度的缺陷并且产生制度净收益的情况下，制度变迁才可能会发生。我国农地权利制度的变迁路径，可以通过考察既有农地经营模式及其发展变化的过程而得到启示。

自20世纪70年代末以来，以家庭承包为基础的中国农村基本经营制度，成了当前中国农村普遍的“人均一亩三分、户均不过十亩”的小规模经营，集体统一经营功能难以发挥。在农村税费改革之后，集体和农户的联系日趋淡化，农户日益原子化和分散化。在农业经营规模过小、农业劳动力严重过剩的情

---

〔1〕 王敬尧、魏来：“当代中国农地制度的存续与变迁”，载《中国社会科学》2016年第2期。

况下，农村年轻人大量外出务工，更进一步加剧了农户的分化和农村社会的离散化。农地流转现象日益普遍，农业经营主体逐步多元化。农地经营主体结构的变化，必然引致农地经营模式及其相对应的农地权利制度安排的演变。

对此，主流观点认为家庭承包经营的制度红利丧失殆尽，应当鼓励农地集中，发展适度规模经营和现代农业。党和国家的政策导向也体现了推动农地规模经营，有效配置农地资源，同时保障农户自主决定和身份利益的双重意图。然而，也有学者对“去小农化”〔1〕和“农业现代化激进主义”〔2〕的政策导向提出质疑，认为对中国农业现代化的发展道路无法遵循西方经典理论预设的发展模式，小农农作将成为中国多元农作系统中的重要组成部分。〔3〕理由在于：第一，小农经营效率低下的判断并不成立。农户家庭经营相对其他农业经营形式，可以有效地节约分工、监督以及核算成本。家庭经营的单位面积生产率较高，具有经济上的合理性，全世界农业的主流都是以家庭经营为基础的。我国小农经营具有精耕细作、资源集约、生态友好的传统优势〔4〕；小农经营可以和其他经营形式互相契合，相互补充。因此，以小农农业生产效率低下，作为推行规模经营的理由，在逻辑上并不当然成立。〔5〕第二，农地经营模式的选

〔1〕 冯小：“去下农户：国家主导发展下的农业转型”，中国农业大学 2015 年博士学位论文。

〔2〕 贺雪峰、印子：“‘小农经济’与农业现代化的路径选择——兼评农业现代化激进主义”，载《政治经济学评论》2015 年第 2 期。

〔3〕 潘璐：“‘小农’思潮回顾及其当代论辩”，载《中国农业大学学报（社会科学版）》2012 年第 6 期。

〔4〕 参见温铁军：“中国小农经济拥有西方无法替代的优越性”，载《中国乡村发现》2016 年第 2 期。

〔5〕 付会洋、叶敬忠：“论小农存在的价值”，载《中国农业大学学报（社会科学版）》2017 年第 2 期。

择，不仅是农业发展和农地资源配置的问题，而且更关系到农民权利的保障和农村社会的稳定，其核心就是土地问题。当前阶段中国处在“以代际分工为基础的半工半耕”结构基础上的农业经营与农民生计模式之下〔1〕，在当前中国仍然有6亿多农村人口、2亿多农业劳动力的国情下，中国农业现代化不可能只是规模经营基础上的农业现代化，必须是小农经营为主的现代化。中国农业将长期保持小农经营格局。农业现代化必须首先回应小农生产与生活的需要。〔2〕

对我国未来农业经营模式基本走向和发展道路的判断应成为农地流转政策导向和农地权利制度构造的前提和基础。由基本国情农情所决定，我国不可能仅有一种农业经营模式。在中国，以家庭承包经营为基础，复合型、多样化的农业经营组织形式以及多元化的农业经营主体正在出现。在未来相当长的时期内，我国农业经营主体的构成是传统农业经营主体（大量小规模兼业农户、传统小农户）与新兴农业经营主体（专业大户、家庭农场、农民合作社及农业企业）并存；中国农业经营方式的构成是传统农业、口粮农业（生存农业）与市场化、专业化和商品化程度较高的现代农业并存；农业与小农业并存。〔3〕农业内部产业的细分，食品体系的多元化，决定了农业内部的不同产业可以具有不同的经营组织形式。〔4〕但是，鉴于人多地少的具体国情，在今后长时期内，普通农户仍占大多数，家庭代

〔1〕贺雪峰：“关于‘中国式小农经济’的几点认识”，载《南京农业大学学报（社会科学版）》2013年第6期。

〔2〕贺雪峰：“为谁的农业现代化”，载《开放时代》2015年第5期。

〔3〕张晓山：“关于农村集体产权制度改革的几个理论与政策问题”，载《中国农村经济》2015年第2期。

〔4〕陶自祥：“农业经营主体分化：价值取向及其效益分析”，载《南京农业大学学报（社会科学版）》2016年第4期。

际分工、半工半耕的现象将持续普遍存在。[1]发展现代农业不能忽视经营自家承包耕地的普通农户仍占大多数的基本农情，工商企业长时间、大面积租赁和经营农户承包地的模式不应该成为中国农地经营模式的主流。在尊重农民意愿的前提下，可以因地制宜地发展多元化、混合型的各种农业经营模式。因此，家庭经营仍然是农业经营体系的基础。以家庭经营为基础，多种新型农业经营形式并存发展的农业经营模式，必然要求土地承包经营权作为农户基本权利，并通过多种形式流转生成土地经营权的权利结构。

（二）我国农地权利制度创新应以土地承包经营权为原点

从制度经济学的角度来看，农地制度改革应当坚持总体成本和收益的分配正义，遵循帕累托效率原则，即增进一项或多项价值不能以牺牲其他价值为代价。[2]制度变迁的过程同时也是社会结构性调整和群体间权利资源重新配置的过程。[3]为了避免制度变迁可能引发的结构紧张和权利冲突，作为制度变迁的重要内容，产权制度的调整应当考虑"人们如何受益及如何受损，因而谁必须向谁提供补偿"[4]的问题。

农地权利制度改革不能忽略甚至削弱农民因土地承包经营权取得的既得利益，这是一条政治伦理底线。[5]农村土地承包

---

〔1〕 贺雪峰：《小农立场》，中国政法大学出版社 2013 年版，第 50~56 页。

〔2〕 姚洋："作为一种分配正义原则的帕累托改进"，载《学术月刊》2014 年第 10 期。

〔3〕 李汉林、魏钦恭、张彦："社会变迁中的结构紧张"，载《中国社会科学》2010 年第 2 期。

〔4〕 参见［美］哈罗德·德姆塞茨："关于产权的理论"，载［美］罗纳德·科斯：《财产权利与制度变迁——产权学派与新制度学派译文集》，刘守英等译，格致出版社 2014 年版，第 71 页。

〔5〕 陈锡文："应准确把握农村土地制度改革新部署"，载《中国党政干部论坛》2014 年第 1 期。

经营制度取代“集体所有，集体经营”的人民公社制度，其目的在于解决粮食短缺与农民温饱，实现农业人口的生存保障。[1]此后，农户的土地承包经营权逐步强化，从承包经营责任制发展到土地承包经营权，作为我国《物权法》设定的法定物权类型，其权利构造的制度价值在于确立农户相对于农民集体支配农地的优先法律地位，防止农户权利受到来自于农民集体或其代表人的侵害。随着长久不变和权能扩张的改革政策的推进，土地承包经营权渐次发展为一种“自物权”性质的权利。由此可见，农民个体权利的强化是我国农地权利制度改革的总趋势。维护个体农民利益是农地权利制度改革的根本出发点，任何改革都只能强化而不能减损农民已经获得的权利。尤其是在我国社会保障制度仍未完全建立，农业剩余人口众多且难以市民化，仍需土地保障的情况下，农户流转土地的自由意志和自主决定地位应当受到法律的保护。因此，在农民已经成为农地的在位实际控制者的情况下，承包权与经营权分置的运作只能以尊重农民意愿为前提。如果抛开土地承包经营权另起炉灶，势必减损农民依凭土地承包经营权取得的利益，无法满足农民的制度需要，难以获得农民的支持。[2]“三权分置”的合理选择是以土地承包经营权为支点，确定承包权和经营权的关系。

农户和经营主体之间平等自愿的市场交易是增进帕累托效率的基本形式，在维系交易个例中承包农户和经营主体利益平衡的同时，也保障社会风险控制和总体收益提升，与此相对应的权利安排应为土地承包经营权和土地经营权。有学者以更多

---

〔1〕郑尚元：“土地上生存权之解读——农村土地承包经营权之权利性质分析”，载《清华法学》2012 年第 3 期。

〔2〕蔡立东、姜楠：“承包权与经营权分置的法构造”，载《法学研究》2015 年第 3 期。

保护实际经营主体的权利为由，主张淡化承包农户的权利，认为农户承包权应设计为一种农地承包资格。这种观点将农户的土地承包经营权一概“虚化”，未考虑到我国地域差异和村庄分化背景下农户家计状况和流转意愿的异质性，不能有效整合异质性农户对于经济效率和农地保障的差别化诉求，不符合帕累托最优原则。

此外，在农地制度改革实践中，有不少地方将承包地收回集体，并由集体统一经营或者对外以出租、入股方式经营的案例。比如，集体收回承包地后招租土地经营者的实践（原则上应是本集体农户）以上海松江家庭农场试验为典型；以贵州塘约为代表的“三权促三变”为主要特征的集体化改革试验；以土地承包经营权入股，开展土地股份合作的地方试验呈现多样性，以山东东平县土地股份合作和四川崇州市“农地共营制”的改革试验较为典型，前者土地股份合作社是实际的经营主体，而后者土地股份合作社主要作用在于整合分散农地，经营活动则在农业职业经理人的管理下通过农业社会化服务体系完成。有学者认为在此种情形下，农户不再具有土地承包经营权，而是凭借其成员资格享有分享集体利益的权利。对此种观点，需要仔细甄别。

第一，农民集体是否可以整体收回农户的土地承包经营权？依照用益物权基本理论，集体统一收回农户承包地应当以本集体内所有农户土地承包经营权的灭失为前提，否则，只可能是集体经由承包农户的分散或集中委托而流转其土地承包经营权，而不是对集体土地权利的处分。根据国家相关政策文件[1]，

---

〔1〕 参见中共中央办公厅、国务院办公厅印发的《关于引导农村土地经营权有序流转发展农业适度规模经营的意见》、农业部《农村土地经营权流转交易市场运行规范（试行）》（农经发［2016］9号）。

“土地承包经营权属于农民家庭，土地是否流转、价格如何确定、形式如何选择，应由承包农户自主决定，流转收益应归承包农户所有。没有农户的书面委托，农村基层组织无权以任何方式决定流转农户的承包地，更不能以少数服从多数的名义，将整村整组农户承包地集中对外招商经营。”对于农村集体经济组织未发包的土地经营权，才可以经农村集体经济组织成员的村民会议 2/3 以上成员或者 2/3 以上村民代表同意方可流转土地。考虑到《农村土地承包法》实施以后，大部分村庄不应再保留机动地的事实，实践中农地的规模化流转，应当是以集体内部的农户成员一致同意为原则，是成员集体的代表经过集体成员授权而流转农户的土地承包经营权，而非针对集体土地所有权之处分。

第二，在社区土地股份合作模式下，农户失去对土地的物权控制，农民和土地的直接联系被割断，可能蕴藏着难以控制的经济风险和社会风险。因此，土地股份合作必须以农民自愿为前提，农民的入股自由和退股自由都应得到同等的尊重。权利主体和客体明晰的土地承包经营权是农户自主决策的权利保障，是农户以其承包地经营权入股以及从土地股份合作中退出，重新获得承包地经营权的权利依据。按照政策要求，确股原则以确地确权为前提。“确权确股不确地”的适用范围应限于坚持集体统一经营的极少数农村或者业经大面积土地整理，技术上确实难以确地确权的农村区域，不经土地承包经营权确地确权而直接确股形成的“确权确股不确地”，应属“从严掌握”之列。因此，农户是农地流转的决策主体，集体对农户承包地权利的处分需以农户同意或者明确授权为前提。

因此，在推进“三权分置”过程中，农户应当是农地流转的“初级行动团体”，土地承包经营权是维护农民在农地流转中的主体地位和自主意愿的权利保障。土地承包经营权是土地经营权的权利来源，集体对农户承包地权利的处分需以农户同意或者明确授权为前提。农地适度规模经营应当在农户自愿流转农地的情况下因地制宜地稳妥推进。实践中，许多地方把本来由承包农户自发流转的民事行为，变为了政府主导的流转行为，这就侵害了农户的主体地位和自主意愿，违背了法律规定和政策要求。

（三）对不同理论观点的回应

1. 农户承包权不是从土地承包经营权中分置出的权利

“三权分置”政策主张将土地承包经营权分置为农户承包权和土地经营权，那么，土地承包经营权是否包含农户承包权并可以分置出该项权利？对此问题的回答，需以明确土地承包经营权的权利性质为前提。主流观点认为，土地承包经营权兼具身份性和财产性，保障性和物权性，这两种不同法律性质的冲突集中体现在《农村土地承包法》的立法规定之中，而《物权法》关于土地承包经营权的规定又承继了《农村土地承包法》的主要内容。然而，《物权法》明确了土地承包经营权的用益物权性质。土地承包经营权是一种以物的利用为中心的用益物权，承包只是说明土地承包经营权的权利来源（发包方和承包方签订的承包合同），而非表明权利的身份属性。如前所述，在土地承包经营权长久不变和权能充实的政策背景下，农户对承包地的身份利益伴随发包时集体对农地的公平分配而实现，在发包时点之后的长久不变期间内，土地承包经营权已经固化到每一个农户家庭，成为财产权利性质的土地使用权。土地承包经营权初始取得时的保障价值和流转时的效率价值应在农地发包时点实现阶段性分割，而不应同时混在一套制度体系之中。易言之，土地承包经营权在原始取得时，需具备集体成员身份，但该权利本身是一项纯粹的用益物权，并不具有身份属性。因此，“三权分置”政策话语提出的土地承包经营权包含农户承包权的说法是不能成立的。

2. 农户（土地）承包权不是一种独立的权利类型

从现行法律规定和基本法理来看，土地承包权是成员权的具体表现形式，而成员权是集体成员行使集体土地所有权的权利，属于集体土地所有权的主体权利范畴。因此，无论成员权抑或是承包资格性质的土地承包权，都不具有权利的独立性。有学者提出，在“三权分置”的背景下，土地承包权承载着农户保障功能，具有法律上的特定含义和权利的固有属性，应成为一项独立的权利，但实际上，该权利已隐含在集体土地所有权之中。农户承包权应当具有收取流转收益、征收补偿收益、有偿退出权等权利内涵，是保障承包经营农户身份利益的实实在在的用益物权。但是，承包权是一种期待权，具有过渡性，农户一经取得土地承包经营权，承包权因其行权目的的完成而即告消灭。如果将农户承包权设计为承包资格性质的土地承包权，那就意味着农户在农地流转期间享有的是一种要求集体发包或分配土地的请求权，而非实际拥有承包土地权利的物权，可能带来经营权架空承包权的权利配置风险，使农户承包权进一步虚化而非稳定，不但不符合政策意图，反而可能会引起农村基层社会的认知混乱。即便将农户承包权理解为成员权并要求独立保护，也缺乏必要的法理支撑，因为成员权属于集体土地所有权的主体权利范畴，并不会因土地承包经营权的流转而丧失，而且，成员权是集体成员的身份性权利，不能等同于具有用益物权性质的农户承包权，不能将二者混为一谈。家庭土地承包经营权人将经营权分离给第三人之后的剩余权，依然是物权，如果将其命名承包权，则会造成了物权和成员权的混淆。

当然，有人可能会提出这样的质疑或担忧，即上述论证只是限于概念澄清或者理论阐释，农户虽无丧失成员权或者承包资格之忧，但在承包关系长久不变的政策背景下，可能在土地承包经营权流转之后，面临长时间难以收回承包地的风险。“三权分置”政策之所以提出农户承包权，其用意也正在于此。既然我们认为农户承包权不能从土地承包经营权中分置而出，土地承包权单独设权在理论上难以成立，那么，就应当从“三权分置”政策的实质精神出发对农户承包权进行解读。从制度变迁路径和权利生成的逻辑来看，农地流转应当基于农户的自主决定和真实意愿，土地经营权是经由土地承包经营权的行使而产生的权利，由此构成农户行使土地承包经营权的限制，但并非导致土地承包经营权权能的丧失，土地承包经营权也不会因此而灭失。农户承包权应理解为土地承包经营权流转生成土地经营权后的剩余权能，仍应保留土地承包经营权的称谓，以剩余权能对应的经济利益承载承包地对农户的收入的保障功能。

综合上述分析，“三权分置”中的农户承包权不宜归入成员权，更不能理解为承包资格意义上的土地承包权，而是土地承包经营权。土地承包经营权在整个农地权利体系中具有重要的制度价值和功能定位，它是保障农户生存和发展的基本权利，是维护农户在农地流转中的主体地位和自主意愿的权利基础，也是生成土地经营权的权利来源。这种理解既坚持了“三权分置”政策的实质精神，也符合我国农地制度演进和权利生成的基本路径。

第二节 承包地“三权分置”下农户承包权的权能构造

“三权分置”应当是在集体所有，农户承包的“两权分离”权利结构基础上的农地权利制度的进一步创新。“三权分置”政策话语中的农户承包权，其实就是现行法上的土地承包经营权，只是在土地承包经营权流转生成土地经营权之后，农户将农地的占有、使用和部分收益权能交给土地经营权人，而保留基于集体成员资格而专属于农户的身份性权利。因此，为了厘清“三权分置”中农户承包权的权能，首先需要明确土地承包经营权的权利内涵。

一、土地承包经营权的权利演进与权能构造

（一）土地承包经营权的权利演进

土地承包经营权是统分结合的双层经营体制下的权利外化形式。农户对承包地的权利演进经历了作为集体经营形式的家庭联产承包责任制、统分结合的双层经营体制中的家庭承包经营层次、土地承包经营权的债权化表现形式、土地承包经营权的物权化塑造等阶段。在高度集中的人民公社体制下，集体土地的公有共营模式终究暴露出“外部成本难以内在化”的弊病，农民在集体生产中对其劳动退出权的行使，使得生存成为农村社会和农民群体面临的首要难题。激发农民投身农业生产的主观能动性，迫切要求在土地集体公有层面增加私用的成分。伴随人民公社体制的瓦解〔1〕，在历经“包产到户”“包干到户”改革之后，农村土地集体所有，家庭承包经营的双层经营体制逐渐建立。集体土地所有权渐次褪去国家权力加诸的政治负担，而是通过土地承包经营权这种“公有私用”的法权安排提升以家庭为单位的农业劳动生产率，从而承担起对集体成员的社会保障职能和对全体社会成员的粮食安全保障功能。“集体所有，

〔1〕根据有关学者的论述，人民公社体制在农民获准退出后仅仅几年就土崩瓦解，95 万个“大队集体”仅剩余有约 7000 个，99%的农民集体都选择了“分田单干”。参见秦晖：“切实保障人地二权是土地流转的核心问题”，载《探索与争鸣》2014 年第 2 期。

分户经营"的"两权分离"经营模式体现出举世瞩目的制度绩效。自此开始，以效率为价值引导的农地产权制度改革呈现出集体所有权权能逐渐收缩、农户的土地承包经营权权能不断扩张的态势。土地承包经营权渐次从生产经营自主权向用益物权甚至"准所有权"转变。

从集体土地所有权和土地承包经营权法权安排的演进来看，这一转变过程可以大致分解为几个阶段：2002 年，《农村土地承包法》颁布，标志着家庭承包经营责任制向农户家庭土地承包经营权的政策转向的法制化。《农村土地承包法》赋予农户对承包土地的占有、使用、收益权能，但考虑到土地承包经营权的成员权属性和对农户的基本保障功能，土地承包经营权流转主要局限在集体经济组织内部封闭进行，转让权能受到集体的诸多掣肘，抵押更是绝对禁止。2006 年，全面废除农业税，乡统筹和村提留一并取消，集体收益权能受到极大限缩。农户不仅享有土地承包经营收益，而且事实上也分解了集体所有权收益。在免去"皇粮国税"、处理国家与农民关系的同时，也割断了集体与农民的利益维系纽带，个体农户的原子化和离心力加强，对基层政权治理、农村社会整合、公共产品的提供带来几乎不可逆的制度性损害。2007 年，《物权法》第 59 条规定，农民集体所有的土地，属于本集体成员集体所有。这与之前法律文本中的"集体所有"〔1〕"劳动群众集体所有"〔2〕"农民集体所有"〔3〕等

〔1〕 参见《中华人民共和国宪法》第 10 条第 2 款之规定："农村和城市郊区的土地，除由法律规定属于国家所有的以外，属于集体所有；宅基地和自留地、自留山，也属于集体所有。"

〔2〕 参见《中华人民共和国民法通则》第 74 条第 1 款、第 2 款之规定。

〔3〕 参见《土地管理法》第 8 条第 2 款之规定："农村和城市郊区的土地，除由法律规定属于国家所有的以外，属于农民集体所有；宅基地和自留地、自留山，属于农民集体所有。"

都有重大区别，立法的初衷就是引入“成员权”概念以明晰集体土地所有权的主体[1]，突出集体成员权利。“坚持集体所有的表述，回避公有制规范形成的压力”；同时，“暗中导入成员权概念，为集体所有向基本权利的转化开辟道路”[2]。《物权法》将土地承包经营权规定为用益物权，进一步强化集体成员对承包土地的财产性权利。但在土地承包经营权的流转方式上，仍未能突破《农村土地承包法》的限制[3]。2008年，《中共中央关于推进农村改革发展若干重大问题的决定》指出保持土地承包关系长久不变，建立健全土地承包经营权流转市场，促进转让、股份合作等多种形式的土地流转[4]。从“长期不变”到“长久不变”，是农地制度变迁中的一个重大转折点，这意味着土地承包经营权由用益物权向“自物权化”迈进了一大步，为农村土地资源的财产化赋权和市场化配置奠定了基础。2013年，十八届三中全会《中共中央关于全面深化改革若干重大问题的决定》指出：“赋予农民对承包地占有、使用、收益、流转及承包经营权抵押、担保权能。允许农民以承包经营权入股发展农业产业化经营。”从2014年“中央1号文件”正式提出“在落实农村土地集体所有权的基础上，稳定农户承包权，放活

---

〔1〕 管洪彦：“农民集体成员权：中国特色的民事权利制度创新”，载《法学论坛》2016年第2期。

〔2〕 刘连泰：“‘土地属于集体所有’的规范属性”，载《中国法学》2016年第3期。

〔3〕《物权法》第128条规定：“土地承包经营权人依照农村土地承包法的规定，有权将土地承包经营权采取转包、互换、转让等方式流转。流转的期限不得超过承包期的剩余期限。”

〔4〕《中共中央关于推进农村改革发展若干重大问题的决定》指出：“赋予农民更加充分而有保障的土地承包经营权，现有土地承包关系要保持稳定并长久不变”；“加强土地承包经营权流转管理和服务，建立健全土地承包经营权流转市场，按照依法自愿有偿原则，允许农民以转包、出租、互换、转让、股份合作等形式流转土地承包经营权，发展多种形式的适度规模经营。”

土地经营权”以来，农村土地“三权分置”成为农地产权制度改革的基调和未来路向。“三权分置”政策话语将土地承包经营权解析为农户承包权和土地经营权，将土地承包经营权所包含的身份性和财产性、恒定性和流转性区分，在强调身份性，稳定农户承包权的同时，真正目的和落脚点在于放活土地经营权，赋予其强大的财产功能和市场操作空间。《三权分置意见》提出，“严格保护农户承包权”，“在完善‘三权分置’办法过程中，要充分维护承包农户占有、使用、收益、流转、抵押、退出承包地等各项权能。”农民的承包经营权权能进一步扩张，突破了禁止抵押担保的法律禁锢，获得更加完整的处分权。2017年10月18日，中国共产党第十九次全国代表大会开幕。习近平同志代表第十八届中央委员会向大会作报告时指出，保持土地承包关系稳定并长久不变，第二轮土地承包到期后再延长30年。这一论述无疑为农村土地承包政策的下一步改革确定了基调。

当农户承包土地经营权的权能日趋完整，且由于承包关系的长久不变而永续存在，土地承包经营权自由流转几乎不存在法律障碍（在坚持农地制度改革的4条底线的前提下）时，“等于国家通过土地租约授予私有产权……如果这租约是永久的，加上租约可以自由转让，是私产的最完善形式”。[1]农村土地的成员集体所有，已经悄然实现了以使用权为核心的私权化构造。农户承包土地经营权代集体土地所有权之位而取得了在农地产权体系中的基础物权地位。正如孙宪忠教授所提出的：“农民的土地承包经营权，正是他们作为土地所有权人的一部分所享有的一项‘自物权’，而且，农民家庭和个人在集体中的成员权事实上已经固化或者相对固化，所有土地承包经营权作为‘自物

〔1〕 张五常：《中国的经济制度》，中信出版社2009年版，第138页。

权’的特征会越来越强烈。”在“三权分置”经营模式下，集体土地在某个固定时点公平分配给农户家庭，承包经营权的身份保障性得以实现；在此时点之后承包关系长久不变，农户的土地承包经营权具有“自物权”特征，可以通过农地流转创设土地经营权。由此，土地承包经营权的身份保障性和财产流转性以阶段性分隔的方式在特定时点进行功能分离。集体土地的公平分配、土地承包经营权的长久不变、土地经营权的自由流转实现了平衡协调。集体土地所有权和土地承包经营权的法权关系更加清晰。集体土地所有权具有终极意义上的所有权功能，体现为最终的处分权，而集体土地所有权中的大部分私法意义上的权能则被土地承包经营权所承受。

有学者对现行政策给农民更大的权利持不同意见，认为会架空和损害集体所有权，导致农民集体行动的困境，出现“反公地悲剧”，而且进行登记确权并允许自由交易，会损害农民的土地保障权利。[1]这种观点其实将集体土地所有权等同于集体经济组织享有的权利，但集体所有权的主体是本集体成员组成的成员集体，成员集体是集体土地所有权的唯一法定主体。集体经济组织具有存在样态和组织形式的灵活性，是成员集体行使土地所有权的方式或者载体，而并非所有权人本身。而且，赋予农民更加完整和有保障的权利只是将原本属于农民的权利回归于农民，农民拥有是否流转及以何种方式流转的自主选择权，农户可以直接支配利用土地实现保障，也可以通过农地的资本化收益获得保障。“三权分置”下农户土地承包经营权的不断强化，其实是将抽象的集体所有具体化为农户对其承包地经营权的具体权利，避免来自基层政府或者集体代表的不当干预，

〔1〕贺雪峰：《谁是农民：三农政策重点与中国现代农业发展道路选择》，中信出版集团2016年版，第265页。

同时可以有效解决集体所有权主体虚化的问题，也进一步丰富了农户土地保障的实现形式。

（二）土地承包经营权的权能构造

《物权法》第125条规定：“土地承包经营权人依法对其承包经营的耕地、林地、草地等享有占有、使用和收益的权利，有权从事种植业、林业、畜牧业等农业生产。”依据《物权法》第128条、《农村土地承包法》第32条、《农村土地承包经营权流转管理办法》的规定，农户可已依法处分土地承包经营权，即可以依法转包、出租、互换、转让、股份合作或者其他方式流转土地承包经营权。根据《物权法》第132条的规定，土地承包经营权还具有因征收而获得补偿的权利内容。除现行法律规定之外，农村土地改革政策进一步对土地承包经营权的权能进行了扩充。2013年，十八届三中全会《中共中央关于全面深化改革若干重大问题的决定》指出：“赋予农民对承包地占有、使用、收益、流转及承包经营权抵押、担保权能。允许农民以承包经营权入股发展农业产业化经营。”《三权分置意见》提出，“严格保护农户承包权”，“在完善‘三权分置’办法过程中，要充分维护承包农户占有、使用、收益、流转、抵押、退出承包地等各项权能”。由此可见，土地承包经营权的权能日益完善，除农户对承包地的占有、使用和收益权能之外，处分权能也更加完善。

根据上述政策法律规定，土地承包经营权人对承包地享有占有、使用、收益、处分的权能，可以自行耕种，使土地承包经营权处于权能的完整状态。此时农地权利结构仍是“两权分离”的状态，农户通过自行耕作实现土地保障利益；也可以行使其处分权能，按照法定条件对其土地承包经营权进行转让或者互换等处分行为。土地承包经营权的转让导致农户丧失集体成员资格，退出土地承包关系，互换使农户不再享有相应承包地的土地承包经营权，而获得互换后承包地的土地承包经营权，这两种方式均属于土地承包经营权的整体性流转，不会引起承包权和经营权的分离。农户也可以在土地承包经营期限内，在其土地承包经营权上为他人设定具有较长稳定期限的土地经营权，也可以采取临时委托、代耕等方式交给亲友邻居耕作，或者可以将土地经营权托管给农民合作社、供销合作社等农业社会化服务主体。此时，农地的实际经营主体取得土地经营权，而农户保留土地承包经营权项下具有身份保障性的权利内容，比如流转对价（收益）取得权、征收补偿请求权、有偿退出权等权利。在承包权和经营权分离的场合下，农户主要以流转收益替代自行耕作收益作为土地保障利益。

根据现行政策，农户可以以承包土地经营权设定抵押，而且可以自愿有偿地退出土地承包经营权。我国目前立法明确禁止家庭承包的土地承包经营权作为抵押权的标的，[1]这主要是基于维护农户的土地保障利益的需要，同时也是维持农户作为农地生产经营者的主体地位的要求。但是，相比现行法律基于农民失地风险防控[2]的严格禁止，农地制度改革政策文件已经提出赋予农民“承包经营权抵押、担保权能”[3]，“允许承包土地的经营权向金融机构抵押融资”[4]。农户可以以承包土地的

---

〔1〕 相关法律规定在土地承包经营权的流转形式中并未将抵押纳入在内。《担保法》第37条规定，耕地、自留地、自留山等集体所有的土地使用权，不得抵押。最高人民法院《关于审理涉及农村土地承包纠纷案件适用法律问题的解释》第15条明确规定，庭承包的承包方以其土地承包经营权进行抵押的，当认定为无效。

〔2〕 梁慧星：《中国物权法草案建议稿：条文、说明、理解与参考立法例》，社会科学文献出版社2003年版，第532页。

〔3〕 参见十八届三中全会《中共中央关于全面深化改革若干重大问题的决定》。

〔4〕 参见《关于全面深化农村改革加快推进农业现代化的若干意见》（2014年“中央1号文件”）。

经营权进行抵押担保，只是需要在明确农户抵押的是承包土地的经营权，抵押权人仅能就土地的经营权享有抵押权利这一前提下，完善土地承包经营权抵押的相应的法律制度构造。土地承包经营权的有偿退出是农地制度改革的又一创新举措〔1〕，对于有效盘活和配置农地资源、促进农地集中和适度规模经营、推进城镇化战略具有重要意义。《三权分置意见》将有偿退出权规定为农户的一项重要的身份性权利内容。鉴于城乡人口结构的变革是一个较长的历史过程，现阶段农民进城务工、落户情况也十分复杂，按照中央关于推进农业转移人口市民化的要求，维护进城务工农民的土地承包经营权，不得以退出土地承包权作为农民进城落户的条件。是否保留土地承包经营权，由农民选择而不能代替农民选择。承包方全家迁入城镇落户，纳入城镇住房和社会保障体系，丧失农村集体经济组织成员身份的，支持引导其按照国家有关规定转让土地承包权益。

二、“三权分置”下农户承包权的权能

在“三权分置”下，农户流转土地承包经营权给土地经营者之后，土地经营权人取得集体土地的占有、使用和收益权，农户取得流转收益。除此以外，基于集体成员的身份资格，农户的权利主要还包括承包地位维持权、征收补偿获取权、有偿退出权等权利。其中，承包地位维持权是农户最重要的身份性权利，是分离对价请求权、征收补偿获取权、有偿退出权等权利的基础。

---

〔1〕 2015 年国务院办公厅印发的《关于加快转变农业发展方式的意见》指出：“在坚持农村土地集体所有和充分尊重农民意愿的基础上，农村改革试验区稳妥开展农户承包地有偿退出试点，引导有稳定非农就业收入、长期在城镇居住生活的农户自愿退出土地承包经营权。”

(一)承包地位维持权

承包地位维持权的权源是农户作为本集体经济组织的一分子所享有的成员权。承包权与经营权分离，流转的只是经营权，承包权的归属不变，承包人作为集体经济组织成员的资格不受任何影响，其与发包方之间的承包关系维持原状。2008 年党的十七届三中全会通过的《中共中央关于推进农村改革发展若干重大问题的决定》中明确提出：“赋予农民更加充分而有保障的土地承包经营权，现有土地承包关系要保持稳定并长久不变。”这表明承包关系更加稳定，承包权永久属于具有集体经济组织成员资格的农户。同时，承包农户将土地经营权让渡于他人且设定一定流转期限的，期限届满后，承包农户可以收回经营权，从而恢复土地承包经营权的完整状态。

(二)流转对价请求权

在“三权分置”下，农户作为农地流转的权利主体，可以通过多种形式流转承包地的经营权。新的经营权主体直接占有、使用集体土地，从事农业生产活动。承包人不实际掌控土地，而是取得相应的经济利益或经济补偿。这是承包权与经营权分离后，承包人享有的最为重要的财产性权利。[1]在不同的分离方式下，承包农户会获得不同形式的经济收益。比如，在出租、转包的情况下，农户获得租金收益；在承包人将承包土地的经营权抵押给金融机构时，会获得一定数额的贷款；将经营权入股出资时，获得相应的股份，享有股权，在实践中通常采取“保底租金+二次分红”的利益返还形式；将经营权委托于信托机构时，可以得到相应的收益基金等。依据“定价问题就是产

[1] 潘俊：“农村土地‘三权分置’：权利内容与风险防范”，载《中州学刊》2014 年第 11 期。

权问题"[1]这一基本理论，土地流转的收益可以理解为承包地流转所对应的权利的合理对价，是流转合同约定期限内土地经营权的市场价值，一般以农户自行耕作的种植结构和取得的年均产值为核算的标准。土地流转收益仅反映农地作为生产要素的财产价值，并不连带承包地的社会价值。承包地经营权的流转对价通常是双方当事人自主协商的结果，当然，政府可以合理测算并出台指导性的片区地价标准，以供当事人参考，节约交易成本。

（三）征收补偿获取权

我国《物权法》第42条将土地征收对象限定为集体所有的土地，第121条、第132条、第148条都肯定了承包经营权人的征收补偿权。承包经营权是独立于农村土地集体所有权之外的权利，构成对集体所有权的限制。农地集体所有权被征收时，承包经营权也同时转移。土地承包经营权是一种用益物权，具有交换价值，集体土地所有权被依法征收时，土地承包经营权亦归于消灭，因此，将土地承包经营权归入征收的客体具有合理性，[2]实践中许多地方性的规定也支持这一做法。[3]如果征

---

〔1〕 Alchian A. A., *Some Economics of Property Rights*. IL Politico, 30 (4): 816~829.

〔2〕 陈小君：《农村土地问题立法研究》，经济科学出版社2012年版，第71页。

〔3〕 比如，山西省2005年《征收征用农民集体所有土地征地补偿费分配使用办法》规定："80%分配给被征地农户，剩余20%平均分配给征地补偿方案确定时，集体经济组织依法享有土地承包经营权的成员。"吉林省也采取了相同的固定分配比例的做法，而河南省和甘肃省规定的土地补偿费在集体和农户之间的分配比例与此相同，只是规定了"以不得低于80%的比例分配给被征地农户"的浮动比例。湖南省2008年《关于加强农村集体经济组织征地补偿费分配使用监督管理的通知》规定了"必须将不少于75%的土地补偿费支付给被征地农民"的浮动比例。海南省2006年《征地补偿费分配使用管理暂行办法》规定了"应当按不少于70%的比例支付给被征地农民"的浮动比例，其余部分均留给农村集体经济组织。参见陈小君："农村集体土地征收的法理反思与制度重构"，载《中国法学》2012年第1期。

收客体仅限于集体所有权，土地承包经营权人往往丧失表达自己意愿的机会，土地被征收后，承包人将丧失承包权，其权利所承载的一切可得利益都将无法实现。对土地承包经营权与集体土地所有权采取分别征收的模式，有利于保护土地承包经营权人的程序和实体权利。承包人基于集体经济组织成员的身份性，可以行使知情权、协商权和申诉权，有权参与相关程序，表达合理诉求，维护自身权益，通过维护程序性权利保护其实体权益。在征收程序上，征收方应当征求承包人的意见，征收方仅与集体经济组织及其代表进行的谈判对承包人没有约束力，征收决定、征地补偿方案必须公告，土地补偿登记必须公开、透明。在实体性补偿权利方面，之前我国按被征用土地原用途产值的倍数计算得出的征地补偿额，是对农民在原有土地上从事农业收益的补偿，未体现土地的资产功能和社会保障功能。基于公平、等价补偿等理念，应当按土地的市场价格来计算征收补偿费用，提高补偿标准。

在“三权分置”下，农地实际经营者的土地经营权因征收也丧失了存在的权利基础，同集体土地所有权和土地承包经营权一样，也转化为对征收人的债权性的征收补偿请求权。由此，产生征收补偿款的分配问题，土地补偿费作为对集体土地所有权的征收补偿，应由集体经济组织和承包农户共同分享，土地实际经营者无权分享，这一点并不存在争议。关键问题是土地征收补偿费中的安置补助费、地上附着物和青苗补助费等费用的分配问题及在分配过程中的权利配置问题。

其中，安置补助费是对以农业生产为业的土地权利人失业后的生活及再就业等进行的补偿。土地征收致使承包地经营权流转合同终止，土地承包经营权人在农地流转剩余期限内不能再获得地租性收益，承包农户在流转期限终止后也不能再收回土地从事农业经营活动。土地经营权人由于征收而导致不再可能利用土地从事农业生产，其经营投入和经营成果应当得到公平合理的补偿。因此，二者均可能就此失去经营性收入，土地承包经营权人与经营权人都有获得安置补偿的权利。但二者的安置补偿方式因各自权利的身份性和财产性不同而有所区别。土地承包经营权人获得的安置补助费或者安置补偿的实现形式应根据现行法律政策执行，除获得货币补偿形式的安置补助费以外，应当拓宽包括社会保障、就业扶助或者留地安置等在内的多种安置补偿形式，但是，应将土地经营权人已支付的剩余流转年限租金返还。土地经营权人获得的安置补助费主要应当考虑其再行寻找适合自身经营产业特征或者特定经营品种的土地，以及重新在地上建立必要农业生产经营条件的成本支出，即从土地被征收到异地恢复生产经营这一周转期间内，由于不能从事相应的生产经营活动，而发生的安置补助费用。因此，法律制度的设计应当考虑周转期间的合理厘定，安置补助费的发放对象和发放标准的确定等因素，由征收人和土地经营权人通过平等协商确定，并采取一次性补偿的方式。特别需要注意的是，在土地经营权人已形成资产专用性的场合，或者农业经营项目对于土地耕作条件具有特殊要求的场合，应当适当提高安置补助补偿标准，以使土地经营权人能够安心农业生产和投入。这也说明，在征收范围的合理确定或者地上构筑物、建筑物调查过程中，应当尽可能避免对这些承包地实施征收，如果征收的，也应遵循对其造成损害最小化的原则。另外，由于农业内部产业分工的细化，农业产业融合和农业功能的多元化，安置补助费用评估和实体性测算的难度加大，因此，制度设计上需要着重强调保障土地经营权人的程序性权利，包括知情权、参与权、协商权、救济权等，通过程序性权利的保障以最大限度地保障安置补助的公平合理。

至于土地征收补偿费中的地上附着物和青苗补助费等费用的分配问题，《三权分置意见》中规定：“流转土地被征收的，地上附着物及青苗补偿费应按照流转合同约定确定其归属。”合同约定或者当事人协商的基础应在于地上附着物及农作物的所有权，因此，地上附着物及青苗补偿费，应归各自的所有权人所有。为了促使土地经营权人对农地行使特别改良权，应当在区分不同主体对农业设施投入的基础上，对土地经营权人投入形成的地上构筑物、附着物给予充分补充。

总之，农村集体土地的征收补偿，农民集体和承包农户分享土地补偿费，承包农户依其身份性权利取得安置补助费，这些问题在既有法律框架下基本能得到解决，应当通过提高征收补偿标准，拓宽安置补助形式予以完善。在“三权分置”下，需要重点解决的是土地经营权人的安置补助问题，对此，应从调整对土地经营权人的损失补偿范围入手，通过妥善保障土地经营权人的征收参与权予以解决。[1]至于地上附着物及青苗补偿费，应归各自的所有权人所有。

（四）有偿退出权

退出权意味着承包人与集体经济组织之间的承包关系解除，土地承包经营权归于消亡。土地承包权有偿退出是我国处于城镇化高速发展时期不可回避的问题。大量农村劳动力的流失造成了农村传统农业的衰落和耕地资源的闲置与浪费。为了提高农村土地资源的利用效率，国家出台政策鼓励农民以多元化的方式进行土地流转，但多年来，农地流转并没有解决农村耕地撂荒的现状。我国《农村土地承包法》第26条规定承包人可以

〔1〕冯义强、陈燕芽：“征地补偿款分配权的法律保障”，载《福建农林大学学报（哲学社会科学版）》2016年第1期。

自愿交回承包地并获得相应补偿。对于已经实现城镇化的农民转变为市民后，集体可以有偿收回土地，并在村庄内进行重新分配。但这一规定在实践中很少发挥作用。土地流转严重滞后于社会经济发展的现实说明，从长远来看，必须引入土地承包经营权的有偿退出制度，诱导具备进城落户条件的农民实现资产转换，走出农村、进入城市，实现农村土地资源的再分配。但是，需要注意的是，不得以农户退出承包权等权利作为取得城市户籍，享受城镇统一社会保障的条件，农业规模化经营和农村劳动力转移并不必然促使或要求农民退出承包地经营权，只能采取利益诱导的方式逐步推行。农民可以自由选择是否退出集体经济组织，如果退出，则可以获得相应的经济补偿。这既是对农户承包权物权性质的肯定，也与现行户籍制度改革相配合，能够促进农民市民化和农地有效利用。

第三节　承包地“三权分置”下土地承包经营权的系统塑造

承包地“三权分置”下土地承包经营权的系统塑造，就要及时反映改革政策的基本精神，修订完善相关法律，完成土地承包经营权的“自物权化”塑造，这是农地制度变迁的必然结果，是保护农户利益的制度要求，同时也是土地经营权法律保护的逻辑前提，为土地经营权的长期稳定创造条件。土地承包经营权的“自物权”化，应当从确立登记生效原则、明确长久不变和充实处分权能三方面加以塑造。

一、土地承包经营权登记制度的重构

（一）土地承包经营权登记的制度现状

依据《农村土地承包法》第22条，土地承包合同自成立之

日起生效，承包方自承包合同生效时取得土地承包经营权。“承包方无需办理其他审批、登记手续，土地承包经营权即告成立。”[1]该法第23条规定：“县级以上地方人民政府应当向承包方颁发土地承包经营权证或者林权证等证书，并登记造册，确认土地承包经营权。”此处规定的土地承包经营权登记行为在性质上属于家庭农户已经取得的土地承包经营权的行政确认行为，不发生物权设立的效力，也难以起到物权的权利公示作用。在权利的变动方面，《农村土地承包法》第37条规定：“土地承包经营权采取转包、出租、互换、转让或者其他方式流转，当事人双方应当签订书面合同。采取转让方式流转的，应当经发包方同意；采取转包、出租、互换或者其他方式流转的，应当报发包方备案。”《农村土地承包法》第38条和《物权法》第129条均规定：“土地承包经营权人将土地承包经营权互换、转让，当事人要求登记的，应当向县级以上地方人民政府申请土地承包经营权变更登记；未经登记，不得对抗善意第三人。”由此可见，现行立法对于土地承包经营权的物权性变动采用了登记对抗主义物权变动模式，对于土地承包经营权采取转包、出租、互换或者其他方式流转的，不会发生土地承包经营权物权变动的效果，则由承包方向发包方备案即可。

立法规定的主要理由在于，就土地承包经营权的成立而言，其主要是发生在村庄熟人关系社会网络环境下的行为，农户相互之间对于各自的承包地的范围、地块的区位十分了解，集体经济组织的代表本身也是集体成员，对整个集体成员就集体农用地进行分配的情况也非常熟悉，而且，承包地归属的信息在“生不增、死不减”、承包关系长久不变这些政策宣传和强化下，

[1] 何宝玉主编：《中华人民共和国农村土地承包法释义及实用指南》，中国民主法制出版社2012年版，第50页。

随着二轮承包对一轮承包的确认，以及2013年开始的新一轮农地登记确权对二轮承包事实的基本确认〔1〕而固定下来，信息在村民之间获取的成本非常低，无须通过登记确权的方式来确认承包地经营权的权利归属，因此，作为物权法的物权登记生效原则，在土地承包经营权的生成场合，并无多少适用的空间。就土地承包经营权的流转或者处分而言，在“两权分离”的权利结构下，土地承包经营权的流转对象大部分是亲友邻居或者附近的农民，相互比较熟悉，从公示的意义上看，登记的必要性不大。承包地的禀赋效应和耕地质量的事后监督成本会在农户选择农地流转对象时会被充分考量。〔2〕由于外出务工收益的不稳定性，农地仍然承担一定的保障功能，生存理性和风险规避促使农户选择具有共同的知识基础和信任机制的其他农户作为首要的流转对象，采用短期性的不完全合约、口头合约甚至空合约的方式，〔3〕以便随时行使农地流转合约的单方退出权。同时，退出权的即时行使也构成对农地实际使用者的一种无形威慑，防范经营者的道德风险和机会主义行为，促使其保持农地流转期间的地力不受损害，节约农户的事后监督成本。村庄熟人社会可以为农地转出户随时回到土地提供便利，而且既有的信息优势和声誉机制可以约束农地转入户的行为，降低流转成本和交易价格。因此，现行立法关于土地承包经营权登记对抗主义的制度安排，与“两权分离”模式下，对农地保障功能的突出强调和农地流转对象的局限性密切相关，这也与我国城

〔1〕 贺雪峰：《谁是农民：三农政策重点与中国现代农业发展道路选择》，中信出版集团2016年版，第253、259页。

〔2〕 胡新艳、洪炜杰：“农地租约中的价格决定——基于经典地租理论的拓展分析”，载《南方经济》2016年第10期。

〔3〕 罗必良：“合约短期化与空合约假说——基于农地租约的经验证据”，载《财经问题研究》2017年第1期。

镇和工业化发展初级阶段的整体制度环境相适应。

（二）土地承包经营权登记制度的革新

《农村土地承包法》和《物权法》均不要求土地承包经营权设立以登记为生效要件。但是，在土地承包关系“长久不变”以及土地承包经营权长期流转（尤其是允许工商资本下乡参与流转）的背景下，新型农业经营主体不断发展壮大，农地经营主体结构已经发生很大的变化，土地承包经营权无需登记亦可产生公示效果的熟人社会的社会根基已经改变。而且，诸多地方已经对土地经营权登记颁证、而经营权证又具有公示证明等功能的情形下，作为其母权的土地承包经营权尚未登记，或者会加大经营权证颁发前的核查成本，或者会加剧纠纷的复杂性。另外，通过土地承包经营权确权登记，使抽象的集体所有落实为农户对承包地的具体实际权利，不仅有利于保障农户的权利，还可以完善集体土地所有权的主体和权能构造，保障成员集体的决策及执行符合集体成员的意志。推进土地承包经营权确权颁证和承包关系“长久不变”，可以为促进土地承包经营权长期债权性流转，进而促进土地经营权的长期稳定奠定基础。

因此，在大力推进土地承包经营权确权颁证以及《不动产登记暂行条例》已经规范土地承包经营权登记的基础上，应当借编纂《民法典》之机，修改相关规定，要求土地承包经营权设立与变动采取登记生效主义。[1]应当通过确权登记确认农户的土地承包经营权，摒弃现行立法上采用的债权形式主义和登记对抗主义，采取登记生效主义，以维护不动产物权登记生效主义法律规定的一致性，适应承包关系长久不变和承包地经营权流转的需要。在具体做法上，应当将现行做法之土地承包合

〔1〕 高海：“土地承包经营权‘两权分离’的论争与立法回应”，载《武汉大学学报（哲学社会科学版）》2016年第6期。

同登记改变为土地承包经营权登记，即登记合同中的物权部分，包括权利主体、权利客体范围、用途、权利期限、权利内容及变化情况等；应严格按照不动产登记之物的编成主义规则，将目前以户为单位登记土地承包经营权的做法过渡到以承包地块为基本登记单位的做法。[1]

二、土地承包关系“长久不变”的制度实现

保持现有土地承包关系稳定并长久不变，是我国农地制度变迁的既定政策安排，也是农户土地承包经营权保护的需要。而且，在“三权分置”制度框架下，解决流转期限过短带来的短期行为以及处分权能不足等经营权难题，均需以长期稳定的承包权为基础。[2]“长久不变”是“三权分置”的逻辑起点，“三权分置”是对“长久不变”的重大理论发展，承包地“三权分置”与土地承包关系“长久不变”政策具有内在的正相关关系，应当协同推进。[3]

（一）土地承包关系长久不变的政策和法理阐释

1. 土地承包关系长久不变的政策梳理

我国的农村土地承包期限，在政策上经历了1984年“中央1号文件”所规定的“一般应在15年以上”、1993年“中央11号文件”所规定的“再延长30年不变”，再到十七届三中全会的“长久不变”。所谓“长久不变”，就是在“30年不变”的基础上继续延长，包括作为农村基本制度最重要组成部分的家庭

---

〔1〕高圣平：“农地三权分置视野下土地承包权的重构”，载《法学家》2017年第5期。

〔2〕杨璐璐：“‘三权分置’与‘长久不变’政策协同的保障机制：自稳定承包权观察”，载《改革》2017年第10期。

〔3〕黄祖辉：“‘三权分置’与‘长久不变’的政策协同逻辑与现实价值”，载《改革》2017年第10期。

承包经营制度长久不变，也应该包括广大农民在第二轮承包以后承包经营的耕地（包括面积和具体地块）的权利和义务长久不变，所承包的地块不应该再有所调整。[1]党的十八届三中全会重申了“稳定农村土地承包关系并保持长久不变”的政策主张；2015年“中央1号文件”进一步明确要求，抓紧修改农村土地承包方面的法律，明确现有土地承包关系保持稳定并长久不变的具体实现形式；2015年，中共中央办公厅、国务院办公厅发布《深化农村改革综合性实施方案》，并指出：“抓紧修改有关法律，落实中央关于稳定农村土地承包关系并保持长久不变的重大决策，适时就二轮承包期满后耕地的延包办法、新的承包期限等内容提出具体方案。”2016年“中央1号文件”更进一步要求“明确农村土地承包关系长久不变的具体规定”。2016年10月，中共中央办公厅、国务院办公厅印发的《关于完善农村土地所有权承包权经营权分置办法的意见》明确提出：“农户享有土地承包权是农村基本经营制度的基础，稳定现有土地承包关系并保持长久不变。”2017年10月18日，中国共产党第十九次全国代表大会开幕。习近平同志代表第十八届中央委员会向大会作报告时指出，实施乡村振兴战略，“保持土地承包关系稳定并长久不变，第二轮土地承包到期后再延长30年”。这一论述无疑为农村土地承包政策的下一步改革确定了基调。从上述农地改革政策演进的趋势来看，土地承包关系的长久不变已经成为我国的农地制度的既定选择。目前，《农村土地承包法》正在修订当中，《修订案草案》规定，国家依法保护农村土地承包关系稳定并长久不变；耕地承包期届满后再延长30年。

---

〔1〕孔祥智：“长久不变与土地流转”，载《吉林大学社会科学学报》2010年第1期。

2. 土地承包关系长久不变的理论解释

土地承包关系十七届三中全会提出保持承包关系“长久不变”，但至今没有明确的说法，学界对此存在不同的认识。[1]除少数学者认为承包关系“长久不变”应当缓行[2]以外，大多数学者对土地承包关系长久不变持肯定态度，但对长久不变的立法表达方式存在较大的争议。就既有研究成果而言，学者主要对“长久不变”的内涵界定、期限问题、实现形式、“长久不变”与农地调整的关系等问题展开讨论。目前，学界对“长久不变”的内涵界定基本上达成一定观点，认为土地承包关系“长久不变”包括，土地家庭经营形式长久不变、合同期限内农户与集体之间的承包关系长久不变、土地承包经营权的权能更加完整三个方面的内容[3]。方志权提出，“长久不变”的内涵既包括农村土地承包经营制度长久不变，又包括承包期更长，权利更加充分而有保障，义务更加明确，人地对应关系不再调整。[4]

学界之间争议较大的问题在于，“长久不变”的期限和“长久不变”与农地调整之间的关系，即土地承包经营权与成员权之间的平衡协调问题。首先，关于“长久不变”下的承包地块是否应当调整，主要有两种观点：一是不调整。除法定事由外，

---

〔1〕 刘灵辉：“土地承包关系‘长久不变’政策的模糊性与实现形式研究”，载《南京农业大学学报（社会科学版）》2015年第11期。

〔2〕 贺雪峰教授认为，改“30年不变”为“长久不变”，无法对资本下乡整合农地提供任何有效帮助，对失去土地承包经营权的农户不公平，不利于提高农业生产效率和保护耕者利益。参见贺雪峰：“‘长久不变’宜缓行”，载《决策》2014年第9期。

〔3〕 崔红志：“农村土地承包关系长久不变：内涵、挑战与建议”，载《农村经济》2016年第10期。

〔4〕 方志权等：“农村土地承包关系‘长久不变’的调查与思考——以上海市郊区为例”，载《中国农村经济》2015年第10期。

所承包的地块不应该再有所调整，承包到期不按人口重新发包，应当彻底取消土地调整制度。有的学者则主张，在土地承包经营权确权登记颁证后，土地不再调整。二是调整。应当允许在一定条件下“大稳定、小调整”。有的学者则认为，应当确立承包地动态调整制度。其次，关于“长久不变”下的承包期限，主要有两种观点：一是无期限或者“永佃化”，认为“长久不变”的承包期是无期限的，土地承包经营权应该是“永久”的。二是有期限，认为现阶段赋予农民永久土地承包经营权并不现实。但是，承包期限的具体制度设计存在不同观点，主要表现在承包期限的长度及起点两方面。在承包期限的长度方面：大部分学者主张，“长久不变”下承包期限应设定为70年；有的学者主张，可以坚持现有的30年；有的学者则认为，应当统一进行弹性化处理。在承包期限的起点方面：有的学者主张，以土地承包经营权确权登记颁证作为“长久不变”的起点；有的学者认为，应当以二轮农村土地承包实施的起始年份为起点；有的学者则主张，应从第二轮承包期限届满时再重新计算下一轮承包期。[1]

综合上述学者的研究及其争议焦点，主要在于承包关系“长久不变”的具体制度设计，即期限确定和起算时间方面。本书认为，这两方面主要是立法技术选择的问题，而在“长久不变”语境下，承包地是否调整的问题，则涉及土地承包经营权与集体土地所有权或者成员权的关系，反映了改革政策与现行法律制度规范之间的冲突，需要重点研究。

〔1〕对于土地承包关系“长久不变”理论观点争议的梳理和总结，参见肖鹏：“‘三权分置’下的农村土地承包关系长久不变研究”，载《华中农业大学学报（社会科学版）》2018年第1期。

（二）承包关系“长久不变”的制度设计

1. 承包关系“长久不变”的期限性及期限的确定

如前所述，集体所有权的权能在于终极意义上的处分权，而农地使用权的有期限性正是坚持集体所有权的制度设计。如果不设承包期限，土地承包经营权则无限逼近集体土地所有权，容易误读为推行土地私有。而且，承包期限的有期限性和明确化，可以更方便地确定土地流转费、土地征收补偿等方面的问题，有利于塑造权利更加清晰的土地承包经营权，有利于保持现有土地承包政策的稳定和延续。因此，“长久不变”并不意味着永佃化，[1]而是相对现行规定设置较长的期限。

期限问题的关键在于，它实际上涉及土地承包经营权的可继承性及其关于正常家庭人口自然周期的合理测算。在以家庭为承包单位，且“土地承包经营权与农村集体成员资格绑定”[2]的前提下，需要一段较长的时间考察整个农户家庭，而非家庭单个成员的集体成员资格变动情况，才能作出该农户是否因整体失去成员资格而丧失土地承包经营权的终局判断。比如，在实践中较为普遍的现象是，在二轮承包时取得土地承包经营权的集体成员，可能会出现两种分化：一是，本人继续留在农村，或者在城市打工，未取得城市户籍，仍然依靠土地保障，其子女可能继续重复父辈的人生轨迹，也可能“跳出农门”；二是，由于上大学、工作、经商、购房等原因落户到城市，不需要集体土地保障，其子女也几乎不会回到农村，不再依赖集体土地生存。从整个中国城乡社会经济的发展趋势来看，“道路通向城

---

〔1〕 高圣平、严之：“从‘长期稳定’到‘长久不变’：土地承包经营权性质的再认识”，载《云南大学学报（法学版）》2009年第4期。

〔2〕 胡康生：《中华人民共和国农村土地承包法释义》，法律出版社2002年版，第87页。

市”，依靠土地保障的农民数量会随着城镇化进程的加剧越来越少。70年可以涵摄两代人的生命周期，足以为农户家庭全体成员的集体成员资格变动与否提供较长的判断时间。70年之内，无论户内成员个体或者成员整体取得非农户籍的，均应维持承包期内承包合同关系的稳定性，农户承包权和土地承包经营权均应享受完整充分的法律保护。70年之后，会产生两种情况分别处理：如果户内成员均取得城市户籍，无需土地保障的，则可以退出土地承包经营权；如果户内尚有集体成员及其子女需要集体土地作为生存保障的，可以保留成员权资格，依继承取得土地承包经营权。因此，以70年作为法定承包期，是较为合理的做法。

笔者认为，“长久不变”应当表达为“70年法定承包期限届满+自动无偿续期+例外情形”，并以第二轮土地承包期限届满之时为起算时间。这样既能稳定和强化农民的权利保障和经营预期，也能使土地经营权人获得更加长期稳定的土地经营权，同时也为因集体行使收回权，农民自愿交回、退出或者转让土地承包权等导致土地承包权灭失的例外情形预留了立法空间。这样的制度设计，不仅能够实现集体土地所有权和土地承包经营权的制度协调，又可以结合农村经济社会体制改革的时代发展“相机行动”，保证集体经济组织法与土地承包经营权财产法衔接的有效性，缓和成员资格变动与土地承包经营权继承之间的紧张关系。为此，《农村土地承包法》第20条应作出相应的修改，明确耕地承包期届满后再延长70年，法律另有规定的除外。另外，按照土地承包关系长久不变和不得以退出土地承包权作为农民落户城市的条件的政策要求，应当删除《农村土地承包法》第26条第2款、第3款之规定。

2. 承包关系“长久不变”与相关制度的协调

除期限制度的设计以外，承包关系“长久不变”的制度实现，还应当注重与其他制度的关系协调问题。第一，承包关系“长久不变”导致土地承包经营权固化到每一个农户家庭，由此发生两个问题：一是与成员权的关系协调，反映为承包地是否调整的问题。本书认为，“长久不变”的具体制度设计，应当坚持承包期内和承包期届满不再调整承包地块，在规范构造上，应延续“继续承包”的法律表达形式。原因在于，我国法律政策一直坚持强调“增人不增地，减人不减地”的原则，明确规定在承包期内，农村集体经济组织不得调整承包地。即使农地调整，按照法律规定〔1〕也应在因自然灾害严重毁损承包地的情形下调整，且该条款规定是否合理仍有一定的疑问。〔2〕而且，承包地的调整应当经过严格的法律程序。由此可见，承包地的调整在原则上是被禁止的。由此必然产生的一个问题是，农村土地的集体所有和农户根深蒂固的成员权意识，决定了成员之间持有集体土地保障利益应当是平等的，而在“长久不变”的语境下，由于家庭成员资格的变动，不同家庭农户成员之间占有农地资源的不公平。这一问题的解决并不必然通过承包地的调整而实现，而是需要赋予集体必要的收益权能，由超出平均土地保障利益的农户适当缴纳土地承包费来解决，或者通过“动账不动地”的方式实现动态的调整和平衡。二是关于土地承包经营权的继承问题。在“长久不变”的制度设计下，必然涉

〔1〕 参见《农村土地承包法》第27条第2款之规定；《三权分置意见》也将成员集体调整农地的事由限于因自然灾害严重毁损承包地这一特殊情形。

〔2〕 袁震：“论集体土地所有权与土地承包经营权之间的冲突与协调”，载《河北法学》2009年第10期。

及承包土地经营权的继承问题。[1]对此，笔者将留待下文讨论，在此不赘。

第二，承包关系“长久不变”在赋予农户充分完整的土地承包经营权的同时，还应当对其承担的义务作出规定，尤其应当明确土地承包经营权消灭的法定情形。一是，必须规定承包经营权人不得撂荒，任意弃耕，或者进行任何损害地力的行为，否则集体有权收回土地承包经营权，使其归于消灭；二是，在明确不得以退出土地承包经营权作为农民落户城市的条件的前提下，科学设计土地承包经营权的自愿有偿退出制度。《深化农村改革综合性实施方案》提出：“在有条件的地方开展农民土地承包经营权有偿退出试点。”在试点工作结束之后，应当总结试点经验，尽快上升为立法或者全国性的政策性指导意见。

三、土地承包经营权流转制度的完善

土地承包经营权的“自物权”化塑造，还应当对现行立法中限制土地承包经营权流转的条款进行及时的清理和修正，以充实土地承包经营权的处分权能，创新农地流转方式。立法应当适当扩大承包地经营权入股的范围，并赋予土地承包经营权以抵押权能。此外，土地承包经营权的长久不变，必然要求立法承认其可继承性。

（一）现行法律规定的土地承包经营权流转形式

1984年，“中央1号文件”首次明确“鼓励土地逐步向种田能手集中。社员在承包期内，因无力耕种或转营他业而要求不包或少包土地的，可以将土地交给集体统一安排，也可以经集体同意，由社员自找对象协商转包”。1993年，中共中央、国

〔1〕 李圣军：“农村土地承包关系长久不变的实现形式”，载《江汉学术》2017年第1期。

务院《关于当前农业和农村经济发展的若干政策措施》（"中央11号文件"）提出："经发包方同意后，在坚持集体所有和用途不变的条件下可以在承包期内转让土地使用权"。1995年国务院批转农业部《关于稳定和完善土地承包关系的意见》，提出"建立土地承包经营权流转机制"，"流转"一词第一次出现在中央文件之中。2002年实施的《中华人民共和国农村土地承包法》第32条、第42条明确规定"通过家庭承包取得的土地承包经营权可以依法采取转包、出租、互换、转让或者其他方式流转"；"承包方之间为发展农业经济，可以自愿联合将土地承包经营权入股，从事农业合作生产"。2003年出台的《农村土地承包法实施条例》和2005年出台的《农村土地承包经营权流转管理办法》都有类似的相关规定。尤其是2007年实施的《物权法》第117条，把农村土地承包经营权界定为用益物权。用益物权是物权的一种，是指非所有人"对他人所有的不动产或者动产，依法享有占有、使用和收益的权利"；第128条"土地承包经营权人依照农村土地承包法的规定，有权将土地承包经营权采取转包、互换、转让等方式流转"。按照上述政策变迁路径，党的十七届三中全会提出建立健全土地承包经营权流转市场，至此，我国农村土地承包经营权流转的制度体系基本形成。就具体的流转形式而言：

转包，指承包方根据双方约定将部分或全部承包地于一定期限内交由同一集体经济组织的其他农户经营。转包的基本特点如下：转包后原土地承包关系不变，承包方对转包出去的土地仍然享有土地承包经营权，继续向发包方履行原土地承包合同规定的权利和义务。转包的标的不是土地承包经营权而是承包地。转包实质上是将承包地的生产经营权（占有权、使用权）处分给第三人，转包关系发生后，土地承包经营权人仅享有对承包地的间接占有权及对土地承包经营权的最终处分权（转让权）。土地承包经营权人通过转包只能将土地经营权处分给同一集体经济组织的其他农户，不得超出同一集体经济组织的范围处分土地经营权。受让方将承包方以转包方式流转的土地再流转的，应当取得原承包方的同意。

出租，是指承包方根据双方约定将部分或全部承包地于一定期限内租赁给他人从事农业生产经营的行为。除了承租方不限于同一集体经济组织的其他农户外，其他方面与转包完全一样。我国《农村土地承包法》第 39 条第 1 款事实上对转包与出租采取了一起或并行规定的做法。《农村土地承包经营权流转管理办法》第 35 条则对转包与出租作出了不同规定。其区别的原因其实在于，20 世纪 70 年代末改革伊始采取了家庭联产承包经营责任制的经营形式，这仍然是集体经营的一种表现形式，农户如不再从事农业经营的，仍需履行其对于集体的权利义务，此时，采取转包给集体经济组织内的其他农户的做法，可以满足家庭联产承包责任制的要求，而出租则不能体现这种经营形式对家庭农户的内在要求，这也是转包首先作为政策许可的流转形式的原因。[1]有学者指出，土地承包经营权的转包与出租具有质的统一性，现行法把转包与出租作为相互独立的两种法律形式，人为地割裂了一项法律制度。[2]由于土地承包经营权的“责任”色彩严重淡化，这种看法在现在看来没有问题，但可能忽略了当时政策和法律制定背后的整体制度环境。《三权分置意见》在政策表述上把出租和转包合并，视二者为同一法律性质。

---

〔1〕 1984 年，“中央 1 号文件”首次明确“社员在承包期内，因无力耕种或转营他业而要求不包或少包土地的……可以经集体同意，由社员自找对象协商转包”。作为农地流转的最初形式，转包首次出现在中央文件当中。

〔2〕 崔建远：《物权：规范与学说——以中国物权法的解释论为中心》（下册），清华大学出版社 2011 年版，第 523 页。

互换，是指承包方之间为方便耕种或者各自需要，将属于同一集体经济组织土地的土地承包经营权进行交换的行为。互换是土地承包经营权在同一集体经济组织之内互相交换的一种易货交易，本质上是将土地承包经营权终局性地转让于他人之时又于他人之处受让土地承包经营权的两种处分行为的叠加。其涉及的是土地承包经营权归属的移转问题。由于是在同一集体经济组织内部进行土地承包经营权的互换，所以，权利互换双方对土地的实际经营权事实上完全可以看作并没有发生改变。

转让，是指承包方将部分或全部土地承包经营权让渡给其他从事农业生产经营的农户，由其享有土地承包合同约定的相应权利和履行相应义务的行为。转让的特征及条件如下：承包方将土地承包经营权移转于他人，权利主体发生变更，转让后，土地承包关系自行终止，承包方在承包期内的土地承包经营权部分或全部灭失；转让方须有稳定的非农职业或者有稳定的收入来源；转让须由承包方提出申请，并经发包方同意。承包方未经发包方同意，采取转让方式流转其土地承包经营权的，转让合同无效，但发包方无法定理由不同意或者拖延表态的除外。受让方不限于同一集体经济组织的其他农户。在同等条件下，集体经济组织成员享有优先权。受让方应当具有农业经营能力。

入股，或者股份合作，是指土地承包方之间为发展农业经济，以土地经营权作为股权，自愿联合从事农业合作生产经营的行为。作为土地承包经营权流转的一种形式，入股具有如下特点：入股的对象或标的是对土地的实际经营权，而不是土地承包经营权。在入股后，承包方与发包方的承包关系不变，双方享有的权利和承担的义务不变。在股份合作解散时，应当将入股的土地退回原承包农户。入股并不导致土地承包经营权的移转，而是把土地经营权处分出去。土地经营权入股后，土地承包经营权人仍然可能在由自己的承包地与其他人的承包地组成的合作地之上从事农业生产经营。需要特别加以说明的是，现行立法规定之以家庭承包方式取得的土地经营权“入股”，仅是农户联合从事农业生产的一种合作方式与内部安排，入股之股份只是参与农户之间内部计算份额的方式，未经过工商等行政机关的注册登记，没有外部法律效力，只能作为内部出资之证明，因此，入股应理解为是一种互助合作方式。[1]《物权法》针对家庭承包方式的土地承包经营权流转，并未列举“入股”之方式。其后，浙江和重庆等地方的规范性法律文件明确规定了家庭承包方式的土地承包经营权入股合作社这一流转形式。此时，土地承包经营权“入股”才有了新的含义，是一种真正意义上的土地承包经营权流转，是对早前立法的突破。

（二）现行立法规定之不足

从上述现行立法设定的土地承包经营权流转方式来看，其中既包括土地承包经营权的整体性流转，比如转让和互换。在这两种流转形式下，农户对土地承包经营权作出了处分；又包括土地承包经营权人将承包地的经营权，即占有、使用权能交由他人行使，比如转包、出租和入股。在这三种流转形式下，农户只是对其承包地的经营权进行处分。从农地流转的效果，即是否导致土地承包权和土地经营权分离的角度来看，互换和转让不会导致承包权和经营权分离的法律效果，而转包、出租和入股则可以产生承包权和经营权的分离。

根据现行立法规定，土地承包经营权的转让需要满足三项要求，即出让方须有稳定的非农职业或者有稳定的收入来源，经发包方同意，受让方须为有农业经营能力的农户。第一，对

〔1〕 温世扬：“农地流转：困境与出路”，载《法商研究》2014年第2期。

转让方的条件限制，意在维护土地承包经营权对于农户家庭的生存保障功能，这与《物权法》将土地承包经营权规定为用益物权的性质相互矛盾。而且，生存保障不应成为土地承包经营权流转的任务，社会保障也不能单纯依赖土地承包经营权。社会保障系统的建立和完善说到底是属于国家的责任，而不是公民个人的责任，不能通过剥夺和限制农民的权利而实现所谓的“保障”。〔1〕第二，经发包方同意之条件，实际上是赋予农民集体对出让方和受让方资格条件之审查权，以保护农民土地保障权益和维护农地用途管制，但可能会削弱土地承包经营权之物权支配性与绝对性，对农地流转人为地设定障碍。对此，有诸多学者认为土地承包经营权转让需经发包方同意仍属于以债权转让之规则，以其适用于土地承包经营权这一用益物权转让，并不具有合理性，〔2〕或者认为，发包人通知备案即可；〔3〕也有学者认为这种解读路径存在问题，应将发包方同意置于国家治理的视角之下进行研究。随着国家治理方式的变化，发包方同意这一限制也应随之改变。〔4〕在土地承包经营权被塑造为用益物权且日益趋向“自物权”化的制度变迁背景下，《三权分置意见》仍然提出，“承包农户转让土地承包权的，应在本集体经济组织内进行，并经农民集体同意；流转土地经营权的，须向农民集体书面备案。”本书认为，“集体同意”应当理解为国家治理的一种方式，应从公法和社会法角度去理解，不能从私法的

〔1〕 马特：“社会主义新农村建设视野下的土地承包经营权”，载杨立新主编：《民商法理论争议问题——用益物权》，中国人民大学出版社 2007 年版，第 249~250 页。

〔2〕 高圣平：“土地承包经营权权能论纲——以处分权能为中心”，载《社会科学》2012 年第 7 期。

〔3〕 温世扬：“农地流转：困境与出路”，载《法商研究》2014 年第 2 期。

〔4〕 朱虎：“土地承包经营权流转中的发包方同意——一种治理的视角”，载《中国法学》2010 年第 2 期。

单一视角解读，也并非对土地承包经营权物权性质之否定。集体土地所有权以集体土地的保有和归属，彰显集体土地的客体功能为价值，发包方的同意是确保这一目的实现，避免集体分崩离析的重要手段。在“三权分置”经营模式下，农户可能更倾向于持有身份性的承包经营权，这使得土地承包经营权转让的集体同意的限制性规定失去存在的必要性，土地承包经营权的转让应与退出制度相互协调，统一筹划。第三，关于受让方须为有农业经营能力的农户的限制条件，在推进农业及主体多元化和培育新型农业经营权主体的背景下，应取消受让方必须为农户的限制，对于农户优先取得权的限制也应一并取消。

在转包和出租的情况下，农户可以完全脱离农地生产经营活动，转包的农地经营权受让方是本集体经济组织的其他农户，因此，转包这种流转形式引致的结果是小农经营的相互替代；出租则不受承租方身份的限制，可以由集体外的其他经营者取得农地经营权。但是就基于租赁合同发生的土地承包经营权与土地经营权的分离而言，土地经营权在其存续上存在两个明显的不利于承租人之处，一是土地经营权只是一种债权，其法律效力较弱；二是土地经营权的期限长短不一，在发生于农户之间的短期租赁场合，租赁期限可能只是1~3年，而且短期租约在实践中占租赁合同的绝大比例。如果是发生在农户对外租赁的场合，由于农户和外部经营主体没有相互信任关系，或者信任关系需要在长期博弈中方能建立，租赁期限通常可能更趋向于短期化，按照法律规定最长也不可能超过20年。〔1〕

在入股或者股份合作的情况下，农户与其他农户在参与入

〔1〕 我国《合同法》第214条规定：“租赁期限不得超过20年。超过20年的，超过部分无效。租赁期间届满，事人可以续订租赁合同，但约定的租赁期限自续订之日起不得超过20年。”

股的承包地上展开合作劳动，并未完全退出农作劳动，而且以农户为主体的股份合作在很大程度上仅限于土地、劳动力及少量农户自有资金资源的整合，未能引入技术、管理等更多的生产要素，在企业家能力、投融资能力、市场拓展等方面受到诸多限制。因此，农户之间的股份合作必然面临土地经营规模扩张的约束，由此所获得的规模经济与分工经济必然是有限的。

综上分析，如果将现行法律制度关于土地承包经营权流转方式的制度供给与土地适度规模经营的政策和现实需求、农村人口大量转入城市工作和生活的人地分离背景相对照，可以发现，尽管农村改革初期家庭承包制获得了举世瞩目的政策效果，但随着形势的发展，在农地保障逻辑下建构的以土地均分为特征的均包制却留下了严重的后遗症，现行土地承包经营权流转方式事实上明显存在无法为土地承包经营权人提供多样化的权利选择的弊端。这种依赖于农户之间的农地流转以及小规模经营基础上的农地集中，可能存在以“小农”替代“小农”的低水平复制问题。实践中，农地流转方式以转包和出租为主，这也从侧面佐证了这一结论。〔1〕由于农业生产仍被锁定在超小规模经营的低水平运行上，切断了土地与资本、技术、人才等新的生产要素的“市场联姻”，严重阻碍了农村生产要素市场的培育和发展，制约农地适度规模经营和农业现代化进程。〔2〕面对家庭承包背景下小规模、分散化的经营格局，如何在坚持家庭经营在农业中基础性地位的前提下，推进农业经营方式的创新，加快构建新型农业经营体系，就成为现行农地改革政策的基本指向。

---

〔1〕 以2014年为例，转包占流转比重的46.6%，出租占比为33.1%。参见“2014年农村家庭承包耕地流转情况”，载《农村经营管理》2015年第6期。

〔2〕 张新光：“论马克思小农经济理论的现实意义”，载《现代经济探讨》2008年第3期。

事实上，如何创新农地流转形式，推进农地承包经营权流转集中和适度规模经营成为重要的政策内容。党的十七届三中全会《中共中央关于推进农村改革发展若干重大问题的决定》提出：“建立健全土地承包经营权流转市场，按照依法自愿有偿原则，允许农民以转包、出租、互换、转让、股份合作等形式流转土地承包经营权，发展多种形式的适度规模经营。”《规模经营意见》提出：“鼓励创新土地流转形式。鼓励承包农户依法采取转包、出租、互换、转让及入股等方式流转承包地。”《三权分置意见》提出，在完善“三权分置”办法过程中，要充分维护承包农户使用、流转、抵押、退出承包地等各项权能。农户有权通过转让、互换、出租（转包）、入股或其他方式流转承包地；鼓励采用土地股份合作、土地托管、代耕代种等多种经营方式，探索更多放活土地经营权的有效途径。从上述政策文件来看，土地承包经营权的流转形式已经超越了现行法律规定的范围，土地承包经营权抵押、入股（并不限于农户之间的股份合作）等流转形式亟待立法确认。此外，土地承包关系的长久不变，意味着土地承包经营权的继承具有必然性，也需要立法予以明确。

农业经营方式转型在本质上是农业经营制度的创新与变迁。[1]土地承包经营权流转形式的法制革新，需要对既有的土地承包经营权流转形式进行全面的检讨和完善，对农地改革政策中倡导的和土地承包经营权流转实践中的一些创新形式提供制度支持。

（三）土地承包经营权流转制度之完善

1. 入股

如前所述，现行立法之中所谓的“入股”其实只是限于农

---

〔1〕 罗必良、胡新艳：“农业经营方式转型：已有试验及努力方向”，载《农村经济》2016 年第 1 期。

户之间的股份合作，而实践中的土地承包经营权入股的发展并不能局限于此，而是存在股份合作的多种形式。[1]理论上的争议主要在于入股对象的选择及相应的法律性质和法律构造。[2]关于入股的对象，存在入股农民专业合作社抑或有限责任公司之争，高海等认为农地入股的适宜形式是合作社，[3]但是吴义茂等认为应当是有限责任公司。[4]二者争议的焦点主要在于不同入股对象面临的制度障碍和法律风险的程度不同。

本书认为，入股的对象应当为农民专业合作社。原因在于，如果农民合作社具有相对于入股公司的制度比较优势。如果入股有限责任公司，则会面临公司法人人格制度、公司股东人数限制、公司利润分配制度、公司破产清算制度等诸多公司法基本制度的挑战。[5]在实践方面，重庆市在此问题上的探索即是明证。2007 年 6 月 29 日，重庆市工商局颁布了《重庆市工商行政管理局关于全面贯彻落实市第三次党代会精神服务重庆城乡统筹发展的实施意见》(渝工商发［2007］17 号)。这份改革文件第 16 条关于“农民土地承包权出资入股”的提法是：“支持探索农村土地流转新模式。在农村土地承包期限内和不改变土地用途的前提下，允许以农村土地承包经营权出资入股设立农

〔1〕 姜爱林、陈海秋：“农村土地股份合作制研究述评——主要做法、成效、问题与不足”，载《社会科学研究》2007 年第 3 期。

〔2〕 参见高海：“土地承包经营权入股的法律性质探析”，载《法学论坛》2011 年第 3 期；温世扬、张永兵：“土地承包经营权入股之法律性质辨析”，载《河南财经政法大学学报》2014 年第 1 期。

〔3〕 高海：《土地承包经营权入股合作社法律制度研究》，法律出版社 2014 年版，第 124 页；杨红朝：“土地承包经营权入股农民专业合作社法律问题探讨”，载《河北法学》2011 年第 6 期。

〔4〕 吴越、吴义茂：“农地赋权及其土地承包经营权入股范式”，载《改革》2011 年第 2 期。

〔5〕 高海：《土地承包经营权入股合作社法律制度研究》，法律出版社 2014 年版。

民专业合作社；经区县人民政府批准，在条件成熟的地区开展农村土地承包经营权出资入股设立有限责任公司和独资、合伙等企业的试点工作。”但是，该文件一经推出，便遭受到众多争议。随后，农地承包经营权入股公司的改革试验被中央叫停。2009年重庆市农委、重庆市工商行政管理局又颁布《关于以农村土地承包经营权入股发展农民专业合作社注册登记有关问题的通知》，其中明确规定：“以农村土地承包经营权出资入股只限于组建农民专业合作社，对组建公司、非公司企业法人、合伙企业等其他经济组织的，一律不予登记。”由此可见，土地承包经营权入股农民专业合作社可能是更加切合实际的选择。

在土地承包经营权入股合作社的法律构造方面，应从入股和退股两方面加以完善。土地承包经营权入股的客体理解为一定期限内的承包地经营权。新的《农民专业合作社法》第13条为农户以承包土地的经营权入股合作社提供了法律依据，但对于承包地经营权的退出则未明确规定。根据《农村土地承包经营权流转管理办法》的规定，在入股后，承包方与发包方的承包关系保持不变，在股份合作解散时，应当将入股的土地退回原承包农户。因此，入股仅是农户对承包地经营权的处分。这一关于农户之间股份合作的规定完全可以在承包地经营权入股农民专业合作社的场合继续适用。原因在于，承包地经营权的退回不受合作社解散影响之规定，与合作社特有的财产制度安排特征[1]相适应，也有利于维护农民的权利。在合作社的制度设计当中，可以将承包地经营权计入农户社员的出资额，农户在退社时可以随时退出或者在合作社解散时可以要求合作社退

〔1〕农民专业合作社法人财产权是残缺的法人财产权。参见管洪彦、孔祥智：“农民专业合作社法人财产权：规范解释与修法思路”，载《农业经济问题》2017年第5期。

回。但应注意的是，这同时限制了合作社法人财产权的实现，对合作社的偿债能力和融资能力可能造成负面影响。对此，需要分情况讨论，如果合作社解散时，承包地经营权的入股期限届满的，合作社自然应当向农户返还入股的土地；如果合作社在承包地经营权入股期间内解散的，剩余的入股期限内的承包地经营权仍是合作社资产组成部分，合作社对剩余的入股期限内的承包地仍享有经营权；如果农户向合作社请求退回入股的土地的，应当以农户的其他财产置换相应的承包地经营权价值；如果农户选择不收回入股土地的，该剩余的入股期限内的承包地经营权即进入解散清算程序；如果在发生合作社破产清算的场合，该经营权在其他土地经营者依法取得之后，农户可与其重新订立并履行剩余期限内的农地流转合同。

2. 抵押

根据相关改革政策文件的规定，农户可以以承包地的经营权进行抵押融资。但是，从我国现行立法与司法实践来看，对土地承包经营权的抵押均持否定态度。其理由主要包括担心农户失去土地保障、维护国家粮食安全和社会稳定等。因此，农地制度改革的政策导向对现行立法的变革提出了要求。但是，农村承包地经营权抵押融资立法应当充分体现改革政策的精神，也要遵循立法的一般规律。承包地经营权抵押规则的构建应注意以下两个方面：

第一，承包地经营权的物权性与物权登记问题。土地承包经营权的抵押应当理解为是农户以其承包地的经营权进行抵押，由此就涉及承包地经营权的权利塑造问题。在“三权分置”下，承包地经营权应被塑造为纯粹的土地利用层面的权利，其流转、抵押不会导致农地集体所有制的改变和农户对土地的永久利益的丧失，完全可以成为具有高度流通性土地权利和高品质的抵押担保财产。因此，农户可以将土地承包经营权抵押，如果农民不能如期偿还债务的，在抵押权实现之时，经营权需要从土地承包经营权中分离或者独立出来，农户保留承包资格，经营权则通过抵押权实现后的新的经营权人权利登记实现物权化，并在后续的流转中作为物权性质的权利来对待。〔1〕依据《物权法》关于抵押的一般规则，承包地经营权抵押应采取登记生效原则，抵押权自登记时设立。

第二，在抵押权的实现方面，需要考虑实现条件和实现形式问题。首先，关于承包地经营权的抵押问题，现行法律规定，应当以债务人不履行到期债务或发生当事人约定的实现抵押权的情形为条件，承包地经营权的抵押在立法设计上应当纳入到成熟的物权法律之担保物权体系，故在实现条件方面，不应与现行法规定有不同的要求；〔2〕其次，在抵押权的实现形式方面，根据《物权法》的规定，当事人可以采取协议折价或者以拍卖、变卖的方式实现债权，在达不成协议的情况下，也可以依法请求人民法院以拍卖、变卖抵押财产的方式实现债权。对此，有学者提出农地抵押权的实现不能以折价的方式，可以采取强制管理的方法，将相应农地转包或出租，并以该收益清偿债务，清偿完毕时即归还农地予抵押人。〔3〕强制管理以农地的收益为执行对象，从而避免承包地经营权被强制执行，有利于农业生产经营的持续进行。除此以外，还可以采取增加担保、提供代位物等方式。总之，根据承包地经营权的特点，为维护农业生

〔1〕 许明月：“农村承包地经营权抵押融资改革的立法跟进”，载《比较法研究》2016年第5期。

〔2〕 高圣平：“承包土地的经营权抵押规则之建构——兼评重庆城乡统筹综合配套改革试点模式”，载《法商研究》2016年第1期。

〔3〕 高圣平：“农地金融化的法律困境及出路”，载《中国社会科学》2014年第8期。

产经营的持续性，承包地经营权抵押权的实现方式可以在现行法律规定范围以外另行考虑，应当以有利于承包地的持续经营为原则。另外，由于农业经营和粮食生产的外部性特征，应当引入政策性担保，以缓解承包地经营权担保纯粹市场化运行可能导致的僵局或者不足。

3. 继承

根据现行法律规定，以家庭承包方式设立的土地承包经营权不可以继承，而承包经营收益可以继承。[1]土地承包经营权的继承问题，在现行法规范适用层面上存在矛盾和冲突。[2]集体经济组织及其运行机制决定的不可继承性与物权法基本理论支撑的可继承性同时有效在场、自成体系，[3]因此，学术界对土地承包经营权的可继承性争议较大。[4]持可继承论者认为，农户不具有私法上的主体意义，现行法虽然使用“农户”之表达，但土地承包经营权的主体为集体经济组织之成员，土地承包经营权之继承符合基本法理，现行法上的“继续承包”，应作“继承”之理解；[5]从顺应遗产范围不断扩大的发展趋势、避

---

〔1〕 1985年制定的《中华人民共和国继承法》第4条规定：“个人承包应得的个人收入，照本法规定继承。个人承包，照法律允许由继承人继续承包的，照承包合同办理。”最高人民法院《关于贯彻执行〈中华人民共和国继承法〉若干问题的意见》第4条规定：“承包人死亡时尚未取得承包收益的，把死者生前对承包所投入的资金和所付出的劳动及其增值和孳息，由发包人单位或者接续承包合同的人合理折价、补偿，价额作为遗产。”

〔2〕 汪洋：“土地承包经营权继承问题研究——对现行规范的法构造阐释与法政策考量”，载《清华法学》2014年第4期。

〔3〕 陈甦：“土地承包经营权继承机制及其阐释辩证”，载《清华法学》2016年第3期。

〔4〕 朱广新：“论土地承包经营权的主体、期限和继承”，载《吉林大学社会科学学报》2014年第4期。

〔5〕 刘敏：“土地承包经营权继承的解释论——兼评《最高人民法院公报》所载‘李维祥诉李格梅继承权案’”，载《政治与法律》2014年第11期。

免法律体系冲突、维护农民利益等角度出发，应当承认土地承包经营权可以继承[1]农村集体财产权益一直在概括继承机制中代际传递，实际上也在适用继承规则，而且，根据当前的改革与发展趋势，应当将土地承包经营权可以继承作为制度选择方案；既然规定林地承包经营权可以继承具有合理性，土地承包经营权应有同样的待遇。[2]反对土地承包经营权可继承性的观点主张，农户以家庭承包方式取得的土地承包经营权，是一种特殊的用益物权，具有福利性和社会保障功能，户内成员均具有特殊的身份并因此形成特殊的准共有关系。当户内成员部分死亡时，由于“户”还存在，故产生生存成员的权利扩张问题，并不存在继承问题；当户内成员全部死亡的，承包关系终止，由发包人收回承包地，也不发生继承问题。[3]本书认为，应当肯定土地承包经营权的继承权能。原因在于：

首先，土地承包经营权的权利属性决定了其可以作为继承权的客体。土地承包经营权属于一种用益物权，属于财产权，有其使用价值。随着改革政策的推进，“生不增，死不减”，从“长期稳定”到“长久不变”，二轮承包期限到期后土地承包期限再延长 30 年，土地承包经营权历经长久不变和权能充实，渐次成为具有“自物权”特征的用益物权。为此，“应该考虑允许其同继承人的其他财产一样被继承，保护被继承人的继承权实

〔1〕刘凯湘：“论农村土地承包经营权的可继承性”，载《北方法学》2014 年第 2 期。

〔2〕郭明瑞：“也谈农村土地承包经营权的继承问题——兼与刘保玉教授商榷”，载《北方法学》2014 年第 2 期。

〔3〕刘保玉、李运杨：“农村土地承包经营权的继承问题探析”，载《北方法学》2014 年第 2 期。

质上是保护原承包经营权人基于承包经营权享有的财产权。”〔1〕

其次，从土地承包经营权的主体来看，应属家庭农户。部分学者提出应属于成员的观点，可能对于承包权和土地承包经营权的理解存在偏差，承包权应属于集体成员个人，土地承包经营权属于农户，但不能以此作为否定土地承包经营权具有可继承性的理由。因为家庭土地承包经营权的设立之始是以家庭人口而不是按户分配承包地的，农户的成员相互间是有继承权的，尽管承包户内的某一成员死亡，不发生其他法定继承人的“跨户继承”，但其死亡也不发生该成员分配的承包地被收回。户内成员对土地承包经营权属于共有关系，成员的份额权则存在继承问题，而且正是由于继承规则实际在户内起作用，集体经济组织的成员才得以取得土地承包经营权，而不是必须待承包期结束之后，集体重新分配土地时才取得经营权。

最后，家庭土地承包经营权尽管具有社会保障的功能，但这不能影响其可继承性。农民享有土地承包经营权，并非是特别给予的福利待遇，而是对自己财产的权利。因此，即使国家能够给予农民社会福利待遇，也不能因此剥夺农民基于所有权一分子应得到这种财产的权利。因此，土地承包经营权的社会保障性，不能决定其是否具有可继承性。在“三权分置”的权利结构下，承包地对农户的保障功能已由“两权分离”时的亲自耕作演变为流转收益保障，以及基于集体成员身份资格的身份性权利保障，土地经营权人的经营绩效和流转收益的及时支付，对于维持农地流转合约和维护土地承包经营权人利益具有重要影响。为了保障土地经营权的长期稳定，政策法律调整的重心必须前移，即保障土地承包关系的长久不变，那么，在承

〔1〕张新宝：“土地承包经营权”，载王利明主编：《物权法名家讲坛》，中国人民大学出版社2008年版，第306页。

包关系长久不变，且不以退出承包关系作为进城落户前提的背景下，土地承包经营权的继承就具有必然性。

综合上述分析，在土地承包关系长久不变的背景下，土地承包经营权的继承应是长久不变法律塑造的必要环节。既然承认土地承包经营权的可继承性，则需考虑两个可能随之而来的问题，一是在承包地细碎化、分散化的情况下，农地经营规模是否会因继承而更加缩小；二是，关于非集体经济组织成员继承农地的问题。

有学者基于避免承包地碎片化的考虑，建议“从事农业生产经营或属于农业人口的继承人，可以优先分得农地使用权……继承人均为非从事农业生产经营或非农业人口的，在继承农地使用权后 1 年内，应将农地使用权转让给从事农业生产经营者”〔1〕。对此，本书认为，如果被继承的土地承包经营权已经处于流转状态，那么各继承人应当维持农地流转合同的有效性和经营权现状，享有承包收益权即可，因继承而导致农用地细碎化也就是一个伪命题。如果被继承的土地承包经营权处于权利的完整状态，基于我国《继承法》第 29 条之规定，对土地承包经营权之继承，宜采用折价补偿之分配方法，在实践中完全可以通过折价补偿等措施来解决继承人行使继承权所导致的农地非农化、碎片化问题。

针对继承可能导致非集体成员取得土地承包经营权的问题，本书认为，如同宅基地使用权的取得，其原始取得须以使用权人具有本集体成员资格为必要，但并不意味着作为非集体成员的继承人不能取得。同理，土地承包经营权只有集体经济组织成员可以取得，也并不意味着其他主体就不能通过土地流转而

〔1〕 梁慧星：《中国民法典草案建议稿附理由（物权编）》，法律出版社 2004 年版，第 264 页。

获得该权利。随着土地承包关系的长久不变，现实中的成员集体与法律规定的成员集体相比，已经发生了很大的变化。集中表现为，传统地域封闭性的村社集体已经随着城镇化的快速进程而面临瓦解，集体成员资格身份已经固化，不因成员居住地甚至户籍地的变化而变化，而这些不具有农村户籍或者不再需要土地保障的人口取得承包地，其本身也证明了土地承包经营权的可继承性。因此，在继承构造上，非本集体经济组织成员或非农身份，不构成继承人继承土地承包经营权之障碍。

因此，在承包经营权的财产价值属性日益凸显、社会保障功能逐渐减弱，农村社会保障体系日渐完善，城乡二元户籍制度逐渐瓦解的背景下，土地承包经营权的可继承性是对其权能的丰富和对农民财产的强化保护，有利于促进土地经营权的长期稳定，是对“增人不增地，减人不减地”、承包关系长久不变等党和国家一贯政策的应然制度回应。

本章小结

“三权分置”政策话语中的农户承包权不宜归入成员权，更不能理解为承包资格意义上的土地承包权，而是现行立法上的土地承包经营权。对农户承包权的这种解释符合农民利益保护的政策初衷和制度目标，符合我国农业经营模式的发展现状和未来走向，符合我国农地制度的创新路径和权利生成逻辑。农户承包权是土地承包经营权分置出经营权后剩余权利的简称，仍应保留土地承包经营权称谓和用益物权的性质。在承包权和经营权分离的场合下，农户主要以流转收益替代自行耕作收益作为土地保障利益，享有承包地位维持权、流转对价（收益）取得权、征收补偿请求权、有偿退出权等权利。

“三权分置”实际上是在坚持集体土地所有权的基础上，将农村土地的实质性权利赋予农户主体并长久固化。承包地“三权分置”下土地承包经营权的系统塑造，就要及时反映改革政策的基本精神，修订完善相关法律，完成土地承包经营权的“自物权化”塑造，这是农地制度变迁的必然结果，是保护农户利益的制度要求，同时也是土地经营权法律保护的逻辑前提，是为土地经营权的长期稳定创造条件的重要环节。土地承包经营权的“自物权”化，应当从确立登记生效原则、明确长久不变和充实处分权能三方面加以塑造。

从我国经济社会发展的现实发展和未来需求看，现行立法规定的土地承包经营权无需登记的社会根基已发生变化，应当通过确权登记确认农户的土地承包经营权，摒弃现行立法上采用的债权形式主义和登记对抗主义，采取登记生效主义，以维护不动产物权登记生效主义法律规定的一致性，适应承包关系长久不变和承包地经营权流转的需要。在具体做法上，应当将现行做法之土地承包合同登记改变为土地承包经营权登记，同时，严格按照不动产登记之物的编成主义规则，将目前以户为单位登记土地承包经营权的做法过渡到以承包地块为基本登记单位的做法。

承包地“三权分置”与土地承包关系“长久不变”政策应当协同推进。“长久不变”应当表达为“70 年法定承包期限届满+自动无偿续期+例外情形”，并以第二轮土地承包期限届满之时为起算时间。承包关系“长久不变”的制度实现，还应当注重与其他制度的关系协调问题。为此，土地承包关系“长久不变”在赋予农户充分完整的土地承包经营权的同时，应当赋予集体土地所有权以必要的收益权能，以协调土地承包经营权和成员权的紧张关系；应当明确土地承包经营权的可继承性；还应当明确因违反法定义务、自愿有偿退出等导致土地承包经营权消灭的法定情形。

土地承包经营权的"自物权"化塑造，应当对现行立法中限制土地承包经营权流转的条款进行及时的清理和修正，还需要对农地改革政策中倡导的和土地承包经营权流转实践中的一些创新形式提供制度支持。土地承包经营权流转形式的法制革新，应以充实土地承包经营权的处分权能，创新农地流转方式为导向。为此，立法应当适当扩大承包地经营权入股的范围，并赋予土地承包经营权以抵押权能，明确土地承包经营权的继承规则。

第五章

承包地“三权分置”下的土地经营权研究

进入新世纪以来，随着工业化、城镇化、信息化和农业现代化的推进，大量农村劳动力离农离地转移到城市，家庭农户的承包权和土地实际经营权发生了事实上的分离。据统计，截至2016年年底，全国拥有承包地的2.3亿农户中，大约有近7000万农户部分或者全部转移了承包地经营权，将其承包地流转给新型农业经营主体经营。全国耕地二轮承包完成确权面积14.7亿亩，其中35.1%的经营权已经流转给了新型农业经营主体。〔1〕与此同时，截至2015年底，全国由于土地流转而形成的30亩以上的专业大户（家庭农场）达到1052.1万户，农民专业合作社153.1万家，农业专业化龙头企业12万家。〔2〕这些新型农业经营主体是农业供给侧改革的核心主体，是商品、农产品供给的重要主体，是实现农业现代化的主导力量，是引导农民增收致富的中坚力量。但是，在目前“两权分离”的政策法律框架下，新型农业经营主体转入土地的权益无法得到全面保护，

〔1〕张红宇：“农村土地‘三权分置’政策解读”，载《领导科学论坛》2017年第4期。

〔2〕孔祥智：“‘三权分置’的重点是强化经营权”，载《中国特色社会主义研究》2017年第3期。

主体积极性不能得到充分发挥，可能影响着中国农业现代化的进程。为此，改革政策文件提出“三权分置”，将土地承包经营权分置为农户承包权和土地经营权，意在放活土地经营权，保障农地实际经营者的权利。那么，土地经营权作为一种新的农地权利类型，其权利性质和权利内容为何，立法应当如何表达这种权利，如何处理土地经营权和农户承包权的法权关系？放活土地经营权的权利保护和权利限制如何协调？这些都成为理论和实践当中非常重要的问题。

第一节　承包地“三权分置”下土地经营权的权利性质和权利构造

一、承包地“三权分置”下土地经营权的权利性质

（一）政策话语中的土地经营权

1. “三权分置”中关于土地经营权的政策演进

20 世纪 80 年代初我国确立了家庭承包的农地经营模式，家庭承包经营在恢复农业生产秩序，解决农民乃至全社会吃饭问题的同时，更重要的一个作用是赋予了家庭农户支配自己劳动力的自由。而劳动力的自由流动极大地提升了中国的城市化、工业化进程，同时也使农地流转的现象成为常态。土地流转就是承包权和经营权的分离，是承包人把属于自己的经营权以有偿的方式让渡给他人的过程。只要发生承包地经营权流转，就会出现农村土地的所有权、承包权和经营权分离的现象。当土地承包经营权的流转随着城镇化、工业化进程的加剧成为普遍现象，农地流转率和流转面积便极大提高，新型农业经营主体日益发展壮大。农业经营模式的发展现状与既有的制度安排不相适应，客观上要求在农地经营制度及其对应的农地权利制度

上进行创新。从“两权分离”的权利体系建立30年来，我国土地流转政策演进和完善的过程，就是对承包人权益保护不断全面深化的过程；同时，也是不断提高土地规模经营水平、不断提高农业生产能力的过程。因此，从“两权分离”到“三权分置”是农村土地制度改革的逻辑必然，土地经营权作为表征除集体和农户之外，农地实际耕作者权利的概念，即在此背景下逐渐形成和提出。

十八届三中全会《决定》提出：“坚持农村土地集体所有权，依法维护农民土地承包经营权”，“赋予农民对承包地占有、使用、收益、流转”权能及“承包经营权抵押、担保权能”。《决定》虽未提出土地经营权的概念，但实际上对承包权与经营权进行了政策上的分离，对两束权利分别赋权，即承包农户对承包权享有占有、使用、收益和流转权，农地实际经营者对所流入的土地的经营权拥有抵押权和担保权。

2014年“中央1号文件”指出：“在落实农村土地集体所有权的基础上，稳定农户承包权、放活土地经营权，允许承包土地的经营权向金融机构抵押融资”，首次正式提出土地经营权的概念。2015年“中央1号文件”指出：“坚持和完善农村基本经营制度，坚持农民家庭经营主体地位，引导土地经营权规范有序流转”；《农村深改方案》对农村土地“三权分置”改革的内涵做出明确的界定，该方案指出：“坚持和完善农村基本经营制度。把握好土地集体所有制和家庭承包经营的关系，现有农村土地承包关系保持稳定并长久不变，落实集体所有权，稳定农户承包权，放活土地经营权，实行‘三权分置’”；“放活土地经营权，就是允许承包农户将土地经营权依法自愿配置给有经营意愿和经营能力的主体，发展多种形式的适度规模经营。”2016年和2017年“中央1号文件”都强调，落实农村土地集体所有权、稳定农户承包权、放活土地经营权，完善“三权分置”办法。

《三权分置意见》作为凝结改革共识的重要文件，提出：“围绕正确处理农民和土地关系这一改革主线，科学界定‘三权’的内涵、权利边界及相互关系，逐步建立规范高效的‘三权’运行机制，不断健全归属清晰、权能完整、流转顺畅、保护严格的农村土地产权制度”；“完善‘三权分置’办法，不断探索农村土地集体所有制的有效实现形式，落实集体所有权，稳定农户承包权，放活土地经营权，充分发挥‘三权’的各自功能和整体效用，形成层次分明、结构合理、平等保护的格局”。在“三权”的关系层面，《三权分置意见》提出：“逐步完善‘三权’关系。农村土地集体所有权是土地承包权的前提，农户享有承包经营权是集体所有的具体实现形式，在土地流转中，农户承包经营权派生出土地经营权。”这为明确土地经营权在农地权利体系中的地位和作用提供了政策依据。

关于土地经营权的权利界定，《三权分置意见》提出：“赋予经营主体更有保障的土地经营权，是完善农村基本经营制度的关键。土地经营权人对流转土地依法享有在一定期限内占有、耕作并取得相应收益的权利”；“在依法保护集体所有权和农户承包权的前提下，平等保护经营主体依流转合同取得的土地经营权，保障其有稳定的经营预期。在完善‘三权分置’办法过程中，要依法维护经营主体从事农业生产所需的各项权利，使土地资源得到更有效合理的利用。”《三权分置意见》还进一步界定了土地经营权的权能。据此，农地实际经营主体的权利包括：第一，有权使用流转土地自主从事农业生产经营并获得相应收益；第二，经承包农户同意，可依法依规改良土壤、提升地力，建设农业生产、附属、配套设施，并依照流转合同约定获得合理补偿；第三，有权在流转合同到期后按照同等条件优先续租承包土地；第四，经营主体再流转土地经营权或依法依规设定抵押，须经承包农户或其委托代理人书面同意，并向农民集体书面备案。第五，流转土地被征收的，地上附着物及青苗补偿费应按照流转合同约定确定其归属。第六，承包农户流转出土地经营权的，不应妨碍经营主体行使合法权利。加强对土地经营权的保护，引导土地经营权流向种田能手和新型经营主体。支持新型经营主体提升地力、改善农业生产条件、依法依规开展土地经营权抵押融资。鼓励采用土地股份合作、土地托管、代耕代种等多种经营方式，探索更多放活土地经营权的有效途径。

2. “三权分置”政策中关于土地经营权的概念表达

据笔者的检索发现，除土地经营权外，相关改革政策文件还使用了“经营权”“承包土地的经营权”等词语，以表达农地的使用权。经营权与土地经营权的概念相同，都指的是农户以外的农地实际经营者，而“承包土地的经营权”的含义并不确定。“承包土地的经营权”一词，首次出现是在中共中央、国务院《关于全面深化农村改革加快推进农业现代化的若干意见》（2014 年“中央 1 号文件”）之中，“在落实农村土地集体所有权的基础上，稳定农户承包权、放活土地经营权，允许承包土地的经营权向金融机构抵押融资。”此后，在一些政策文件中也曾使用该概念（如表 1）。从政策表达来看，承包土地的经营权一词与流转、交易、抵押融资相搭配，其含义并不固定。与流转、交易搭配一般指代现行立法中作为用益物权的农户的土地承包经营权，与抵押融资搭配则表示“农村承包土地的经营权”，包括农户的土地承包经营权和实际经营主体经流转取得的土地经营权。本书经过对“三权分置”改革政策话语表达的梳理认为，应当采用土地经营权的表达方式，以指代除农户和集体之外实际农地经营者的权利。

表 1　承包土地的经营权的政策表达

序号	政策文件名称	政策表达
1	关于全面深化农村改革加快推进农业现代化的若干意见（2014 年“中央 1 号文件”）	在落实农村土地集体所有权的基础上，稳定农户承包权、放活土地经营权，允许承包土地的经营权向金融机构抵押融资。
2	国务院办公厅关于引导农村产权流转交易市场健康发展的意见（国办发［2014］71 号）	农户承包土地经营权流转交易需求明显增长；现阶段通过市场流转交易的农村产权以农户承包土地经营权为主；现阶段的交易品种主要包括：农户承包土地经营权。采取家庭承包方式取得的，按照农户承包土地经营权有关规定进行流转交易。
3	国务院办公厅关于加快转变农业发展方式的意见（国办发［2015］59 号）	探索开展农村承包土地经营权抵押贷款
4	国务院关于开展农村承包土地的经营权和农民住房财产权抵押贷款试点的指导意见（国发［2015］45 号）	“两权”抵押贷款由农户等农业经营主体自愿申请，确保农民群众成为真正的知情者、参与者和受益者。流转土地的经营权抵押需经承包农户同意，抵押仅限于流转期内的收益。探索对通过流转取得的农村承包土地的经营权进行确权登记颁证。支持以各种合法方式流转的农村承包土地的经营权用于抵押。

续表

序号	政策文件名称	政策表达
5	2015 年 11 月中共中央办公厅、国务院办公厅《深化农村改革综合性实施方案》	在农村耕地实行所有权、承包权、经营权“三权分置”的基础上，按照依法自愿有偿原则，引导农民以多种方式流转承包土地的经营权。出台农村承包土地经营权抵押、担保试点指导意见。完善农民以承包土地经营权入股发展农业产业化经营的政策。
6	2017 年“中央 1 号文件”	深入推进承包土地的经营权和农民住房财产权抵押贷款试点

3. 土地经营权法律性质的政策解读

十八届三中全会《决定》提出，赋予承包经营权抵押、担保权能，2014 年“中央 1 号文件”首次正式采用土地经营权一词，意指在集体和现有承包人之外，从事农业耕作的实际经营主体的权利。根据政策文件当中关于“赋予抵押担保权能”“放活经营权”“引导土地经营权有序流转”“可转让”“可抵押”以及“‘三权’分置并行、平等保护”的表述和要求，土地经营权似乎应被设计为一项物权性质的权利。[1]

然而，这种“主导思想”并未完全贯穿于后续的相关政策文件之中。以可抵押和可转让两项基本要求为例，相应的实施性政策文件将土地经营权表述为是一种债权性质的权利。国务院办公厅《关于引导农村产权流转交易市场健康发展的意见》

〔1〕 孙宪忠：“推进农地三权分置经营模式的立法研究”，载《中国社会科学》2016 年第 7 期。

明确提出，农户承包土地经营权是主要的交易品种，农村产权流转交易市场具有明显的资产使用权租赁市场的特征。国务院《关于开展农村承包土地的经营权和农民住房财产权抵押贷款试点的指导意见》提出：“流转土地的经营权抵押需经承包农户同意，抵押仅限于流转期内的收益。”由此表述可见，名为土地经营权抵押，但抵押权客体并未及于权利本身，实际上是经营收益权之债权质押。

《三权分置意见》对土地经营权的权能及其行使进行了较为明确的界定，虽提出“更有保障”“平等保护”的要求，但从该政策文件的字里行间，我们不难读出土地经营权的租赁权属性。首先，土地经营权人没有独立的处分权能。土地经营权的再流转和抵押，需经农户同意，并报农民集体备案。土地经营权人对农地特别改良权的行使，也需经农户同意。其次，土地经营权人有优先续租权，而优先续租权是租赁合同项下承租人的一项重要权利，在性质上属于债权优先权。最后，土地经营权的确认方式是“合同鉴证或交易鉴证”，而非物权登记。由此可见，土地经营权人获得的是债权保护，这与“三权分置”政策对土地经营权的初始预设相比，已发生政策话语的明显转向。

（二）土地经营权性质界定的理论纷争

1. 土地经营权性质的理论观点争议

“三权分置”中的土地经营权指代的是除农户之外的实际农地经营主体的权利，但在“两权分离”的现行立法框架下，并没有相应的权利设置，目前仍属于政策话语层面的表述，土地经营权的权利性质和权利边界仍较为模糊，学术界对土地经营权的权利性质观点不一。综合既有文献对土地经营权性质的研究来看，主要形成如下典型观点：

第一，债权说。认为土地承包经营权是建立在集体土地所有权之上的用益物权，而新型农业经营主体取得的土地经营权是基于农户流转土地承包经营权的行为而产生的。土地经营权是一种债权性质的权利，是土地承包经营权流转出的占有、使用等部分权能，并不构成一项独立的权利。土地经营权的物权化塑造，不仅无法在法律上得以表达，〔1〕而且是人为地将法律关系复杂化，是立法技术的倒退。〔2〕“三权分置”试图生成用益物权性质的土地经营权的政策逻辑，不符合他物权生成的权能分离理论，违反一物一权原则和物权法定原则，从根本上混淆了他物权与具有债权性质之不动产租赁权的区别。〔3〕而且，从我国实践来看，土地承包经营权的确权颁证、尚在推进之中，农户承包（经营）权还没有得到充分、有效的保护，在其尚未做实、到位的情况下，就不宜过早、过快地强调土地经营权的物权化特征，总的来看，在今后相当长时期内，我国土地经营权的性质应界定为债权，〔4〕是不动产租赁权的重要类型。〔5〕

第二，物权说。该说认为我国现行立法并不能对农地“三权分置”提供有力的支持和制度保障，现在需要创新设置物权性质的土地经营权，但是，支持土地经营权是用益物权的学者，其观点和论证路径也有一些差别。一是，权利用益物权说。认为依循多层权利客体的法理，经营权乃是土地承包经营权人设

〔1〕 高圣平：“新型农业经营体系下农地产权结构的法律逻辑”，载《法学研究》2014年第4期。

〔2〕 陈小君：“我国农村土地法律制度变革的思路与框架——十八届三中全会《决定》相关内容解读”，载《法学研究》2014年第4期。

〔3〕 单平基：“‘三权分置’理论反思与土地承包经营权困境的解决路径”，载《法学》2016年第9期。

〔4〕 李伟伟：“‘三权分置’中土地经营权的权利性质”，载《上海农村经济》2016年第2期。

〔5〕 申惠文：“农地三权分离改革的法学反思与批判”，载《河北法学》2015年第4期。

定的、以土地承包经营权为标的的权利用益物权，其与土地承包经营权属于不同层次客体上存在的用益物权，可以同时成立而并不冲突。通过认可权利用益物权，承包权与经营权分置的制度设计完全可为用益物权体系所容纳。〔1〕二是，新的用益物权说。从法律角度说，土地经营权应被界定为从土地承包经营权中分离出来的新的用益物权。土地承包经营权是在农村土地所有权上设立的用益物权，在这一权能基础上可以再分离权利，设立新的用益物权。但这并不是将农村土地承包经营权分离为承包权和经营权，而是将农村土地承包经营权的占有、使用和收益权能分离出去，形成经营权。在经营权分离之后，农村土地承包经营权并不因此消灭。经营权到期后，承包经营权人的权能就自动恢复。〔2〕三是，次级承包经营权说。土地承包权与经营权分离政策的意蕴是，在稳定土地承包经营权的前提下，使实际经营土地者可以获得一种具有物权效力和抵押功能的财产权。该政策事实上是土地承包关系长久不变政策的延伸，体现了农村土地集体所有制的内在要求。在立法完善方面，可将实际经营土地的权利看作一种在土地承包经营权之上设立的次级土地承包经营权。次级土地承包经营权的名称可通过解释我国《物权法》第125条获得正当性。四是，耕作经营权说。“三权分置”的模式，核心是在农民的土地承包经营权之上建立另外一个“经营权”，在农民集体的土地所有权、农民家庭或者个人的土地承包经营权之外，形成针对农村耕作地的第三个权利。物权性质的土地经营权，对于土地经营者具有期限更长、可以

〔1〕 蔡立东、姜楠：“承包权与经营权分置的法构造”，载《法学研究》2015年第3期。

〔2〕 谢鸿飞：“依法推进‘三权分置’改革农村土地可以释放更多红利”，载《人民日报》2016年1月28日。

针对第三人主张权利、可以方便流转以至于设置抵押等法律制度上的优点。土地承包经营权具有“自物权”性质，而土地经营权是在其上设立的“耕作权”或者“耕作经营权”。[1]

第三，物债二元类型说。该说针对经营权的不同流转条件，赋予其不同的权利属性。经营权在土地承包经营权转包、出租和入股方式流转条件下属于债权性质，转让和互换流转条件下属于物权性质。[2]但是，鉴于转让和互换并不会引起承包权和经营权分置的效果，该观点并未引起更多的支持。关于土地经营权的物债二元观点，更多是从土地经营权在农地流转实践中的设权主体或者生成路径出发，认为确权确地形成之土地承包经营权分离出的经营权应当是一种债权而非用益物权，而确权确股不确地之土地承包方式创新视阈下分离出的经营权，则存在物权化的合理空间。[3]与此类似的观点认为，土地经营权因设权主体为农户抑或农民集体的不同，而相应地呈现为债权或者用益物权两种不同的权利形态。[4]亦有学者认为，土地经营权是一种债权，受《合同法》及相关法律的保护，如果流转期限过长，就会出现经营人的投资、抵押贷款等需求，则具有物权性质，建议流转期限在 3 年以上的土地经营权可以设置为用益物权；[5]“三权分置”的农村土地权利法律制度构建，核心

---

〔1〕 孙宪忠：“推进农村土地‘三权分置’需要解决的法律认识问题”，载《行政管理改革》2016 年第 2 期。

〔2〕 孙中华：“关于农村土地‘三权分置’有关政策法律性问题的思考”，载《农业部管理干部学院学报》2015 年第 1 期。

〔3〕 高海：“论农用地‘三权分置’中经营权的法律性质”，载《法学家》2016 年第 4 期。

〔4〕 陶钟太郎、杨环：“农地‘三权分置’实质探讨——寻求政策在法律上的妥适表达”，载《中国土地科学》2017 年第 1 期。

〔5〕 孔祥智：“‘三权分置’的重点是强化经营权”，载《中国特色社会主义研究》2017 年第 6 期。

在于农村土地经营权的法律逻辑结构与现实国情，将土地经营权从承包权中独立出来，构造物权化和债权化并置的二元农村土地经营权制度，在法律上明确，经过登记公示的为物权性土地经营权，未登记公示的为债权性土地经营权。〔1〕

2. 理论争议的焦点评析

综合上述理论观点梳理，可以发现关于土地经营权的研究主要集中在其性质如何以及如何流转等方面。由于我国物权法中明确规定了物权法定原则，而土地经营权作为"三权分置"政策话语层面新创设的权利类型，难以纳入目前立法之农地权利体系之中。因此，在相关立法修改之前，土地经营权应属于债权而非物权，对此学界争议不大。争议的焦点关键在于土地经营权的应然权利属性层面。对此，学界对土地经营权的权利性质存在债权和用益物权之争。主张债权论者从我国现行立法规定的"两权分离"的权利结构出发，以他物权设立的权能分离理论为依据，阐释土地经营权的物权性构造不符合物权法理，土地经营权应是一种租赁债权；主张物权论者则从未来农村土地流转的趋势出发，主张应当通过修改现行法律将土地经营权设计为物权，以便能够推进土地经营权的流转，放活土地经营权。也有学者从目前农地流转实践出发，以土地经营权的设权主体，或者不同流转形式下权利期限的不同，将土地经营权区分为债权或者物权。

由此可见，理论观点争议的缘由在于，是否坚持在现行立法基础上建构土地经营权，即在新型农业经营主体的权利保护的必要性和急迫性，与农民集体和承包农户权利保护之间的权利设计和关系协调方面，还存在不同的看法。但是，无论是债

〔1〕 赖丽华："基于'三权分置'的农村土地经营权二元法律制度构造"，载《西南民族大学学报（人文社会科学版）》2016 年第 11 期。

权说，抑或是物权说，其所提出的土地经营权权利构造的具体路径设计及其与集体土地所有权、土地承包权的关系协调上，均未见有周全成熟的方案，可能存在偏向土地经营权人利益保护，忽视集体和承包农户权利；或者偏重农民利益保护，或者基于社会稳定等外在因素考虑，而导致土地经营权保护不足的问题。而且，持物权论者在论证土地经营权的用益物权性质，强调放活土地经营权的同时，可能忽略了政策文件中对现行土地承包经营权也同样采取赋权放活的话语表达，因此，如果两者同为物权，土地经营权与土地承包经营权的关系如何处理，学者对此论证不足。另外，针对学界提出的土地经营权设权主体和生成路径不同，而存在物债二元差别的观点，尤其是许多学者主张为了培育新型农业经营主体、促进农地流转并实现适度规模经营，可以由集体收回承包地统一对外出租或者入股的形式经营，由此产生物权性的土地经营权。对此，需要厘清的是，放活土地经营权的主体究竟为何？土地经营权的放活是否应当绕过土地承包经营权？这些观点都有待进一步从法理层面澄清。

（三）土地经营权的权利性质界定

1. 土地经营权性质界定的前提

土地经营权的性质界定，需要明确在政策和法律层面，放活土地经营权的主体为何，这是界定土地经营权性质的基本前提。从我国农地流转的现行法律政策来看，承包农户是放活土地经营权的主体。从制度变迁路径和权利生成的逻辑来看，农地流转应当基于农户的自主决定和真实意愿，土地经营权是经由土地承包经营权的行使而产生的权利。一方面，我国的农地制度演变呈现出集体土地所有权权能不断限缩和式微，土地承包经营权在改革过程中趋向于长久不变和权能充实。基于农地制度改革不得侵害农户权利的基本底线，土地承包经营权在整个农地权利体系中地位更加凸显；另一方面，改革政策一直强调保护农户在农地流转中的自主地位和真实意愿。比如，《规模经营意见》提出：“坚持依法、自愿、有偿，以农民为主体”的原则，“土地承包经营权属于农民家庭，土地是否流转、价格如何确定、形式如何选择，应由承包农户自主决定，流转收益应归承包农户所有。流转期限应由流转双方在法律规定的范围内协商确定。没有农户的书面委托，农村基层组织无权以任何方式决定流转农户的承包地，更不能以少数服从多数的名义，将整村整组农户承包地集中对外招商经营。防止少数基层干部私相授受，谋取私利。严禁通过定任务、下指标或将流转面积、流转比例纳入绩效考核等方式推动土地流转”。《农村土地承包法》和《物权法》都规定了农户是土地承包经营权流转的权利主体。因此，根据现行政策法律的规定，土地经营权是由农户的土地承包经营权流转而产生的权利。

在农地制度改革过程中，也存在大量的集体收回承包地统一经营，然后采取出租、入股等形式对外承包经营或者合作经营的情形。学者将此解释为土地经营权直接由集体土地所有权产生，可以与非以家庭承包形式创设的“四荒地”土地承包经营权的性质相同，具有用益物权属性。对此，应当从法理层面剖析。在集体统一收回承包地并以集体名义流转的模式下，可以将农户与农民集体的关系分两个阶段观察。

第一个阶段是农民集体收回农户的承包地阶段，需要明确农民集体在何种情形下能够收回农户的土地进行统一经营，或者农户交回土地的行为是何种性质，是否构成土地承包经营权的消灭？根据现行政策规定，集体未经农户书面同意的，无权以任何方式决定流转农户的承包地。而且集体收回农户承包地不适用少数服从多数的集体决策方式。由此可见，当且仅当本成员集体内的全部农户放弃土地承包经营权的情况下，集体才可以收回农户的承包地。此时，土地使用者和土地所有者为同一主体，基于用益物权和所有权混同的规则，农户的土地承包经营权归于消灭。这里值得探讨的问题就在于集体内的全体成员自愿放弃土地承包经营权的可能性问题。一般认为，基于追求规模经营收益和集体经营绩效的共同目标，农户会达成将承包地交回集体的一致行动。但是实际上，制度经济学的研究成果早已表明，成员的共同目标或者愿望并非达成集体行动的必要条件，农户的集体行动往往受到多方面因素的影响。其中，承包地的保障作用及其替代选择是重要的因素，农户行为受到当地非农就业机会的数量、收入水平和就业稳定性的制约。当农民将承包地交回集体，由原来的直接依赖土地吃饭转变为依赖土地收益后，农地的市场化经营能够产生多少收益显得十分关键。因此，即便是主张“确权确股不确地”情形下的“三权分置”的学者，也认为这种模式适合于在城郊或东部沿海等农村经济发达地区开展，而在经济相对落后的地区立即推行并不合适。[1]而且，早期社区股份合作社的成功推行是以否定农户的自由选择权和退出权为前提的，[2]且当时主要针对的是农民分享集体土地转为建设用途的集体收益分配问题。由此可见，在我国不同地域城乡经济社会发展不平衡的情况下，中央决策层原则上应当采取偏向于温和渐进的改革路径，由农户自主决定是否流转承包地经营权，这也是党和国家的一贯政策主张。

---

〔1〕 高富平：“农地‘三权分置’改革的法理解析及制度意义”，载《社会科学辑刊》2016年第5期。

〔2〕 参见牛若峰：“农民集体所有土地股份合作制的前提和基础”，载《调研世界》2000年第7期；钱忠好、曲福田：“农地股份合作制的制度经济解析”，载《管理世界》2006年第8期。

第二个阶段，当农户书面同意并将土地交回农民集体统一流转时，是否引起农民集体对集体土地的处分行为？如前所述，依照用益物权基本理论，集体统一收回农户承包地应当以本集体内所有农户土地承包经营权的灭失为前提，否则，只可能是集体经由承包农户的分散或集中委托而流转其土地承包经营权，而不构成对集体土地权利的处分，也没有集体成员共同决策的适用空间。由此可见，在绝大多数情况下，由于受到农村社会分化和农户家计情况异质性的影响，以集体名义流转农村土地的行为，其性质往往是集体作为农户的代理人，代其流转承包地的经营权，而不构成对集体土地的处分。因此，由农民集体直接处分农用地，或者在集体土地所有权上生成土地经营权之说，进而得出土地经营权具有用益物权性质的观点，可能不具有适用上的普遍性，其可行性也值得商榷。

“三权分置”的政策目标是在农户离农离地的情况下，保护实际耕作者的权利，同时引入资金技术等要素发展现代农业，保障农业增效和粮食安全。保护新型农业经营主体的权利，使其有持续稳定的经营预期，满足其抵押融资需求，是农地制度改革的应有之义。按照“三权分置”的政策要求，土地经营权宜被塑造为一种用益物权性质的权利，否则就没有进行制度创新的必要。但是，在实践中，土地承包经营权流转方式主要是出租和转包，流转的对象也主要以邻居亲友为主，便于农户随时终止租赁关系以回到土地。在承包地仍然承载农户的社会保障和农村的社会稳定功能的现实情境下，承包地经营权不可能长时间大面积流转，农户的生存理性选择与新型经营主体的效率利益诉求之间必然存在紧张关系。因此，从土地经营权性质界定的问题导向来看，关键在于如何实现土地经营权的长期稳定性。

2. 土地经营权的性质界定

既然土地经营权是由农户流转土地承包经营权而形成的权利，而且如前文所述，“三权分置”下的农户承包权应当理解为现行法上的土地承包经营权，土地经营权的权利性质界定首先应当考虑作为其生成基础的土地承包经营权的性质。按照现行立法规定，土地承包经营权是在集体土地所有权上设置的用益物权。依权能分离理论，集体土地所有权可以产生用益物权性质的土地承包经营权。但土地承包经营权不能生成物权性质的土地经营权。因为后者一旦产生，前者即遭抽空，难以实现农户的物权保障。土地承包经营权作为用益物权，其上难以成立与之皆以占有土地为权利内容的土地经营权。[1]因此，按照民法物权理论去解释土地承包经营权与土地经营权的关系，就会得出土地经营权是租赁债权的结论。问题在于用这样的论证视角来解释我国的农地制度，仍然欠缺足够的说服力。

物权法具有突出的固有法特征。我国的农地权利制度具有其特殊性，虽然现行立法采用了民法用益物权之法制度和法技术来表达集体土地所有权和土地承包经营权的关系，但这种立法安排显然并不能全面和深刻地解释我国农地制度的法理念和法思想。我国的集体土地所有权是集体所有制的权利表现形式。成员集体和集体成员是有机统一的，成员集体存在的目的是为了集体成员利益的实现。[2]农民的土地承包经营权，是根据自己在集体中的成员权取得的地权，是他们行使自己的权利的一种方式，所以农民家庭或者个人对于土地的权利，本质上是一

〔1〕 单平基：“‘三权分置’理论反思与土地承包经营权困境的解决路径”，载《法学》2016年第9期。

〔2〕 韩松：“论农民集体土地所有权的集体成员受益权能”，载《当代法学》2014年第1期。

种“自物权”。这不能等同于传统民法中所有权与用益物权主体不同一的关系。不能以传统民法中“用益物权派生于所有权”理论来理解我国农户土地承包经营权和集体土地所有权的法律关系。[1]因此，土地承包经营权是农户公平分享集体土地所有权的表现形式，具有“相当所有权性”。随着长久不变和权能充实政策的逐步落实，土地承包经营权的这种性质愈发显著。

由于我国的土地所有权是不具有可交易性的，土地使用权具有强大的物权独立性，土地使用权人可以处分其土地使用权，如在其权利上设定担保物权或者他项权利，而不再受土地所有权的束缚。[2]集体土地所有权处于权利的锁定状态，土地承包经营权成为“实现不可流转的土地所有权与市场经济对接的制度工具”。[3]从理论上说，农户完全可以在具有“自物权”性的土地承包经营权上设置用益物权性质的土地经营权。从立法例来看，在土地用益物权上创设他物权，已在我国立法之中得到体现。[4]据此，在解释论层面，土地经营权可以具有用益物权的性质。

需要说明的是，土地承包经营权的“自物权”性在理论上为土地经营权的物权属性提供了解释和证成空间，但要在立法上实现土地经营权的用益物权塑造，仍需注意两大不容忽视的问题：一是，我国农地制度变迁的路径依赖和权利生成的特殊

---

〔1〕 孙宪忠：“推进农地三权分置经营模式的立法研究”，载《中国社会科学》2016年第7期。

〔2〕 刘俊：《中国土地法理论研究》，法律出版社2006年版，第181~187页。

〔3〕 高富平：“土地使用权的物权法定位——《物权法》规定之评析”，载《北方法学》2010年第4期。

〔4〕 参见《物权法》第136条、第156条之规定。需要特别说明的是，地役权应当是设立在土地承包经营权或者建设用地使用权之上的次级用益物权，《物权法》第156条将地役权与其他用益物权作并列规定处理，虽在立法技术上存在瑕疵，但本身就说明了在土地承包经营权上可以创设其他用益物权。

逻辑。我国借鉴大陆法系民法理论来构造农地权利体系，并在现行法上确立了“集体土地所有权——土地承包经营权”的农地权利结构，土地经营权的生成必须建立在既有权利结构的基础之上。因此，在立法表达上，土地经营权应体现为一种债权性质的权利。第二，土地经营权是经由土地承包经营权的流转而产生的权利，土地经营权的权利期限和权利效力属于农户和经营权人意思自治的范围，放活土地经营权的政策本意也在于尊重当事人之间的契约自由。土地经营权的立法塑造受到土地承包经营权流转形式的影响。因此，我们需要对农户流转土地承包经营权的行为进行区分，在一般地采取债权规范表达形式的同时，对那些具有物权创设效果的土地经营权，可以在理论上解释为用益物权，并赋予这部分土地经营权一定的支配和排他效力。

从理论上说，承包人将自己承包的土地交由他人经营时，实际上便将该土地的经营权授予给该他人。承包人将土地交由他人经营，往往出于不同的动机，有时仅仅是临时的打算，如外出打工，暂时将自己的土地交由邻居亲友耕种，尽管邻居取得该土地的经营权，但这种经营权可能随时因承包人回乡而丧失。这种基于短期转包、租赁、临时委托等关系而将承包土地交由他人经营的现象，在实践中非常普遍，现在乃至今后都可能是长期存在的承包地经营权流转形式。在这些情形下，承包地经营者的权利都不可能是一种物权，也难以在立法上塑造为物权。

在以租赁合同为实现承包地支配方式之场合，考虑租赁期限对于土地经营权稳定性的影响，则体现出债权物权化的可能性，可以通过登记公示手段纳入物权体系。[1]入股是农户保留承包资格而以土地经营权入股，在入股期间经营主体可以取得

〔1〕张力毅：“通过契约实现的物之支配关系——债权物权化的另一种解释论框架”，载《东方法学》2015年第6期。

土地经营权。土地承包经营权可以抵押，农户在抵押期间内继续占有使用承包地，如不能偿还到期借款时，农户保留承包权，土地经营权需要从土地承包经营权中分离出来，以拍卖变卖所得实现抵押权，土地经营权则由其他土地经营权人取得。信托流转虽未纳入现行法规定，但由于信托财产封闭运行的特征，也是实现经营权人长期稳定经营的土地流转方式。〔1〕可见，入股、抵押和信托流转都属于土地承包经营权的物权性流转方式，都可以分置出长期稳定的土地经营权。

综合上述分析，土地经营权是经由土地承包经营权的流转而产生的权利，基于土地承包经营权的"自物权性"，土地经营权可以解释为一种用益物权性质的权利，但是，在土地经营权的实际塑造过程中，要考虑现行立法之"两权分离"权利结构的影响，土地经营权应一般地表达为债权。同时，也要考虑土地承包经营权流转形式对土地经营权稳定性以及物权化塑造的影响。通过对土地承包经营权流转形式的梳理可知，对于土地经营权的物权化问题，暂时没有可能提出绝对性的要求，法律可以规定设定物权性经营权的条件和方式，使土地经营权中的一部分成为物权性质的土地经营权。从目前农地经营主体结构的变化和培育新型农业经营主体的角度来看，为了强化对新型农业经营主体土地经营权的保护，可以通过登记使其取得的长期稳定的土地经营权实现债权的物权化。

二、承包地"三权分置"下土地经营权的权利构造

（一）土地经营权的权利构造

土地经营权的权利构造需要厘清土地经营权的权利来源或

〔1〕 潘俊："农村土地承包权和经营权分离的实现路径"，载《南京农业大学学报（社会科学版）》2015 年第 4 期。

者生成路径、权利主体、权利内容、权利灭失等。

第一，从土地经营权的生成路径或者权利来源来看，土地经营权是土地承包经营权人设定的、对其享有用益物权之农地占有、使用及收益的权利。土地经营权设定的主体只能是土地承包经营权人。农民集体作为土地所有权人，只能为作为本集体成员的农户设定土地承包经营权，不能为本集体成员直接设定经营权，也不得为非集体成员设定经营权。原因在于，土地承包经营权为土地经营权设立之权源，即使是农民集体为非集体成员直接设定经营权，也必须经由本集体内全部农户对土地承包经营权的放弃，这样才可以有效保护农户在参与集资组织的农地流转中的决策权。否则，由于土地经营权具有较强的流通性，农地的社会保障作用将难以维系，集体成员的生存权益也有无法得到有效保障的风险。

第二，立法应当规定土地经营权的设立方式，解决在不同的土地承包经营权流转模式下，土地经营权创设的条件和方式。如前所述，未来立法应当充实土地承包经营权的处分权能，创新土地承包经营权的流转形式，从而使土地经营权的设立方式多元化。立法应当适当扩大承包地经营权入股的范围，并赋予土地承包经营权以抵押权能。此外，土地承包经营权的长久不变，必然要求立法承认并设置其继承规则。对此，本书在第四章当中已进行了详细的分析，在此不再赘述。

第三，立法应当规定土地经营权的权利主体。土地经营权的权利主体，首先，应当具有农业经营能力，这是前置性要件，为此，需要从行政许可和行业准入规制的角度，设置土地经营者的准入规则，这与土地经营权的物权性质和自由流转并不矛盾。其次，立法应当明确本集体经济组织成员是否享有优先权的问题。《农村土地承包法》第 33 条规定土地承包经营权流转应当遵循原则第5项，"在同等条件下，本集体经济组织成员享有优先权"。在"三权分置"，放活土地经营权的背景下，此规定是否仍要坚持，需要明确。笔者认为，放活土地经营权除了对土地承包经营权流转形式进行重新构造以外，还包括将土地经营权作为一种生产要素，在土地经营权人之间进行有效配置。在坚持土地经营权人准入资格设置的情况下，应当取消优先权的规定。优先权规定的本意在于以农地保障逻辑为主，将农地对于农户的保障利益锁定于本集体成员内部，同时兼顾土地的利用效率。但是，在"三权分置"的推进进程中，经营权分离的主要意义在于促使经营权在更大范围内流转，提高土地利用效率，而效率的提高主要是通过新型农业经营主体和经营方式予以实现。因此，在承包权和经营权分离的流转方式中，继续强调集体成员的优先权并无更大的价值考量。最后，在承包经营权分离的过程中，集体经济组织成员的优先权不具有实质意义。通常优先权都建立在同等条件基础上，集体成员如能达到与工商资本组建的企业同等条件时，往往已经成为专业大户、家庭农场，本属于新型的农业经营主体范畴，应当优先考虑。在这种集体经济组织成员组成的新型农业经营主体与工商资本投入形成的新型农业主体并存时，承包人可以自由选择经营能力更强的一方，强行规定缔约主体不具有合理性。因此，在土地经营权自由流转，提高农地资源配置效率的背景下，"除了考虑进行农业生产经营的能力，不应当设置其他不正当的限制"。[1]因此，应当删除"本集体经济组织成员享有优先权"之规定。

第四，立法应当规定土地经营权的权利内容。根据《三权分置意见》，农地实际经营主体的权利包括：占有、使用和相应

---

〔1〕 郜永昌："分离与重构：土地承包经营权流转新论"，载《经济与法》2013年第5期。

的收益权；特别改良权及就特别改良形成的土地增值的合理补偿请求权；优先续租承包土地的权利；土地经营权的转让权和抵押权，须经承包农户或其委托代理人书面同意，并向农民集体书面备案；征收补偿请求权等。据此，经营权人对特定农地享有占有、使用、收益的权利，土地经营权人可以转让、抵押该权利。需要进一步阐明的问题是，土地经营权担保的法律性质，是抵押还是质押？对此，学界意见不一。根据《国务院关于开展农村承包土地的经营权和农民住房财产权抵押贷款试点的指导意见》（国发［2015］45号），“流转土地的经营权抵押需经承包农户同意，抵押仅限于流转期内的收益”。“探索对通过流转取得的农村承包土地的经营权进行确权登记颁证，支持以各种合法方式流转的农村承包土地的经营权用于抵押。”由此规定可见，虽使用了“抵押”一词，但抵押权的效力并不及于土地经营权本身，而是限于土地承包经营权流转期限内的收益，而且需经承包农户同意，其意应作土地经营权债权质押之理解。本书认为，由于土地经营权物权化暂时并不具有作出统一要求的可能性，土地经营权在立法上仍应保持债权的表达形式，因此，土地经营权的担保形式应当是权利质押，而非抵押。第二个问题是，在改革政策已经允许土地承包经营权抵押，且学界也多持赞同观点的情况下，如何处理土地承包经营权和土地经营权同时设置担保之间的关系？关键在于，土地承包经营权之上是否已由农户设置抵押权。如果经营权人取得的剩余承包期限内的土地使用权，没有设置抵押的，经营权人完全可以将该土地经营权质押；否则，基于土地承包经营权之抵押权的限制，则二者不能并存。

第五，立法应当明确土地经营权的终止情形。[1]土地经营

〔1〕 蔡立东、姜楠：“农地三权分置的法实现”，载《中国社会科学》2017年第5期。

权是在土地承包经营权上设置的权利，基于土地承包经营权的有期限性，其因土地承包经营权的终止而终止。土地经营权是土地承包经营权人在该权利之上设定的权利，土地承包经营权随即丧失存在的基础，因而发生权利的终止。在土地经营权人实际占有、使用承包地的情形下，土地承包经营权的终止通常基于承包方自愿交回承包地，或者承包方全家迁入设区的市且转为非农业户而使土地承包经营权终止的场合。此时土地承包经营权人应将土地承包经营权终止的情形向土地经营权人发出通知，可以借鉴《农村土地承包法》第 29 条关于承包方向发包方履行通知义务的规定，如果该土地承包经营权之上存在经营权，土地承包经营权人应当提前 6 个月以上履行书面告知义务。未履行告知义务，给经营权人造成损失的，土地承包经营权人应当承担损害赔偿责任。参照《农村土地承包法》第 26 条第 3 款的规定，由于土地承包经营权的终止而导致经营权终止的，土地经营权人就其在承包地上的投入，有权请求土地承包经营权人、征收人给予相应的补偿。应当说明的是，农户退回承包地的，由集体承受其权利义务，原土地经营权人可以向集体主张重新订立土地使用权合同，继续占有使用原耕作土地。除上述土地承包经营权的终止导致土地经营权终止的情形外，土地经营权还可以因下列原因终止：其一，土地经营权存续期限届满。土地承包经营权人可以与经营权人协商确定经营权的存续期限，期限届满土地经营权终止。其二，土地经营权人擅自变更土地用途或者进行破坏性生产，侵害土地所有权人、土地承包经营权人合法权益。此时，集体土地所有权人可以以所有权侵权为由，行使排除妨碍、恢复原状以及损害赔偿请求权；土地承包经营权人也可以行使土地流转协议的终止权，收回承包地，并请求经营权人承担损害赔偿责任。其三，土地经营权人拖欠农地使用费，经催告后在合理期限内仍不缴纳。此时，土地承包经营权人也可以行使土地流转协议的终止权，收回承包地，土地经营权因此终止。

（二）土地经营权的权利保护

从立法规范表达上来看，土地经营权是一种债权性质的权利。《三权分置意见》也提出，通过流转合同鉴证或者交易鉴证的方式确认土地经营权。合同保护也是土地承包权获得法律保障的手段之一，承租人享有优先续租权和“买卖不破租赁”的特别保护，但合同效力限于农地流转双方当事人之间，不具有对世性。农户之间短期转包和临时委托耕种等产生的土地经营权稳定性相对较差，土地流转效力的维持往往依赖村庄信任机制和人情因素，较少签订环节并依赖书面合同，公示成本很高，没有必要进行权利登记。在农地对外流转和长期流转的场合下，农户一般会选择签订正式合同，合同或交易鉴证的重点保护范围也在于此。

然而，从新型农业经营主体的利益诉求来看，他们更希望获得长期有保障的土地经营权，尤其对一些形成资产专用性的经营主体，更要求土地经营权实现物权化。立法理当回应这种诉求，对这部分土地经营权设权行为有必要进行合同登记，赋予登记的土地经营权以对抗第三人的效力。当然，登记对抗主义的前提是当事人之间形成的物权变动的合意，登记为对抗第三人的要件，即排除第三人否定已登记之物权变动合意的权利。依物权理论和现行法规定，土地经营权确属土地承包经营权流转出的部分权能，并不符合物权变动这一前提，但在解释论层面，可以将一些具有创设物权效果的流转行为视为事实上的物权变动合意，通过附属登记于土地承包经营权登记，能够获得对抗第三人效力，实现物权化。

根据《不动产登记暂行条例》第5条第10项规定，“法律规定需要登记的其他不动产权利”也可以纳入不动产登记范围，这为不动产租赁权等权利登记预留了法律空间。据此，可以将下列农地流转合同纳入登记范围，经过合同登记使土地经营权实现债权物权化：一是，土地承包经营权的物权性流转。一般而言，农户流转其土地承包经营权，方式自由、不要式，若产生创设物权效果的，则要求流转方式法定，[1]且应以要式性为必要。在土地承包经营权入股、抵押、信托等物权性流转场合，需要办理登记手续。二是，租赁期限较长的土地经营权。这种土地经营权本属于债权，但由于其长时期存续，通过登记也可以作为物权来对待。原因在于，物权的本质，也是把原本的债权相对关系经过登记和公示后绝对化。[2]就租赁期限的确定而言，较长的流转期限，有于经营者合理预期，提高投入动力，改善农业生产条件，同时在一定程度上也能促使承包人理性思考，确定缔约时限。因此，基于上述因素考虑，立法宜规定一个强制性的下限，具体标准由各地掌握。为平衡承包权人和经营权人利益，参考其他用益物权存续期间，以考虑3年~5年作为承包人让渡经营权交由经营主体使用、处分的最低时限要求。[3]另外，如果土地经营权的设权主体是农民集体，即在集体内部的农户土地承包经营权全部灭失，在集体土地所有权上创设形成

〔1〕 高圣平：“新型农业经营体系下农地产权结构的法律逻辑”，载《法学研究》2014年第4期。

〔2〕 苏永钦：“中国需要什么样的民法典”，载《私法》2013年第1期。

〔3〕 参见潘俊：“农村土地承包权和经营权分离的实现路径”，载《南京农业大学学报（社会科学版）》2015年第4期；陶钟太郎、杨环：“农地‘三权分置’实质探讨——寻求政策在法律上的妥适表达”，载《中国土地科学》2017年第1期；孔祥智：“‘三权分置’的重点是强化经营权”，载《中国特色社会主义研究》2017年第6期。

的，则应当具有物权效力，理应纳入登记范围。《农村土地承包法（修订案草案）》第 39 条规定，土地经营权的流转，只需要将流转合同向发包方备案即可，并无登记的要求。对此，应当在立法修订时予以进一步完善，明确土地经营权登记的条件和要求。

根据不动产统一登记的基本要求，土地承包经营权和土地经营权的登记机构应当是一致的，也便于在土地承包经营权登记确权的基础上，完成其权利变动即生成土地经营权的记载。应当明确，农村产权流转交易市场是针对所有进场交易的合同鉴证机构，而土地经营权的登记机构应是地方人民政府农业管理部门。在此，农村产权流转交易市场可以发挥服务功能，通过向达到登记条件的交易合同当事人发出登记提示书的方式，激励土地经营权人，尤其足新型农业经营主体办理土地经营权登记。

由此可见，鉴于目前条件，对于土地经营权的物权化问题，暂时没有可能提出绝对性的要求，土地经营权的法律保护应当考虑农户流转土地承包经营权的不同形式，对不同的经营权主体采取合同债权保护和登记对抗保护兼容并行的方法。

第二节　“三权分置”下土地经营权与农户承包权的关系协调

一、土地成本问题：权利关系协调的研究角度

“三权分置”下土地经营权与农户承包权的关系协调问题，实际上是关于农户和实际经营者的利益分配问题。“三权分置”是促进农地流转，优化农村土地资源配置，实现适度规模经营，保障粮食安全和农民增收的重要政策抉择。然而，随着土地承包经营权的确权登记和农地规模化经营主体的发展壮大，农村承包地的有偿流转逐渐增多，土地成本在农业生产总成本中占比的绝对值和增速都呈现快速攀升趋势，农业经营的土地成本

进一步显化和加剧。[1]据媒体报道，一些粮食生产大户发生亏损甚至破产，土地成本成为这些规模经营主体的“不可承受之重”。地租侵蚀规模经营利润，成为“三权分置”有效实现需要防范和克服的负面效应。[2]

承包地流转收益是农户土地财产性收入的重要表现形式，同时也构成了农地实际经营主体的生产成本，而土地流转收益取得的持续稳定性又依赖于农地实际经营者的经营绩效。农户和土地经营者既具有利益一致性，又存在明显的利益冲突。农民对于通过农地流转增加收入的诉求和国家与社会通过适度规模经营实现粮食安全的公共目标之间存在一定的矛盾。一方面，传统小规模家庭农户兼业化、细碎化和老龄化的粮食生产模式不可持续；而另一方面，以较高的土地成本实现规模化粮食生产同样面临更多的困难。如何缓解甚至克服土地成本带来的负面效应，成为亟待破解的难题。

对此，法学研究者普遍认为土地承包权的权利内容包括分离对价请求权，土地经营权的权利内容包括收益权，但对两种权利的相对应的利益分配和协调机制缺乏深入的探究。大部分学者认为应立足于农户利益保护的角度展开深入研究，[3]并从实证调查的角度提出土地流转高租金激励能明显增强农户的土地流转意愿；[4]少数学者从保护经营权人的农业经营收益的角

[1] 叶兴庆：“演进轨迹、困境摆脱与转变我国农业发展方式的政策选择”，载《改革》2016年第6期。

[2] 国务院发展研究中心农村经济研究部：《集体所有制下的产权重构》，中国发展出版社2015年版，第107页。

[3] 李长健、张伟：“农民土地权益的利益结构与利益机制研究——基于农村社区的发展”，载《华中农业大学学报（社会科学版）》2016年第1期。

[4] 张兰、冯淑怡、陆华良：“农地规模化经营的形成机理——基于农户微观决策视角”，载《江海学刊》2016年第5期。

度，主张合理控制农地流转价格，建立合理良性的让渡对价机制和评估机制；〔1〕有的学者从农业发展角度提出，土地流转费过高已成为我国农业不可承受之重，应当降低农业规模经营成本，不宜把增加农户财产性收入作为土地流转制度改革的追求目标。〔2〕

经济学界、社会学界的多数学者从农地流转价格的视角展开研究且已取得了丰硕的研究成果。农业经济学者主要对土地流转价格的构成及其影响因素、价格评估等方面展开研究，具体分析农户个体家计情况、承包经营权稳定性、土地自然质量等级、资本投入程度、供求状况、土地流转方式等因素对流转价格的影响。〔3〕社会学者运用社会调查研究和典型案例分析的方法，论证地租的形成具有社会建构性，是一种“社会性合约”。〔4〕制度经济学者则是以产权理论、交易成本理论和不完全合约理论为基础，分析农地产权特性和农户契约选择对土地流转价格的影响，认为承包地具有强烈的禀赋效应和人格化财产特征，农户普遍具有较高的农地流转价格预期。〔5〕农地流转市场分为关系型市场和要素型市场，〔6〕农户往往根据自身与农地

〔1〕 潘俊：“农村土地‘三权分置’：权利内容与风险防范”，载《中州学刊》2014 年第 11 期。

〔2〕 党国英：“农业成本关乎中国中长期的发展”，载《农村工作通讯》2016 年第 6 期。

〔3〕 易小燕、陈印军：“农户转入耕地及其非粮化种植行为与规模的影响因素分析——基于浙江、河北两省的农户调查数据”，载《中国农村观察》2010 年第 6 期。

〔4〕 田先红、陈玲：“地租怎样确定？——土地流转价格形成机制的社会学分析”，载《中国农村观察》2013 年第 6 期。

〔5〕 胡新艳、洪炜杰：“农地租约中的价格决定——基于经典地租理论的拓展分析”，载《南方经济》2016 年第 10 期。

〔6〕 邹宝玲、罗必良：“农地流转的差序格局及其决定——基于农地转出契约特征的考察”，载《财经问题研究》2016 年第 11 期。

流入对象社会关系的差序性表现出不同的意愿租金。[1]

既有研究成果集中于探讨农地流转价格形成中的经济和社会影响因素，侧重于从农地流转交易主体的不同特质，即农户间流转和对外流转两个层面展开分析，认为农地流转价格具有要素价格或者人情租金的二元属性。由此可见，相关研究将流转价格界定为在各种影响因素作用下，农地流转双方意愿价格的均衡结果，流转价格通常以土地使用费或租金的形式核算，构成农地实际经营者的生产成本。不同于以往的研究视角，本文采用土地成本的概念，认为土地成本不仅是发生在交易主体之间的个别成本，而是一种社会成本，是农地制度改革过程中发生的制度变迁成本，不能仅由受到制度变迁直接影响的微观市场主体负担，也需要在全社会范围内实现公平、合理的分担。为此，本书从制度变迁成本的理论视角，对农地适度规模经营的土地成本的合理分担及其制度建构展开分析。

二、制度变迁成本：土地成本的研究视角

（一）制度变迁成本及其分配正义

1. 制度变迁与制度变迁成本

制度变迁是理解经济社会历史发展变迁的关键。[2]制度变迁通常在制度创新的净收益大于预期成本时才会发生，[3]需要满足两个基本条件：其一，制度变迁应当是“相互作用的人们

〔1〕 钟文晶、罗必良：“禀赋效应、产权强度与农地流转抑制”，载《农业经济问题》2008 年第 3 期。

〔2〕［美］道格拉斯·C. 诺思：《制度、制度变迁与经济绩效》，杭行译，格致出版社 2014 年版，第 3 页。

〔3〕［美］兰斯·E. 戴维斯、［美］道格拉斯·C. 诺思：“制度变迁的理论：概念与原因”，载［美］罗纳德·科斯等：《财产权利与制度变迁——产权学派与新制度学派译文集》，刘守英等译，格致出版社 2014 年版，第 191 页。

对新的收益——成本的可能渴望进行调整的回应”。[1]如果社会经济的发展产生了新的潜在收益，而在旧的制度体系中又难以实现，那么，人们对收益的普遍预期会推动一种更有效率的制度出现来替代旧的制度。其二，制度创新成本的降低使这种制度变迁变得合算。制度变迁成本是社会转型必然发生的客观代价，包括制度设计成本、新旧制度转换的摩擦成本、新制度的实施成本等。[2]制度变迁的成本约束要求：一方面，制度变迁的成本是有限成本而不能超出必要的限度，否则就会侵蚀制度变迁的绩效和净收益，甚至使整体社会滑入一种效率低下的制度深渊；另一方面，制度变迁过程是人的理性实践的过程，制度成本的支出和承担应当具有可选择性和可控制性，必须保证全体社会成员都能以较小的平均社会代价分享制度转型的最大收益。

制度变迁的净收益及制度变迁成本的有限性和可控性只是一种总体性的“预估”，初步证明社会公共选择的机会收益可能大于机会成本。但是，就每一个社会成员来说，他在乎的是社会制度安排的变化所引致的个体“成本——收益”的改变。对于不同的社会阶层或者社会群体而言，他们最关心的是制度变迁成本在社会各阶层之间的负担及其合理性。从理论上讲，成功的制度变迁过程应体现为一种帕累托改进，在社会总体收益增加的同时，无人在此过程中受损。但在实际上，制度变迁对社会成员成本——收益的影响程度不可能是同等比例的，不同

---

〔1〕［美］哈罗德·德姆塞茨：“关于产权的理论”，载［美］罗纳德·科斯等：《财产权利与制度变迁——产权学派与新制度学派译文集》，刘守英等译，格致出版社 2014 年版，第 73 页。

〔2〕汪洪涛：“论制度变迁中发生的成本性质”，载《学术月刊》2003 年第 7 期。

社会成员对潜在收益及其可获得性的主观认识判断也存在差别，制度变迁过程总是伴随着不同利益集团的相互较量和重复博弈。利益博弈的焦点就在于制度变迁的“成本——收益”在社会成员之间的分布和匹配是否具有均衡性，或者可以说这种匹配是否合乎比例原则，即社会收益率与个体收益率是否具有一致性。因此，制度变迁的必然性和有代价不能遮蔽制度变迁的成本分摊问题，而这关系到整体社会制度和社会基本结构的德性。〔1〕

2. 制度变迁成本的分配正义

分配正义是关于社会基本结构，即社会成员的基本权利义务安排和经济利益及负担划分的基本原则。关于分配正义的研究，存在功利主义和权利主义两种进路。功利主义学说主张“最大多数人的最大幸福”，如果为了社会利益最大化的需要，少数人的利益牺牲是不可避免的话，那也被认为是正常支出的必要成本。但是，每一个社会成员都有可能为社会公共利益需要而背负牺牲自我基本自由权利的“承诺压力”，这显然是一种非正义。原因在于，每个人都是理性的存在，都有平等的独立意志和自由权利，都有应当被当作独立自由的人来对待的尊严。〔2〕“人不应当作为供别人使用的手段，而应当是作为目的本身。”〔3〕罗尔斯在对功利主义进行批判的基础上，提出了正义的两个原则，一是，平等自由原则；二是，公平的机会平等原则和差别原则，以及优先原则，即两个原则的词典式排序原

〔1〕 高兆明：“‘分配正义’三题”，载《社会科学》2010 年第 1 期。

〔2〕 ［美］迈克尔·桑德尔：《公正：该如何做是好?》，朱慧玲译，中信出版社 2011 年版，第 115 页。

〔3〕 ［德］康德：《法的形而上学原理》，沈叔平译，商务印书馆 1991 年版，第 48 页。

则。[1]罗尔斯的分配正义理论申明保障每一个人的平等自由和机会平等，而且任何不平等的分配应当有利于最不利者，这就使每个社会成员都不会有基本自由权利被剥夺的危险，也不会面临最坏的社会资源和经济利益的分配结果，这无疑是比功利主义更加深入人心的正义理论。

罗尔斯的分配正义学说可以作为制度变迁成本公平分担的理论依据。由于制度变迁必然涉及社会利益的重新分配，这就决定了制度变迁过程不可能是纯粹效率导向的，而应当是公平和效率的统一。社会成员对制度变迁的成本负担和收益分享应当遵循和体现比例原则，或者可以说是成本和收益相匹配的原则。无论在强制性抑或是诱致性制度变迁的场合，制度变迁成本一般首先在参与制度创新的主体之间实现内部化，如果取得了制度变迁的潜在净收益，则证明这种制度变迁是可行的，其他社会成员只需要支付较少的学习成本，就可以享受新制度这种公共产品带来的收益；但与此相反的情况是，如果未取得预期的潜在收益，那么制度试验的参与主体就承担了制度试错成本，其价值在于为国家或者其他社会主体指明了进一步制度创新的必要性和前进方向。制度变迁参与主体的个别成本——收益与社会成本——收益之间存在严重的不匹配，由此产生外部性问题。因此，制度变迁的成本不能仅由直接参与或者受到制度变迁直接影响的社会成员来全部承担，而应当在制度变迁参与主体和全体社会成员之间实现公平合理的分担。既要发挥潜在收益和风险对于制度创新参与主体的激励和约束作用，也需要建立制度试错成本在全体社会成员之间的共同分摊机制，这是人类长期以来社会生活中形成的共同应对制度变迁不确定性

[1] [美]约翰·罗尔斯：《正义论》，何怀宏等译，中国社会科学出版社1988年版，译者前言第8~11页。

的“保险”机制。这种制度变迁成本分担原则符合罗尔斯的正义理论，即每个社会成员都有参与制度创新以获得潜在收益的平等机会，而且正是由于制度试错成本社会分摊机制的存在，使得这种机会平等具有实质意义而非仅在形式上成立。

在制度变迁的过程中，社会弱势群体往往承担较多的成本，而且，制度变迁成本很有可能在看似形式平等的市场交易活动中，悄然完成交易优势方向劣势方的成功转嫁，这进一步加剧了社会弱势群体的成本负担。根据差别原则，制度变迁成本的不公平负担应以有利于社会之最少受益者为前提。对处于最不利地位的社会成员的尊重和关怀同样是为了减少不确定性，使其不因制度变迁而丧失平等的基本自由和有基本尊严的物质生活条件，从而具备重新参与市场公平竞争的基本能力。因此，制度变迁成本的分配正义要求政府发挥社会利益再分配和弱者扶助的职能，而不是被强势利益集团所“俘获”，这样才能彰显制度变迁的合法性，获得社会改革的最大民意基础。

综上，制度变迁成本的合理分担应当坚持成本和收益相匹配的原则，制度创新主体为了获得潜在收益需要承担一定的成本。政府作为全体社会成员的代表，需要对那些先期承担了较多成本的制度创新参与主体进行适当补偿，同时要保障社会最不利者在制度变迁中能够公平分享潜在制度收益，这是基于政治正义而非道义性的补偿正义，其正当性基础来源于社会合作和社会互惠。

（二）农地规模经营的土地成本及其分配正义

1. 土地成本的制度变迁成本属性

目前，我国农地经营规模极度细碎化、分散化，这既是由我国人多地少，人地关系高度紧张的自然禀赋条件决定的，也是土地保障逻辑下均田承包制度的必然结果。家庭承包经营制度在很长时间内为我国粮食安全和社会稳定发挥了良好的制度绩效，但从目前形势来看，该项制度的红利几乎消失殆尽。在农户离农离地，农业生产兼业化、老龄化难以为继的背景下，应当顺应农业生产主体结构和农业经营方式的变化趋势，尽快建立符合农业现代化和新型城镇化要求的农业经营制度和生产组织制度。农地经营体系和组织形式的转型必将引致农地权利体系的重构，实现从“集体所有，农户承包经营”的“两权分离”向“集体所有，农户承包，经营者经营”的“三权分置”的渐进式转变。

在农户仍然是农地经营主体的大多数，承包地仍然承担部分农户的保障功能的现实约束下，要改变“家家承包，户户种田”的局面，推进农地适度规模经营，实现我国农地经营制度的转型升级，就必须通过农户自愿基础上的承包地经营权流转来解决耕地细碎化问题。土地成本是影响农地制度变迁进程的关键因素，是实现规模化农业绕不过去的“坎”，关系到农业生产的成本乃至于我国经济社会发展的总体成本，关乎我国农业现代化和粮食安全目标的实现。如果说在“两权分离”模式下，承包地的个别流转仅涉及交易主体双方的成本收益问题，那么，在推行“三权分置”的背景下，承包地流转的土地成本是社会各阶层为了实现土地规模化经营带来的经济和社会收益而承担的必要成本，可以被理解为一种农业经营制度和农地权利制度转型变迁的社会成本和制度成本。制度变迁的过程同时也是社会结构性调整和群体间权利资源重新配置的过程，〔1〕应当坚持制度变迁成本的分配正义原则，通过法律机制解决土地成本的合理分担问题。

---

〔1〕 李汉林、魏钦恭、张彦：“社会变迁中的结构紧张”，载《中国社会科学》2010 年第 2 期。

2. 土地成本的分配正义

农地流转是发生在土地承包权人和土地经营权人之间的以一定期限内的承包地经营权为交易客体的民事行为。对于土地经营者来说，土地成本是他进行农业生产经营活动必然支出的成本，土地经营者可以在成本、收益和利润之间做出权衡，以决定是否流入土地从事农业生产。对于土地承包权人来说，农地流转获得的收益是实现其财产性收入的重要方面，农户可以根据自身家计状况选择是否流出土地，而将劳动力资源投向其他产业部门。通过平等有偿的承包地经营权市场交易，双方都可以得到福利上的增进。从法律关系和交易形式来看，如同其他微观经济领域中经常发生的交易活动一样，土地成本是发生在交易双方主体之间的个别交易成本，通过双方当事人平等协商而加以确定。

但是，保证国家粮食安全的成本应该由全体国民承担，而不能只由农民或者其他农业生产者承担。[1]土地成本不仅是土地经营权利交易活动中的个别成本，更是具有社会成本的属性。首先，由于农业生产面临自然和市场双重风险，农业生产的相对比较收益低下，农业生产部门具有天然的弱质性。在市场条件下，生产要素通常会从农业部门流出而配置到其他产业部门，因此，农业生产条件的促成和优化不可能完全依赖市场交易实现，而是需要政府的公共财政投入予以保障。[2]这种投入显然应当属于政府负担社会成本的范畴。其次，农业产品尤其是粮食具有公共产品的属性，农产品的商品化生产具有极大的正外

〔1〕 蔡继明：“关于当前上地制度改革的争论”，载《河北经贸大学学报》2015 年第 2 期。

〔2〕 许明月、吴茂见：“农业基础地位面临挑战的法律对策”，载《甘肃政法学院学报》2007 年第 2 期。

部效应，既是为全体社会成员提供基本生存物品，更是为维护国家经济社会稳定提供基本保障。[1]农地经营者承担为社会生成农产品的重任，如果独自负担土地成本，就会导致私人成本收益和社会成本收益的不相匹配，产生外部性问题。按照前文所述制度变迁成本的合理分担原则，土地成本作为一种农地制度变迁成本，通常由农地的实际经营者先行承担，以发挥农地流转市场机制对于甄别土地经营者的经营意愿和经营能力的作用。同时，土地成本也是一种社会成本，需要在更大的社会范围内实现公平的分担。

在“两权分离”权利框架下，农民承担着为全社会进行农业生产的重任，同时也承担了较多的改革试错的制度成本。农民家庭通过“以代际分工为基础的半工半耕结构”，获得了在城乡之间进退往返的自由空间，[2]这也是我国化解历次经济危机产生的外部性代价的独特机制。[3]在农地制度变迁，推进“三权分置”的改革背景下，应当坚持保护农民利益的基本原则，农地适度规模经营应当在农户自愿流转农地的情况下因地制宜地稳妥推进。不能一味强调“规模经营收益”而不顾及规模化农地流转的潜在风险，更不能采取“要地不要人”的推进措施“折腾农民”，由农民来承担农地制度变迁的成本。

三、土地成本分担的法律机制

土地成本的分配正义要求建立一种合理化和法制化的市场分担与社会分担机制。从成本分担的逻辑顺序来看，存在初次

〔1〕 刘明国：“粮食的公共产品属性：中国当代农民贫困的经济根源”，载《农村经济》2008年第1期。

〔2〕 贺雪峰：《小农立场》，中国政法大学出版社2013年版，第50~56页。

〔3〕 温铁军：“回归三农：破解‘奥巴马-金正日难题’”，载《探索与争鸣》2012年第2期。

分担和再次分担两个环节。首先，农地实际经营者为了获得适度规模经营的基本条件和预期收益，需要在农地经营权流转过程中先行承担土地成本，这既是为了保障农户的土地财产性利益，也是市场化配置农地资源的必然要求；其次，政府运用公共财政手段实现土地成本的社会分摊，通过财政补贴、税收优惠等措施鼓励农地经营者流入土地进行适度规模经营。这两个环节的土地成本公平分担都需要作出相应的法律制度安排。

（一）土地成本初次分担的法律机制

土地成本初次承担的主体是土地经营权人。在农地流转过程中，应当发挥市场配置资源的决定性作用，坚持尊重农户自主意愿和自由选择的原则，不应由农户来承担农地制度变迁的成本。应当以赋予农户更加完整和更有保障的土地承包经营权为重点，完善土地成本初次分担的法律机制。

1. 农地流转双方当事人的权利关系与土地成本的法律意义

依据“定价问题就是产权问题”这一基本理论，土地成本可以理解为承包地流转所对应的权利的合理对价。因此，在“三权分置”的政策背景下，厘清农户和土地经营主体各自享有的权利内涵和权利边界，是界定双方在土地流转中“成本—收益”权利关系的基本理论前提。

根据政策和法律规定，我国农地制度改革采取以尊重农户意愿和自主决定为基本原则的渐进式和诱致性制度变迁路径。农户应当是农地流转的“初级行动团体”，政府或者村集体只能是在尊重农户自主选择权的基础上扮演“次级行动团体”的角色。从法律关系来看，农地流转应当是农户与土地经营权人之间就一定期限内的承包地经营权利进行交易的行为，而非政府主导或者集体统一组织的行为。从权利的生成逻辑来看，农地实际经营主体享有的土地经营权是由农户的土地承包经营权流转而生成的权利，包括占有、使用农地和部分收益的权能。而“三权分置”中的农户承包权应理解为其权利行使受到土地经营权限制的土地承包经营权，仍应保持土地承包经营权之称谓。农户承包权的权能应是土地承包经营权流转生成土地经营权后的剩余权能，包括承包地位维持权、分离对价请求权、征收补偿获取权、放弃或者退出权等权能。[1]农户承包权的意义在于以这些剩余权能对应的经济利益来承载和替代承包地对农户的保障功能。[2]

因此，土地经营权人承担的土地成本是流转合同约定期限内土地经营权的市场价值，一般以农户自行耕作的种植结构和取得的年均产值为核算的标准。土地成本仅反映农地作为生产要素的财产价值，并不连带承包地的社会价值。有学者主张农地流转的价格应当体现土地资源的自然价值、土地生产收益的经济价值和劳动就业、家庭生计、养老保障等社会保障价值。[3]认为承包地流转价格仅是农地资源的市场价格的表现形式，未能全面反映农地资源的社会价值等非市场价值。[4]或者提出在农地流转过程中，农户仅凭成员权收取相当于其土地承包经营权收入变现的固定租金，这与我国农业在很大程度上仍属于自给自足的自我保障型经济的总体现状相违背，这些观点从不同角度论证土地成本或者农地流转价格包括生产要素价格和社会价

〔1〕 潘俊：“农村土地‘三权分置’：权利内容与风险防范”，载《中州学刊》2014年第11期。

〔2〕 高海：“土地承包经营权‘两权分离’的论争与立法回应”，载《武汉大学学报（哲学社会科学版）》2016年第6期。

〔3〕 高艳梅、汤惠君、张效军：“基于产权价值的区域农地承包经营权流转价格研究——以广州市为例”，载《华中农业大学学报（社会科学版）》2012年第2期。

〔4〕 蒋永甫、徐蕾：“农户农地流转意愿：一种农地价值的视角”，载《学习论坛》2015年第6期。

值。问题在于，持此论者显然将土地承包经营权的流转等同于转让。但是，土地承包经营权的流转可以有多种方式，包括物权性流转和债权性流转，一般情况下只是土地使用权的有期限让渡。导致集体成员身份资格和承包地使用权一并灭失的转让只是其中的一种流转形式，且通常很少采用。

当然，有人会提出质疑，认为农户具有对承包地的“产权身份垄断”和“产权地理垄断”地位，以农户主导型农地流转方式实现适度规模经营具有高昂的土地成本，〔1〕有学者主张发挥农村集体的流转中介和组织协调作用，以节约农地流转的土地成本，〔2〕亦有学者提出政府应当加强对农地租金的价格调控。〔3〕但是，这两种观点均存在一定的问题：其一，农村集体组织在农地流转中日益成为独立的利益主体，具有强烈的直接参与需求，而村集体过度介入土地流转可能会产生寻租空间扩大、农户利益受损等问题；〔4〕其二，政府主导型农地流转往往会人为地放大需求，致使农地流转面积超出土地经营主体实际能够承受的经营面积和流转规模，扭曲了正常的市场流转机制，而且往往助推农地租金溢价，加大经营者实际承担的土地成本。〔5〕因此，应当发挥市场对农地资源配置的决定性作用，土地成本应当由农户和土地经营权人自主协商决定。在法律的权

---

〔1〕 罗必良：“农业供给侧改革的关键、难点与方向”，载《农村经济》2017年第1期。

〔2〕 刘勤、周静：“农地流转的交易成本困境与村级组织的服务优势”，载《农业经济与管理》2012年第5期。

〔3〕 杜志雄：“农地租金价格应加强政府调控”，载《农村经营管理》2014年第5期。

〔4〕 孔祥智、刘同山、郑力文：“土地流转中村委会的角色及其成因探析——基于鲁冀皖三省15个村庄的土地流转案例”，载《东岳论丛》2013年第5期。

〔5〕 尚旭东、常倩、王士权：“政府主导农地流转的价格机制及政策效应研究”，载《中国人口·资源与环境》2016年第8期。

利构造层面，应当赋予农户更有保障和更加完整的土地承包经营权，使农户真正享有对抗外部不当干预和自主决策的权利基础。

2. 农地流转和规模经营的方式选择与土地成本约束的适度缓解

在不同的农地流转方式下，农户和土地经营者的利益关联程度不同，对土地成本的发生方式和支出形式产生不同的影响。实践中，出租、转包占绝大多数，流转对象大多以农户为主。但流向新型经营主体的比例不断增多，股份合作流转方式比重不断上升。[1]在农地以出租、转包方式流转场合，农户的流转收益与土地经营者的未来经营收益脱钩，不存在合作剩余的共享机制，必然产生农户和土地经营者利益分割和零和博弈的问题。[2]在农地以股份合作方式流转场合，收益分配采取“保底收益+二次分红”的形式，农户和农地实际经营者的利益黏性增加。土地经营者可以以较低的成本获得土地生产要素的支配，缓解前期一次性租金支付的压力，可以将更多的资本配置于农业机械等生产要素或者农业社会化服务，提高资本的使用效率，节约土地成本。因此，与转包和租赁相比，承包地经营权入股是能够合理缓解土地成本的流转方式。但需要注意的是，在土地股份合作模式下，农民和土地的直接联系被割断，农户失去对土地的物权性控制，仅保留股权性的收益权，这种流转方式掩藏着一定的经济风险和社会风险。土地股份合作本身是农户保留土地承包权，并以土地经营权入股的结果，入股应当以农

〔1〕 王平：“我国农业已进入生产高成本时代”，载《东方城乡报》2014 年 3 月 27 日。

〔2〕 中国社会科学院农村发展研究所“农村集体产权制度改革研究”课题组：“关于农村集体产权制度改革的几个理论与政策问题”，载《中国农村经济》2015 年第 2 期。

户自愿为原则。

除承包地经营权流转以外，农地适度规模经营也存在农地托管、农业共营制等实现形式。农地托管是农户将承包地上的农事劳动全部或者部分、临时性或者较长期地委托农民专业合作社或者农业社会化服务主体完成，并支付服务费用的经营方式。从严格意义上讲，土地托管不属于承包地经营权的流转，而是一种共享经营权的方式。由于农地经营权未发生流转，因此不会产生土地成本，而是转化为农户与社会服务主体就经营收益如何合理分配的问题。四川崇州市“农地共营制”采取“土地股份合作社+职业经理人+社会化服务”的做法，农户将承包地入股建立土地股份合作社，实现分散农地的整合，经营活动则在合作社选聘的农业职业经理人的管理下，通过农业社会化服务体系完成。〔1〕这种方式通过经营权产权细分及其交易的方式，有效整合了土地、管理、技术和服务等生产要素，实现了农业服务的规模化经营。农户以股金分配的方式获得农地经营权收益，可以避免农地流转带来的高昂土地成本。因此，适度规模经营不能片面强调农地的流转集中，也应当包括农地社会化服务基础上的规模经营。〔2〕在法律构造层面，应当以充实土地承包经营权的处分权能为中心，放松对土地承包经营权流转的限制，以促进农地流转方式和农业经营方式的创新。

（二）土地成本再次分担的法律机制

土地成本的再次分担是政府通过一定的再分配手段，以公

〔1〕 罗必良：《中国农业经营制度——理论框架、变迁逻辑及案例解读》，中国农业出版社2014年版，第233~253页。

〔2〕 胡新艳、朱文珏、罗必良：“产权细分、分工深化与农业服务规模经营”，载《天津社会科学》2016年第4期。

共财政支出分担部分土地成本。从世界各国政府推进农地流转，促进规模经营的立法政策和实践来看，主要措施包括以下三个方面：对放弃农地经营的小规模农场主给予补偿或奖励，或者发放离农退休补贴，对出卖土地的收益减免所得税；通过价格补贴、信贷支持、税收优惠等措施，鼓励中等规模农场以购买或者租赁等方式合并小型农场，扩大土地经营规模；〔1〕必要的时候，政府通过设立非营利性的特殊企业或者政府性公司直接介入农地流转市场，从事土地购买、土地整治和土地再交易行为。〔2〕国外做法对我国的启示在于，政府承担土地成本的方式和手段具有多元复合性，可以综合运用财政、税收等政策调节工具，通过支持土地经营权人的规模经营行为，鼓励农户流转承包地经营权，或者充分发挥市场中介组织的作用，分担农地制度改革变迁的成本。目前，我国已经出台政策，对农户流转农地的收益免征增值税。〔3〕下文主要就政府在农地流转中的财政补贴政策及其制度设计进行分析。

1. 农地流转补贴制度

为了推动农地流转，我国地方政府陆续出台一些财政刺激政策，即安排专项财政资金，对达到规定流转面积和年限的农地流转行为给予补贴。农地流转补贴是政府承担土地成本的表现形式。从各地政府的政策文件及实施情况来看，对于补贴的

〔1〕 刘文勇：《关于中国农地流转的一个制度分析：范式、实证与反思》，中国人民大学出版社 2013 年版，第 32~42 页。

〔2〕 陈丹、唐茂华：“国外农地规模经营的基本经验及其借鉴”，载《国家行政学院学报》2008 年第 4 期。

〔3〕 根据财政部、国家税务总局于 2017 年 7 月 11 日发布的《关于建筑服务等营改增试点政策的通知》，纳税人采取转包、出租、互换、转让、入股等方式将承包地流转给农业生产者用于农业生产的，免征增值税。

性质、发放对象、补贴标准等方面规定均不一致，[1]有必要从理论上进行解释和澄清，以实现农地流转补贴制度运行的规范化。

首先，基于财政补贴的公共财政性质，农地流转补贴的目标在于发展现代农业和保障粮食安全，而不仅仅是为了提高流转速度和经营规模。农地流转补贴应当回归财政补贴的性质，不能被设计为一次性奖励措施，否则容易造成短时间内的“垒大户”或者“统计意义上的规模经营”，甚至出现骗取补贴现象。补贴或者奖励的对象也绝不能是基本政府人员或者村干部，否则容易激发这些街头官僚人员的逐利冲动，引发定指标、下任务等强迫流转现象，损害农民的利益，加大农地流转的潜在风险。

其次，农地流转补贴对象的政策设计对于土地成本也会产生影响，实践中各地政府做法不一。如果以农户作为补贴对象，可以增加土地转出农户的流转收入，但单个农户对流转补贴的增收效应并不敏感，使得补贴难以在“边际上”发挥对流转意愿的刺激作用，也不能明显改变土地经营者的用地成本。[2]如果以土地经营者为补贴对象，则可以降低其承担的土地成本，有利于粮食安全产业政策目标的实现。笔者认为，鉴于前述之

---

〔1〕 农地流转补贴是以补贴还是一次性奖励的名义发放，补贴对象是农户还是土地经营权人，各地规定不尽相同。比如，铜陵市人民政府《加快农村土地承包经营权流转促进农业规模经营奖励办法》（铜农字［2009］166号）直接将农地流转补贴定性为奖励。郑州市人民政府《关于农村土地承包经营权流转实施财政奖补激励政策的意见》（郑政［2010］8号）也作出如此定性，并且将奖励发放对象扩大至流转工作业绩突出的县区政府、流转服务中心。此外，大多数地方政府补贴对象为新型农业经营主体；也有少数地方向农地转出农户发放补贴，比如广东省《关于加快农村土地承包经营权流转促进规模经营发展的意见》。

〔2〕 马志远、孟金卓、韩一宾：“地方政府土地流转补贴政策反思”，载《财政研究》2011年第3期。

农地制度变迁成本的分配正义原则，在农地经营权人通过市场交易承担土地成本后，政府补贴应以土地经营权人为对象，实现土地成本的再次分担。而且，农业补贴目标在于粮食生产而非收入补贴，理应以粮食生产者为补贴对象。

最后，关于农地流转补贴标准，各地政府主要以流转时间和流转面积为参数，设置阶梯式的补贴标准。流转面积和时间与补贴数额之间成正比关系。有学者认为此举在于促进大户经营和资本下乡，增加了小规模农户流入土地的成本，造成对小规模农户的挤压，主张农地流转补贴应该向农户间的流转倾斜。从纯粹技术角度来看，补贴的流转面积标准应当与当地的适度规模经营面积相匹配，流转时间标准应考虑当地的城镇化发展水平和非农就业吸纳能力，不宜过度追求大规模、长时间的流转。从流转补贴作为财政政策的角度来看，主要考虑以下两个方面的因素：第一，我国未来粮食生产的主体是谁？第二，政府财政资金配置背后反映的国家干预目标是什么？首先，现阶段我国家庭经营兼业化、副业化和老龄化现象日趋严重，家庭经营越来越具有粗放性而不是有些学者所坚称的精耕细作。变革农业经营方式和组织形式，推动适度规模经营，已势在必行。其次，在农民利益高度分化和集体动员能力严重弱化的情况下，考虑到与种粮意愿不同且分散的单个农户打交道所产生的巨大交易费用、组织费用和监督费用，国家要想实现粮食安全目标，就需要重新寻找贯彻粮食生产政策意图的经营者，并与之建立相对稳定的粮食生产的“委托—代理”关系，并通过各种补贴措施维持和激励粮食生产者的持续经营。[1]综合两方面因素，目前农业政策变迁的导向是培育新型规模农业经营主体，重点

〔1〕 龚为纲、张谦：“国家干预与农业转型”，载《开放时代》2016 年第 5 期。

发展种粮大户和家庭农场，对工商资本下乡长时间大面积租地经营应持审慎态度。因此，农地流转补贴标准的设定应当与地方人地比例关系、农业生产技术和社会化服务水平、城镇化发展和农民非农就业水平相适应，并且与国家农业经营主体转型的政策目标相契合。

综上，农地流转补贴应当按照公共财政的性质和维护粮食安全的目标进行制度设计，应当是对新型粮食生产主体的持续性补贴而非一次性奖励。补贴对象、标准和数额的设定应当以有利于培育新型农业经营主体，适度分担其前期承担的土地成本为基本要求。此外，在以社会化服务而非农地流转集中为基础形成的农地规模经营场合，应当加强对社会化服务主体的财政补贴力度，对其作出不同于农地流转补贴的专门性制度安排。

2. 农地流转风险防范的财政补贴制度

农地经营的持续收益是土地经营权人承担土地成本，实现农户流转收益和维持土地流转合约关系的重要保障。受到市场风险、经营风险和自然风险的多重影响，经营收益的持续获得具有极大的不确定性，有必要建立完善土地流转风险防范机制。有学者建议由土地经营权人按照流转面积规模和涉及的农户数先行缴存一定比例的风险保障金，以防范农户流转利益受损。笔者认为，把保障农户利益作为流转风险防范机制的出发点，毫无疑问是具有正当性的，但也有可能加重经营者的前期投入和资金负担，变相提高了农地经营的准入门槛，降低资金配置和使用效率。而且由经营者承担绝大部分风险保障金，也不符合制度变迁成本负担的分配正义原则。按照风险和收益相匹配的原则，农户享有流转收益，也应承担一定的风险；政府在制度变迁中负有社会保护和弱者扶助的政治义务，二者都应担负一定比例的风险保障金“出资义务”。因此，在农地流转风险防范的成本分担方面，如何实现政府、经营者、农户三者之间的分配正义，使农户利益保护和经营者效率得以兼顾平衡，需要更加周延和细致的制度设计。

作为一种制度探索，成都邛崃市将保险机制引入土地流转风险防控，创立了土地流转履约保证保险机制，这在我国尚属首次。[1]土地流转履约保险具有保证保险的法律属性，以国有保险公司作为保险人，以农地流转农户为被保险人，以土地经营者为投保人，当土地经营者出现违约情形，不能按期支付农户流转租金时，则由保险公司先行向农户赔付租金，并获得事后向土地经营者追偿的权利。保险费按土地流转交易额的3%收取，由农民和经营者按照2∶8的比例承担。政府给予每年每亩保费50%的补贴，即分别对农户和经营者补贴一半的保险费用。目前，这项保险制度在实施中初步取得了预期制度绩效，[2]并拟在成都市全面推开。[3]

土地流转履约保证保险是充分运用保险机制，通过市场化手段防范和化解农地流转风险的成功尝试。保险制度对农户、经营者风险防范义务的履行形式和负担比例进行了科学合理的设计和分配，政府对保费的财政补贴可以看作是其承担土地成本的一种方式，可以产生对农户和经营者参保投保的激励效应，也有利于保险制度的顺利运行和推行普及。保险制度有效避免了以往规模经营失败后，“经营者跑路，农民受损，政府埋单”的不合理困局。而且，相比预付风险保障金制度，保险制度可

〔1〕 韩清华、张丽：“土地流转保险的成都邛崍路径”，载《中国经济时报》2015年12月11日。

〔2〕 董天刚：“邛崃完成今年全国首笔农村土地流转履约保证保险赔款赔付”，载《华西都市报》2017年5月5日。

〔3〕 参见2017年5月25日成都市人民政府办公厅《关于推进农村土地流转履约保证保险的意见》。

以缓释经营者的资金压力，更有利于提高经营效率，降低违约风险。

本章小结

土地经营权是经由土地承包经营权的流转而产生的权利，基于土地承包经营权的“自物权性”，土地经营权可以解释为一种用益物权性质的权利。但是，在土地经营权的实际塑造过程中，要考虑现行立法之“两权分离”权利结构的影响，土地经营权应一般地表达为债权。同时，也要考虑土地承包经营权流转形式对土地经营权稳定性以及物权化塑造的影响。通过对土地承包经营权流转形式的梳理可知，对于土地经营权的物权化问题，暂时没有可能提出绝对性的要求。土地经营权的权利构造需要厘清土地经营权的权利来源、权利主体、权利内容、权利终止等。土地经营权的法律保护应当考虑农户流转土地承包经营权的不同形式，对不同的经营权主体采取合同债权保护和登记对抗保护兼容并行的方法。从目前农地经营主体结构的变化和培育新型农业经营主体的角度来看，为了强化对新型农业经营主体土地经营权的保护，可以赋予登记的土地经营权以对抗第三人的效力，使其取得的长期稳定的土地经营权实现债权的物权化，这是确认和保护土地经营权的可行法律路径。

在“三权分置”经营模式下，为了避免经营权强化、承包权虚化的风险，应研究土地承包经营权和土地经营权的利益关系协调问题。承包土地的农户的生存保障依靠土地经营人创造的土地收益。二者的关系可以从农地规模经营的土地成本问题角度予以分析。制度变迁的成本分担及其正当性可以作为理解中国当下分配正义的一个视角。制度变迁的成本不能仅由受到制度变迁直接影响的微观市场主体负担，也需要在全体社会成员之间实现公平合理的分担。农地适度规模经营的土地成本可以理解为是我国农地制度改革过程中所发生的一种制度变迁成本，应当建立一种合理化和法制化的分担机制。土地成本的分担包括初次分担和再次分担两个环节。首先，农地实际经营者为了获得适度规模经营的基本条件和预期收益，需要在农地经营权流转过程中先行承担土地成本，这既是实现农户的土地财产性收益，也是实现农地资源市场化配置的必然要求。其次，在农地经营权人承担农地流转成本后，政府应当运用公共财政手段对土地经营权人进行适当补偿，以实现土地成本的社会分摊。这两个环节的土地成本公平分担都需要作出相应的法律制度安排。在农地流转过程中，应当发挥市场配置资源的决定性作用，坚持尊重农户自主意愿和自由选择的原则，以赋予农户更加完整和更有保障的土地承包经营权为重点，完善土地成本初次分担的法律机制。同时，政府应当在促进农地流转集中和防范规模经营风险两方面发挥作用。按照公共财政的理念和要求完善农地流转补贴制度，并探索建立土地流转履约保证保险补贴制度。

参考文献

一、中文论著类

[1] 陈华彬：《物权法研究》（修订版），法律出版社 2009 年版。

[2] 陈小君：《后农业税时代农地法制运行实证研究》，中国政法大学出版社 2009 年版。

[3] 陈小君等：《农村土地法律制度研究——田野调查解读》，中国政法大学出版社 2004 年版。

[4] 陈小君：《田野、实证与法理：中国农村土地制度体系构建》，北京大学出版社 2012 年版。

[5] 陈小君：《农村土地法律制度的现实考察与研究》，法律出版社 2010 年版。

[6] 陈小君：《农村土地问题立法研究》，经济科学出版社 2012 年版。

[7] 崔建远：《土地上的权利群研究》，法律出版社 2004 年版。

[8] 崔建远：《物权：规范与学说——以中国物权法的解释论为中心》，清华大学出版社 2011 年版。

[9] 崔建远：《物权法》，中国人民大学出版社 2009 年版。

[10] 丁关良：《土地承包经营权流转法律制度研究》，中国人民大学出版社 2011 年版。

[11] 董正华：《走向现代的小农：历史的视角与东亚的经验》，中国人民大学出版社 2014 年版。

[12] 杜润生：《杜润生自述：中国农村体制变革重大决策纪实》，人民出

版社 2005 年版。

[13] 高海：《土地承包经营权入股合作社法律制度研究》，法律出版社 2014 年版。

[14] 高海：《农用地“三权分置”研究》，法律出版社 2017 年版。

[15] 葛洪义：《法理学》，中国政法大学出版社 2002 年版。

[16] 管洪彦：《农民集体成员权研究》，中国政法大学出版社 2015 年版。

[17] 郭贯成：《集体土地产权流转及其市场体系研究》，中国大地出版社 2011 年版。

[18] 国务院发展研究中心农村经济研究部：《集体所有制下的产权重构》，中国发展出版社 2015 年版。

[19] 韩松：《集体所有制、集体所有权及其实现的企业形式》，法律出版社 2009 年版。

[20] 何宝玉：《中华人民共和国农村土地承包法释义及实用指南》，中国民主法制出版社 2012 年版。

[21] 贺雪峰：《地权的逻辑——中国农村土地制度向何处去》，中国政法大学出版社 2010 年版。

[22] 贺雪峰：《谁是农民：三农政策重点与中国现代农业发展道路选择》，中信出版集团 2016 年版。

[23] 贺雪峰：《小农立场》，中国政法大学出版社 2013 年版。

[24] 胡康生主编：《〈中华人民共和国物权法〉释义》，法律出版社 2007 年版。

[25] 华生：《新土改：土地制度改革焦点难点辨析》，东方出版社 2015 年版。

[26] 李昌麒：《中国改革发展成果分享法律机制研究》，人民出版社 2011 年版。

[27] 李彬：《中国农地流转及其风险防范研究》，西南交通大学出版社 2015 年版。

[28] 李昌平：《大气候：李昌平直言“三农”》，陕西人民出版社 2009 年版。

[29] 李宜琛：《日耳曼法概说》，中国政法大学出版社 2002 年版。

[30] 梁慧星:《中国物权法草案建议稿：条文、说明、理解与参考立法例》，社会科学文献出版社 2003 年版。

[31] 梁慧星:《中国民法典草案建议稿附理由（物权编）》，法律出版社 2004 年版。

[32] 廖宏斌:《农村土地流转风险控制研究》，社会科学文献出版社 2015 年版。

[33] 刘俊:《土地所有权国家独占研究》，法律出版社 2009 年版。

[34] 刘俊:《中国土地法理论研究》，法律出版社 2006 年版。

[35] 刘润秋:《中国农村土地流转制度研究——基于利益协调的视角》，经济管理出版社 2012 年版。

[36] 刘守英:《直面中国土地问题》，中国发展出版社 2014 年版。

[37] 刘卫柏:《中国农村土地流转模式创新研究》，湖南人民出版社 2010 年版。

[38] 刘文勇:《关于中国农地流转的一个制度分析：范式、实证与反思》，中国人民大学出版社 2013 年版。

[39] 刘云生:《农村土地股权制改革：现实表达与法律应对》，中国法制出版社 2016 年版。

[40] 林翊:《中国经济发展进程中农民土地权益问题研究》，经济科学出版社 2009 年版。

[41] 林毅夫:《制度、技术与中国农业发展》，上海人民出版社 1994 年版。

[42] 卢代富、肖顺武:《中国粮食安全法律制度研究》，法律出版社 2012 年版。

[43] 罗必良:《中国农业经营制度——理论框架、变迁逻辑及案例解读》，中国农业出版社 2014 年版。

[44] 孟勤国:《中国农村土地流转问题研究》，法律出版社 2009 年版。

[45] 孙宪忠主编:《物权法》（第 2 版），社会科学文献出版社 2011 年版。

[46] 王金堂:《土地承包经营权制度的困局与解破——兼论土地承包经营权的二次物权化》，法律出版社 2013 年版。

[47] 王景新:《农村改革与长江三角洲村域经济转型》，中国社会科学出

版社，2009 年版。
[48] 王利明主编：《物权法名家讲坛》，中国人民大学出版社 2008 年版。
[49] 汪洋：《罗马法上的土地制度——对罗马土地立法及土地归属与利用的历史考察》，中国法制出版社 2012 年版。
[50] 温世扬、廖焕国：《物权法通论》，人民法院出版社 2005 年版。
[51] 温铁军：《三农问题与世纪反思》，三联书店 2005 年版。
[52] 张红宇：《新型城镇化与农地制度改革》，中国工人出版社 2014 年版。
[53] 张乐天：《告别理想——人民公社制度研究》，上海人民出版社 2012 年版。
[54] 张林江：《围绕农村土地的权力博弈——不确定产权的一种经验分析》，社会科学文献出版社 2012 年版。
[55] 张路雄：《耕者有其田——中国耕地制度的现实与逻辑》，中国政法大学出版社 2013 年版。
[56] 张五常：《中国的经济制度》，中信出版社 2009 年版。
[57] 张学敏：《转移与退出：离农农民承包地退出机制研究》，西南财经大学出版社 2014 年版。
[58] 张英洪：《农民权利论》，九州出版社 2013 年版。
[59] 赵阳：《共有与私用：中国农地产权制度的经济学分析》，三联书店 2007 年版。
[60] 曾宪明：《城市化进程中的农地制度变迁：国际比较研究》，武汉大学出版社 2016 年版。
[61] 周其仁：《产权与制度变迁：中国改革的经验研究》，社会科学文献出版社 2002 年版。
[62] 周应江：《家庭承包经营权：现状、困难与出路》，法律出版社 2010 年版。
[63] 朱强：《农地流转风险与防范研究》，北京师范大学出版社 2013 年版。
[64] 朱信凯、于亢亢：《未来谁来经营农业：中国现代农业经营主体研究》，中国人民大学出版社 2015 年版。
[65] 祝之舟：《农村集体土地统一经营法律制度研究》，中国政法大学出

版社 2014 年版。

二、中文译著类

[66] [德] 卡尔·马克思:《资本论》(第 3 卷),人民出版社 1994 年版。
[67] [德] 鲍尔、施蒂尔纳:《德国物权法》(上册),张双根译,法律出版社 2004 年版。
[68] [德] 卡尔·拉伦茨:《法学方法论》,陈爱娥译,商务印书馆 2003 年版。
[69] [德] 康德:《法的形而上学原理》,沈叔平译,商务印书馆 1991 年版。
[70] [荷] 范德普勒格:《新小农阶级——帝国和全球化时代为了自主和可持续性的斗争》,潘璐译,社会科学文献出版社 2013 年版。
[71] [荷] 何·皮特:《谁是中国土地的拥有者? ——制度变迁、产权和社会冲突》,林韵然译,社会科学文献出版社 2014 年版。
[72] [美] 道格拉斯·C. 诺思:《制度,制度变迁与经济绩效》,杭行译,格致出版社 2014 年版。
[73] [美] 富勒:《法律的道德性》,郑戈译,商务印书馆 2003 年版。
[74] [美] 黄宗智:《中国的隐形农业革命》,法律出版社 2010 年版。
[75] [美] 李怀印:《乡村中国纪事:集体化和改革的微观历程》,法律出版社 2010 年版。
[76] [美] 约翰·罗尔斯:《正义论》,何怀宏等译,中国社会科学出版社 1988 年版。
[77] [美] 罗纳德·科斯:《财产权利与制度变迁——产权学派与新制度学派译文集》,刘守英等译,格致出版社 2014 年版。
[78] [美] 迈克尔·桑德尔:《公正:该如何做是好?》,朱慧玲译,中信出版社 2011 年版。
[79] [印] 阿玛蒂亚·森:《贫穷与饥荒》,王宇、王文玉译,商务印书馆 2014 年版。
[80] [印] 阿玛蒂亚·森:《正义的理念》,王磊、李航译,中国人民大

学出版社 2012 年版。

[81] [印] 阿玛蒂亚·森:《以自由看待发展》,任赜、于真译,中国人民大学出版社 2013 年版。

[82] [英] 彼得·斯坦、约翰·香德:《西方社会的法律价值》,王献平译,中国法制出版社 2004 年版。

三、期刊论文类

[83] 蔡继明:"关于当前土地制度改革的争论",载《河北经贸大学学报》2015 年第 2 期。

[84] 蔡立东、姜楠:"承包权与经营权分置的法构造",载《法学研究》2015 年第 3 期。

[85] 蔡立东:"论承包地收回的权利构造",载《法商研究》2012 年第 3 期。

[86] 蔡立东、姜楠:"论土地承包经营权转让中的发包方同意",载《吉林大学社会科学学报》2014 年第 4 期。

[87] 蔡立东、姜楠:"农地三权分置的法实现",载《中国社会科学》2017 年第 5 期。

[88] 常鹏翱:"论可登记财产权的多元化",载《现代法学》2016 年第 6 期。

[89] 陈丹、唐茂华:"中国农村土地制度变迁 60 年回眸与前瞻",载《城市》2009 年第 10 期。

[90] 陈敦:"土地信托与农地'三权分置'改革",载《东方法学》2017 年第 1 期。

[91] 陈金涛、刘文君:"农村土地'三权分置'的制度设计与实现路径探析",载《求实》2016 年第 1 期。

[92] 陈甦:"土地承包经营权继承机制及其阐释辩证",载《清华法学》2016 年第 3 期。

[93] 陈锡文:"农村土地制度改革不能突破三条底线",载《国土资源导刊》2013 年第 12 期。

[94] 陈锡文："应准确把握农村土地制度改革新部署"，载《中国党政干部论坛》2014 年第 1 期。

[95] 陈小方、李主奇、杜富林："农村耕地'三权分置'发展方向研究——以改革开放以来耕地权属变革为切入点"，载《探索与争鸣》2015 年第 3 期。

[96] 陈晓华："大力培育新型农业经营主体"，载《农业经济问题》2014 年第 1 期。

[97] 陈晓华："现代农业发展与农业经营体制机制创新"，载《农业经济问题》2012 年第 11 期。

[98] 陈小君等："后农业税时代农地权利体系与运行机理研究论纲——以对我国十省农地问题立法调查为基础"，载《法律科学》2010 年第 1 期。

[99] 陈小君等："农村集体经济有效实现的法律制度研究论纲"，载陈小君主编：《私法研究》（第 9 卷），法律出版社 2010 年版。

[100] 陈小君："农村集体土地征收的法理反思与制度重构"，载《中国法学》2012 年第 1 期。

[101] 陈小君："'三权分置'与中国农地法制变革"，载《甘肃政法学院学报》2018 年第 1 期。

[102] 陈小君："我国农村土地法律制度变革的思路与框架——十八届三中全会《决定》相关内容解读"，载《法学研究》2014 年第 4 期。

[103] 陈小君："我国农民集体成员权的立法抉择"，载《清华法学》2017 年第 2 期。

[104] 陈晓敏："论大陆法系的集体所有权——以欧洲近代私法学说为中心的考察"，载《法商研究》2014 年第 1 期。

[105] 崔红志："农村土地承包关系长久不变：内涵、挑战与建议"，载《农村经济》2016 年第 10 期。

[106] 崔智友："中国村民自治与农村土地问题"，载《中国农村观察》2002 年第 3 期。

[107] 戴威、陈小君："论农村集体经济组织成员权利的实现——基于法律的角度"，载《人民论坛·学术前沿》2012 年第 21 期。

［108］邓大才："效率与公平：中国农村土地制度变迁的轨迹与思路"，载《经济评论》2000 年第 5 期。

［109］刁述军、吴平："我国农村股份合作制改革创新研究——以成都市温江区为例"，载《新疆农垦经济》2013 年第 3 期。

［110］丁文："论土地承包权和土地承包经营权的分离"，载《中国法学》2015 年第 3 期。

［111］丁文："论'三权分置'中的土地承包权"，载《法商研究》2017 年第 3 期。

［112］丁文："论'三权分置'中的土地经营权"，载《清华法学》2018 年第 1 期。

［113］房建恩："农村土地'三权分置'政策目标实现的经济法路径"，载《中国土地科学》2017 年第 1 期。

［114］方志权等："农村土地承包关系长'长久不变'的调查与思考——以上海市郊区为例"，载《中国农村经济》2015 年第 10 期。

［115］冯海发："对十八届三中全会《决定》有关农村改革几个重大问题的理解"，载《农业经济问题》2013 年第 11 期。

［116］冯义强、陈燕芽："征地补偿款分配权的法律保障"，载《福建农林大学学报（哲学社会科学版）》2016 年第 1 期。

［117］付会洋、叶敬忠："论小农存在的价值"，载《中国农业大学学报（社会科学版）》2017 年第 2 期。

［118］高飞："论集体土地所有权主体之民法构造"，载《法商研究》2009 年第 4 期。

［119］高飞："农村集体经济有效实现的法律制度运行研究——以湖北省田野调查为基础"，载《中国农村观察》2012 年第 1 期。

［120］高飞："农村土地'三权分置'的法理阐释与制度意蕴"，载《法学研究》2016 年第 3 期。

［121］高富平："农地'三权分置'改革的法理解析及制度意义"，载《社会科学辑刊》2016 年第 5 期。

［122］高富平："土地使用权的物权法定位——《物权法》规定之评析"，载《北方法学》2010 年第 4 期。

[123] 高海：“论农用地‘三权分置’中经营权的法律性质”，载《法学家》2016 年第 4 期。
[124] 高海：“农地入股合作社的立法理念更新”，载《财贸研究》2012 年第 6 期。
[125] 高海：“《农民专业合作社法》修改的思路与制度设计”，载《农业经济问题》2017 年第 3 期。
[126] 高海：“土地承包经营权‘两权分离’的论争与立法回应”，载《武汉大学学报（哲学社会科学版）》2016 年第 6 期。
[127] 高海：“土地承包经营权入股的法律性质探析”，载《法学论坛》2011 年第 3 期。
[128] 高圣平：“承包土地的经营权抵押规则之建构——兼评重庆城乡统筹综合配套改革试点模式”，载《法商研究》2016 年第 1 期。
[129] 高圣平：“农地金融化的法律困境及出路”，载《中国社会科学》2014 年第 8 期。
[130] 高圣平：“农地三权分置视野下土地承包权的重构”，载《法学家》2017 年第 5 期。
[131] 高圣平：“土地承包经营权权能论纲——以处分权能为中心”，载《社会科学》2012 年第 7 期。
[132] 高圣平、严之：“从‘长期稳定’到‘长久不变’：土地承包经营权性质的再认识”，载《云南大学学报（法学版）》2009 年第 4 期。
[133] 高兆明：“‘分配正义’三题”，载《社会科学》2010 年第 1 期。
[134] 耿卓：“农民土地财产权保护的观念转变及其立法回应——以农村集体经济有效实现为视角”，载《法学研究》2014 年第 5 期。
[135] 耿卓：“农地三权分置改革中土地经营权的法理反思与制度回应”，载《法学家》2017 年第 5 期。
[136] 龚为纲、张谦：“国家干预与农业转型”，载《开放时代》2016 年第 5 期。
[137] 管洪彦：“农民集体成员权：中国特色的民事权利制度创新”，载《法学论坛》2016 年第 2 期。
[138] 管洪彦、孔祥智：“农村土地‘三权分置’的政策内涵与表达思

路”，载《江汉论坛》2017 年第 4 期。

[139] 管洪彦、孔祥智：“农民专业合作社法人财产权：规范解释与修法思路”，载《农业经济问题》2017 年第 5 期。

[140] 桂华：“从经营制度向财产制度异化——集体农地制度改革的回顾、反思与展望”，载《政治经济学评论》2016 年第 5 期。

[141] 桂华、刘洋：“我国粮食作物规模化种植及其路径选择——江苏射阳‘联耕联种’做法与启示”，载《南京农业大学学报（社会科学版）》2017 年第 1 期。

[142] 郭明瑞：“也谈农村土地承包经营权的继承问题——兼与刘保玉教授商榷”，载《北方法学》2014 年第 2 期。

[143] 韩松：“坚持农村土地集体所有权”，载《法学家》2014 年第 2 期。

[144] 韩松：“论农民集体土地所有权的集体成员受益权能”，载《当代法学》2014 年第 1 期。

[145] 韩松：“论农民集体土地所有权的管理权能”，载《中国法学》2016 年第 2 期。

[146] 韩松：“论成员集体与集体成员——集体所有权的主体”，载《法学》2005 年第 8 期。

[147] 韩松：“论总同共有”，载《甘肃政法学院学报》2000 年第 4 期。

[148] 韩松：“农民集体所有权主体的明确性探析”，载《政法论坛》2011 年第 1 期。

[149] 韩松：“农民集体土地所有权的权能”，载《法学研究》2014 年第 6 期。

[150] 韩松：“农村集体经济法律制度的价值目标和功能定位”，载《西北农林科技大学学报（社会科学版）》2014 年第 5 期。

[151] 韩松：“新农村建设中土地流转的现实问题及其对策”，载《中国法学》2012 年第 1 期。

[152] 贺东航、孔繁斌：“公共政策执行的中国经验”，载《中国社会科学》2011 年第 5 期。

[153] 贺雪峰：“‘长久不变’宜缓行”，载《决策》2014 年第 9 期。

[154] 贺雪峰：“关于‘中国式小农经济’的几点认识”，载《南京农业大

学学报（社会科学版）》2013 年第 6 期。

[155] 贺雪峰：“农村社会结构已发生重要变化”，载《新重庆》2016 年第 2 期。

[156] 贺雪峰：“农地承包经营权确权的由来、逻辑与出路”，载《思想战线》2015 年第 5 期。

[157] 贺雪峰：“为谁的农业现代化”，载《开放时代》2015 年第 5 期。

[158] 贺雪峰、印子：“‘小农经济’与农业现代化的路径选择——兼评农业现代化激进主义”，载《政治经济学评论》2015 年第 2 期。

[159] 胡新艳、洪炜杰：《农地租约中的价格决定——基于经典地租理论的拓展分析》，载《南方经济》2016 年第 10 期。

[160] 黄宗智：“中国的隐性农业革命（1980~2010）——一个历史和比较的视野”，载《开放时代》2016 年第 2 期。

[161] 姜爱林、陈海秋：“农村土地股份合作制研究述评——主要做法、成效、问题与不足”，载《社会科学研究》2007 年第 3 期。

[162] 姜红利：“放活土地经营权的法制选择与裁判路径”，载《法学杂志》2016 年第 3 期。

[163] 姜红利：“集体土地所有权归属主体的实践样态与规范解释”，载《中国农村观察》2017 年第 6 期。

[164] 姜红利：“农地三权分置之下土地所有权的法律表达”，载《法学家》2017 年第 5 期。

[165] 孔祥智：“长久不变与土地流转”，载《吉林大学社会科学学报》2010 年第 1 期。

[166] 孔祥智：“‘三权分置’的重点是强化经营权”，载《中国特色社会主义研究》2017 年第 3 期。

[167] 赖丽华：“基于‘三权分置’的农村土地经营权二元法律制度构造”，载《西南民族大学学报（人文社会科学版）》2016 年第 11 期。

[168] 郎秀云：“确权确地之下的新人地矛盾——兼与于建嵘、贺雪峰教授商榷”，载《探索与争鸣》2015 年 9 期。

[169] 李国强：“论农地流转中‘三权分置’的法律关系”，载《法律科

学》2015 年第 6 期。

[170] 李国英、刘旺洪："论转型社会中的中国农村集体土地权利制度变革——兼评《物权法》的相关规定"，载《法律科学》2007 年第 4 期。

[171] 李凤章："通过'空权利'来'反权利'：集体土地所有权的本质及其变革"，载《法制与社会发展》2010 年第 5 期。

[172] 李凤章："从公私合一到公私分离——论集体土地所有权的使用权化"，载《环球法律评论》2015 年第 3 期。

[173] 李汉林、魏钦恭、张彦："社会变迁中的结构紧张"，载《中国社会科学》2010 年第 2 期。

[174] 李俊："罗马法上的农地永久租赁及其双重影响"，载《环球法律评论》2017 年第 4 期。

[175] 李圣军："农村土地承包关系长久不变的实现形式"，载《江汉学术》2017 年第 1 期。

[176] 凌斌："土地流转的中国模式：组织基础与运行机制"，载《法学研究》2014 年第 6 期。

[177] 刘保玉、李运杨："农村土地承包经营权的继承问题探析"，《北方法学》，2014 年第 2 期。

[178] 刘恒科："'三权分置'下集体土地所有权的功能转向与权能重构"，载《南京农业大学学报（社会科学版）》2017 年第 2 期。

[179] 刘俊："土地承包经营权性质探讨"，载《现代法学》2007 年第 2 期。

[180] 刘凯湘："论农村土地承包经营权的可继承性"，载《北方法学》2014 年第 2 期。

[181] 刘连泰："'土地属于集体所有'的规范属性"，载《中国法学》2016 年第 3 期。

[182] 刘连泰、刘玉姿："作为基本权利的集体土地所有权"，载《江苏行政学院学报》2015 年第 1 期。

[183] 刘灵辉："土地承包关系'长久不变'政策的模糊性与实现形式研究"，载《南京农业大学学报（社会科学版）》2015 年第 11 期。

[184] 刘敏："土地承包经营权继承的解释论——兼评《最高人民法院公报》所载'李维祥诉李格梅继承权案'"，载《政治与法律》2014年第11期。

[185] 刘守英："农村集体所有制与三权分离改革"，载《中国乡村发现》2014年第3期。

[186] 刘守英："中共十八届三中全会后的土地制度改革及其实施"，载《法商研究》2014年第2期。

[187] 刘守英："中国土地制度改革的逻辑与出路"，载《财经》2014年第14期。

[188] 刘守英、邵夏珍："贵州湄潭实行'增人不增地，减人不减地'24年的效果与启示"，载《中国乡村发现》2012年第4期。

[189] 刘云生："集体土地所有权身份歧向与价值悖离"，载《社会科学研究》2007第2期。

[190] 刘云生、吴昭军："政策文本中的农地三权分置：路径审视与法权建构"，载《农业经济问题》2017年第6期。

[191] 刘征峰："农地'三权分置'改革的私法逻辑"，载《西北农林科技大学学报（社会科学版）》2015年第9期。

[192] 路斐："我国农村土地所有权制度的'体制性'品格"，载《法律科学》2009年第5期。

[193] 陆剑："'二轮'承包背景下土地承包经营权制度的异化及其回归"，载《法学》2014年第3期。

[194] 楼剑波："农户承包经营的农地流转的三权分置——一个功能主义的分析路径"，载《南开学报（哲学社会科学版）》2016年第4期。

[195] 罗必良："合约短期化与空合约假说——基于农地租约的经验证据"，载《财经问题研究》2017年第1期。

[196] 罗必良："农地流转的市场逻辑——'产权强度—禀赋效应—交易装置'的分析线索及案例研究"，载《南方经济》2014年第5期。

[197] 罗必良："农地确权、交易含义与农业经营方式转型——科斯定理拓展与案例研究"，载《中国农村经济》2016年第11期。

[198] 罗必良、胡新艳："农业经营方式转型：已有试验及努力方向"，载

《农村经济》2016 年第 1 期。

[199] 马俊驹、丁晓强："农村集体土地所有权的分解与保留——论农地'三权分置'的法律构造"，载《法律科学》2017 年第 3 期。

[200] 潘俊："农村土地'三权分置'：权利内容与风险防范"，载《中州学刊》2014 年第 11 期。

[201] 潘俊："农村土地承包权和经营权分离的实现路径"，载《南京农业大学学报（社会科学版）》2015 年第 4 期。

[202] 潘璐："'小农'思潮回顾及其当代论辩"，载《中国农业大学学报（社会科学版）》2012 年第 6 期。

[203] 秦晖："切实保障人地二权是土地流转的核心问题"，载《探索与争鸣》2014 年第 2 期。

[204] 单平基："'三权分置'理论反思与土地承包经营权困境的解决路径"，载《法学》2016 年第 9 期。

[205] 尚旭东、常倩、王士权："政府主导农地流转的价格机制及政策效应研究"，载《中国人口·资源与环境》2016 年第 8 期。

[206] 邵彦敏："'主体'虚拟与'权利'的缺失"，载《吉林大学社会科学学报》2007 年第 4 期。

[207] 申惠文："法学视角中的农村土地三权分离改革"，载《中国土地科学》2015 年第 3 期。

[208] 申惠文："农地三权分离改革的法学反思与批判"，载《河北法学》2015 年第 4 期。

[209] 史际春："论集体所有权的概念"，载《法律科学》1991 年第 6 期。

[210] 宋才发、向叶生："农村集体土地'三权分置'的法律问题探讨"，载《广西师范大学学报（哲学社会科学版）》2015 年第 6 期。

[211] 孙宪忠："推进农村土地'三权分置'需要解决的法律认识问题"，载《行政管理改革》2016 年第 2 期。

[212] 孙宪忠："推进农地三权分置经营模式的立法研究"，载《中国社会科学》2016 年第 7 期。

[213] 孙中华："关于农村土地'三权分置'有关政策法律性问题的思考"，载《农业部管理干部学院学报》2015 年第 1 期。

[214] 苏永钦："中国需要什么样的民法典"，载《私法》2013 年第 1 期。

[215] 陶钟太郎、杨环："论'三权分置'的制度实现：权属定位及路径依赖"，载《南京农业大学学报（社会科学版）》2017 年第 3 期。

[216] 陶自祥："农业经营主体分化：价值取向及其效益分析"，载《南京农业大学学报（社会科学版）》2016 年第 4 期。

[217] 田先红、陈玲："地租怎样确定？——土地流转价格形成机制的社会学分析"，载《中国农村观察》2013 年第 6 期。

[218] 童列春："论中国农地集体所有权"，载《农业经济问题》2014 年第 10 期。

[219] 王敬尧、魏来："当代中国农地制度的存续与变迁"，载《中国社会科学》2016 年第 2 期。

[220] 王利明、周友军："论我国农村土地权利制度的完善"，载《中国法学》2012 年第 1 期。

[221] 王世录："论中国农村土地改革——为'股田制'立法"，载《农村经济》2007 年第 7 期。

[222] 汪洋："集体土地所有权的三重功能属性——基于罗马氏族与我国农村集体土地的比较分析"，载《比较法研究》2014 年第 2 期。

[223] 汪洋："明清时期地权秩序的构造及其启示"，载《法学研究》2017 年第 5 期。

[224] 汪洋："土地承包经营权继承问题研究——对现行规范的法构造阐释与法政策考量"，载《清华法学》2014 年第 4 期。

[225] 温世扬："农地流转：困境与出路"，载《法商研究》2014 年第 2 期。

[226] 温世扬、兰晓为："土地承包经营权流转中的利益冲突与立法选择"，载《法学评论》2010 年第 1 期。

[227] 温世扬、武亦文："土地承包经营权转让刍议"，载《浙江社会科学》2009 年第 2 期。

[228] 温世扬、张永兵："土地承包经营权入股之法律性质辨析"，载《河南财经政法大学学报》2014 年第 1 期。

[229] 温铁军："我国为什么不能实行农村土地私有化"，载《红旗文稿》

2009 年第 2 期。

[230] 温铁军："中国小农经济拥有西方无法替代的优越性"，载《中国乡村发现》2016 年第 2 期。

[231] 吴次芳、谭荣、靳相木："中国土地产权制度的性质和改革路径分析"，载《浙江大学学报（人文社会科学版）》2010 年第 6 期。

[232] 吴义龙："'三权分置'论的法律逻辑、政策阐释及制度替代"，载《法学家》2016 年第 4 期。

[233] 吴越、吴义茂："农地赋权及其土地承包经营权入股范式"，载《改革》2011 年第 2 期。

[234] 肖方扬："集体土地所有权的缺陷与完善对策"，载《中外法学》1999 年第 4 期。

[235] 肖鹏："'三权分置'下的农村土地承包关系长久不变研究"，载《华中农业大学学报（社会科学版）》2018 年第 1 期。

[236] 肖卫东、梁喜梅："农村土地'三权分置'的内涵、基本要义及权利关系"，载《中国农村经济》2016 年第 11 期。

[237] 许明月："农村承包地经营权抵押融资改革的立法跟进"，载《比较法研究》2016 年第 5 期。

[238] 许明月、段浩："农业转移人口市民化的法律激励机制构建"，载《比较法研究》2017 年第 6 期。

[238] 许明月、吴茂见："农业基础地位面临挑战的法律对策"，载《甘肃政法学院学报》2007 年第 2 期。

[239] 姚洋："中国农地制度：一个分析框架"，载《中国社会科学》2000 年第 2 期。

[240] 姚洋："作为一种分配正义原则的帕累托改进"，载《学术月刊》2014 年第 10 期。

[241] 杨青贵："集体土地收益权实现的现实困境与制度促进"，载《重庆大学学报（社会科学版）》2016 年第 5 期。

[242] 杨一介："我们需要什么样的农村集体经济组织"，载《中国农村观察》2015 年第 5 期。

[243] 叶兴庆："从'两权分离'到'三权分离'——我国农地产权制度

的过去与未来”，载《中国党政干部论坛》2014 年第 6 期。

[244] 叶兴庆：“集体所有制下农用地的产权重构”，载《毛泽东邓小平理论研究》2015 年第 2 期。

[245] 叶兴庆：“演进轨迹、困境摆脱与转变我国农业发展方式的政策选择”，载《改革》2016 年第 6 期。

[246] 袁震：“论农村土地承包经营权的相当所有权属性”，载《河南大学学报（社会科学版）》2016 年第 5 期。

[247] 张红宇、李伟毅：“人地矛盾、‘长久不变’与农地制度的创新”，载《经济研究参考》2011 年第 9 期。

[248] 张红宇：“农村土地‘三权分置’政策解读”，载《领导科学论坛》2017 年第 4 期。

[249] 张红宇：“农业规模经营与农村土地制度创新”，载《中国乡村发现》2013 年第 2 期。

[250] 张力：“地权变动视角下户籍制度改革的法律规制”，载《法学》2012 年第 9 期。

[251] 张力：“农村地权改革中的集体组织法人化模式”，载《农村经济》2009 年第 2 期。

[252] 张力、郑志峰：“推进农村土地承包权与经营权再分离的法制构造研究”，载《农业经济问题》2015 年第 1 期。

[253] 张力毅：“通过契约实现的物之支配关系——债权物权化的另一种解释论框架”，载《东方法学》2015 年第 6 期。

[254] 张千帆：“农村土地集体所有的困惑与消解”，载《法学研究》2012 年第 4 期。

[255] 张新光：“论马克思小农经济理论的现实意义”，载《现代经济探讨》2008 年第 3 期。

[256] 张毅、张红、毕宝德：“农地的‘三权分置’及改革问题：政策轨迹、文本分析与产权重构”，载《中国软科学》2016 年第 3 期。

[257] 张志强、高丹桂：“农村集体经济组织及其成员权和农村社区组织及其成员权混同的法经济学分析”，载《农业经济问题》2008 年第 10 期。

[258] 赵俊臣："村集体不应分享农地流转收益"，载《国土资源导刊》2011 年第 5 期。

[259] 赵万一、汪青松："土地承包经营权的功能转型及权能实现—基于农村社会管理创新的视角"，载《法学研究》2014 年第 1 期。

[260] 郑风田："我国现行土地制度的产权残缺与新型农地制度构想"，载《管理世界》1995 年第 4 期。

[261] 郑若瀚："土地承包经营权制度改革：逻辑、原则与制度选择"，载《西北农林科技大学学报（社会科学版）》2016 年第 5 期。

[262] 郑尚元："土地上生存权之解读——农村土地承包经营权之权利性质分析"，载《清华法学》2012 年第 3 期。

[263] 中国社会科学院农村发展研究所"农村集体产权制度改革研究"课题组："关于农村集体产权制度改革的几个理论与政策问题"，载《中国农村经济》2015 年第 2 期。

[264] 周飞舟："财政资金的专项化及其问题——兼论'项目治国'"，载《社会》2012 年第 1 期。

[265] 周其仁："中国农村改革：国家和所有权关系的变化"，载《中国社会科学季刊》1993 年第 6 期。

[266] 朱道林："'三权分置'的理论实质与路径"，载《改革》2017 年第 10 期。

[267] 朱道林等："'三权分置'与'长久不变'的关联"，载《改革》2017 年第 10 期。

[268] 朱广新："论土地承包经营权的主体、期限和继承"，载《吉林大学社会科学学报》2014 年第 4 期。

[269] 朱广新："土地承包权和经营权分离的政策意蕴与法制完善"，载《法学》2015 年第 11 期。

[270] 朱继胜："论'三权分置'下的土地承包权"，载《河北法学》2016 年第 3 期。

四、学位论文类

[271] 程雪阳："中国土地制度的反思与变革——基于公法的视角"，郑州

大学 2011 年博士学位论文。
[272] 冯小：“去下农户：国家主导发展下的农业转型”，中国农业大学 2015 年博士学位论文。
[273] 高佳：“土地承包权退出与经济补偿研究”，西北农林科技大学 2016 年博士学位论文。
[274] 吴义茂：“土地承包经营权入股有限责任公司法律问题研究”，西南财经大学 2012 年博士学位论文。
[275] 杨青贵：“集体土地所有权实现法律机制研究”，西南政法大学 2015 年博士学位论文。

五、报刊文献类

[276] 董天刚：“邛崃完成今年全国首笔农村土地流转履约保证保险赔款赔付”，载《华西都市报》2017 年 5 月 5 日。
[277] 冯华、陈仁泽：“农村土地制度改革，底线不能突破——专访中央农村工作领导小组副组长、办公室主任陈锡文”，载《人民日报》2013 年 12 月 5 日。
[278] 韩长赋：“‘三权分置’改革是重大制度创新”，载《人民日报》2014 年 12 月 22 日。
[279] 韩清华、张丽：“土地流转保险的成都邛崃路径”，载《中国经济时报》2015 年 12 月 11 日。
[280] 茅于轼：“恢复农民对土地财产的所有权”，载《建设市场报》2009 年 2 月 16 日。
[281] 秦晖：“十字路口的中国土地制度改革”，载《南方都市报》2008 年 10 月 7 日。
[282] 盛洪：“土地产权自由交易是节约土地的有效制度”，载《21 世纪经济报道》2007 年 9 月 3 日。
[283] 王平：“我国农业已进入生产高成本时代”，载《东方城乡报》2014 年 3 月 27 日。
[284] 王小乔、赵宜胜：“沉睡的资本开始醒来——重庆土地试验：从农

地入股到农村土地交易所”，载《南方周末》2008 年 9 月 4 日。

[285] 谢鸿飞：“依法推进‘三权分置’改革农村土地可以释放更多红利”，载《人民日报》2016 年 1 月 28 日。

[286] 张红宇：“从‘两权分离’到‘三权分离’——我国农业生产关系变化的新趋势”，载《人民日报》2014 年 1 月 14 日。